Konrad Lange

Die künstlerische Erziehung der deutschen Jugend

Konrad Lange

Die künstlerische Erziehung der deutschen Jugend

ISBN/EAN: 9783743403253

Hergestellt in Europa, USA, Kanada, Australien, Japan

Cover: Foto ©Thomas Meinert / pixelio.de

Manufactured and distributed by brebook publishing software (www.brebook.com)

Konrad Lange

Die künstlerische Erziehung der deutschen Jugend

Die künstlerische Erziehung

der

deutschen Jugend.

Die

künstlerische Erziehung

der

deutschen Jugend

von

Dr. Konrad Lange,

a. o. Professor der Kunstwissenschaft an der Universität Königsberg.

Darmstadt.
Verlag von Arnold Bergstraesser.
1893.

Inhaltsübersicht.

✻

Einleitung.

In einem vielgelesenen Buche ist kürzlich die Behauptung aufgestellt worden, wir Deutsche ständen am Beginn einer neuen Kulturepoche, das Zeitalter der Wissenschaft habe sich überlebt, das Zeitalter der Kunst sei angebrochen. Diese Behauptung ist von anderer Seite lebhaft bestritten worden, und in der That, wenn ihr Urheber dabei die Gegenwart im Auge hatte, so war er offenbar im Irrtum. Man mag es gelten lassen, daß jemand das goldene Zeitalter der Kunst für unser Vaterland herbeiwünscht — obwol man darüber streiten kann, ob dieser Wunsch in Deutsch= lands Interesse wäre —, angebrochen ist es sicher noch nicht. Andere Aufgaben sind es, die bei uns vorerst noch ihrer Lösung harren.

Mit Waffengewalt ist das deutsche Reich gegründet worden, mit Waffengewalt muß es aufrecht erhalten werden. Ungeheuer sind die Opfer, die wir alljährlich bringen müssen, damit unser Heer schlagfertig dastehe, damit wir in der kriegerischen Erziehung des Volkes, in der Ausbildung der militärischen Technik den anderen Völkern Europas überlegen seien. Und die Folgen davon sehen wir vor Augen: Ungünstig ist die Lage unserer Finanzen, im Reiche sowohl wie in den Einzelstaaten, mächtig wächst von Jahr zu Jahr die Last unserer Schulden.

Und nicht allein das. In dem bitteren Kampfe ums Dasein, der alle Schichten des Volkes ergriffen hat, erhebt die soziale Frage immer drohender ihr Haupt. Alle Kräfte setzen wir daran, daß dieses Gespenst gebannt werde, daß die trennenden Schranken der Stände fallen, der Egoismus des Einzelnen sich dem Ganzen

1

unterordne. Millionen von Menschen mühen sich im Schweiße
ihres Angesichtes ab, ihr tägliches Brot zu erwerben, drückend sind
die Opfer, die wir bringen müssen, um ihnen die Arbeit zu er=
leichtern, die Ungerechtigkeiten in der Vertheilung der materiellen
Güter auszugleichen, den Lehren der Sozialdemokratie den Boden
unter den Füßen wegzuziehen.

Und daneben wollen wir noch immer das Volk der Dichter
und Denker, der Forscher und Theoretiker sein, dessen gelehrter
Scharfsinn in gleicher Weise die Geheimnisse der Natur zu durch=
dringen und den Schleier von den Ereignissen der menschlichen
Vergangenheit zu lüften weiß. Kurz, harte und energische Arbeit
auf den verschiedensten Gebieten, in Theorie und Praxis, im
Forschen und im Schaffen, bitterer Kampf ums Dasein bei den
oberen Zehntausend ebenso wie bei dem niederen Volke. Wo soll
da die frohe Muße herkommen, aus der die Blüthe der Kunst
sich entwickeln könnte, wo sollen wir den behaglichen Reichtum
hernehmen, ohne den das künstlerische Schaffen unmöglich ist?

Überall, wo wir in der Geschichte eine wirkliche Kunstblüte
finden, ist es in Zeiten überwundener kriegerischer Gefahr, in
Zeiten der Ansammlung großer Reichtümer in den Händen
Einzelner, in Zeiten freier und ungebundener Entwickelung des
Individuums. Wir aber leben in einer gefahrvollen und unruhigen
Zeit, die dem Einzelnen die freie Bethätigung der Kräfte er=
schwert. Jenes weichliche Sichgehenlassen, jenes üppige Schwelgen
in Sinnlichkeit und Begeisterung für das Schöne, wie es den großen
Kunstepochen eigen ist, wie wir es bei Raffael und Tizian, bei
Rubens und Rembrandt finden, hat in dem Deutschland des
neunzehnten Jahrhunderts keine Stätte. Ein kalter rauher Wind
weht über unser Land. Er knickt die Knospe der Kunst, noch ehe
sie sich zur Blüthe entfaltet hat.

Sollen wir das bedauern? Die Geschichte lehrt, daß jede
Epoche künstlerischer Blüte zugleich eine Epoche des Verfalles, das
heißt des sittlichen und politischen Verfalles der Völker ist. Tritt
doch die höchste Blüte der Kunst gewöhnlich erst dann ein, wenn
ein Volk schon den Höhepunkt seiner politischen und moralischen
Tüchtigkeit überschritten hat. Nicht ohne Grund hat man be=
hauptet, daß erst aus dem fetten Boden einer schon faulenden

Kultur der Baum der Kunst in voller Kraft und Üppigkeit empor=
sprießen könne.

Aber dürfen wir aus diesem Grunde unserem Volke die Blüte
der Kunst vorenthalten oder verkümmern? Das sähe ja aus, als
glaubten wir, die Entwicklungsphasen der Völker ließen sich durch
menschliche Macht verzögern oder ändern; als glaubten wir, That=
sachen damit aus der Welt zu schaffen, daß wir ihre Symptome
verheimlichten oder verneinten. Nein, jener Wechsel der zu lösen=
den Kulturaufgaben, den man gewöhnlich als einen Wechsel des
Steigens, Blühens und Sinkens bezeichnet, ist jedem Volke be=
schieden, er liegt im Wesen der menschlichen Entwicklung begründet.
Und kann man denn überhaupt sagen, daß die Epochen gesteigerten
Gefühlslebens notwendig Epochen des Verfalles sind? Haben sie
nicht auch ihr Großes und Erhabenes wie die andern? Ist nicht
jede Epoche eine Blütepoche in ihrer Art, und kommt es nicht
viel mehr darauf an, fördernd einzugreifen, wenn ein Volk für
eine neue Richtung der Kultur reif ist, als vergeblich sich mit einer
Verzögerung von Ereignissen abzumühen, die wir doch nicht
hindern können?

Es ist die Pflicht eines jeden, der es mit seinem Vater=
lande ernsthaft meint, den Zeitpunkt zu erspähen, wo es vermöge
seiner naturgemäßen Entwicklung in eine neue Phase der Kultur
eintreten wird. Es ist seine Pflicht, die Kräfte des Volkes zur
gegebenen Zeit in diejenige Richtung zu leiten, in der sie den An=
forderungen des kommenden Zeitalters am besten gewachsen sein
werden. Ein solcher Zeitpunkt ist für uns Deutsche gegenwärtig
gekommen. Wir stehen zwar noch nicht im Beginn einer neuen
Kulturepoche, aber wir sehen einer solchen entgegen, und wir müssen
die Vorbereitungen treffen, um gerüstet und arbeitskräftig in sie
eintreten zu können.

Dem oberflächlichen Blicke stellt sich das Leben der Völker
wie ein wechselndes Aufsteigen, Blühen und Verfallen dar. Der
Tieferblickende erkennt darin den Wechsel verschiedener Kulturauf=
gaben, die in den verschiedenen Epochen gelöst werden müssen. So
hat das italienische Volk im 14. Jahrhundert auf dem Höhepunkt
seines dichterischen Könnens gestanden, im 15. sich auf den Gipfel
bildnerischer Schaffenskraft erhoben, im 16. eine gleichzeitige Blüte

1*

der Kunst und Poesie geschaffen, im 17. und 18. das Zeitalter der
Wissenschaft erlebt und im 19. Jahrhundert seine politische Arbeit
gethan. Und es ist sehr bemerkenswert, daß jede dieser Richtungen
sich nur auf eine verhältnismäßig kurze Zeit beschränkt. So haben
gerade im 15. Jahrhundert, dem klassischen Zeitalter der sich
entwickelnden nationalen Kunst, die volkstümlichen Formen der
Poesie eine vergleichsweise geringe Pflege gefunden, so war grade
im 16. Jahrhundert, der Epoche der höchsten Kunstblüte, die politisch=
nationale Schöpferkraft des Volkes am allerwenigsten ausgebildet,
so spielte das 17. und 18. Jahrhundert in der bildenden Kunst
eine verhältnismäßig geringe Rolle und so nimmt gegenwärtig, wo
Italien seine politische Einheit errungen hat, die italienische Kunst
zwar eine geachtete, aber keineswegs herrschende Stellung ein. Es
scheint in der That, daß ein und dasselbe Volk nur in seltenen
Fällen gleichzeitig nach verschiedenen Richtungen hin das höchste
leisten könne, daß die Volkskraft, die sich durch energische Thätig=
keit nach der einen Seite hin erschöpft, zur selben Zeit nicht im
Stande sei, in einer anderen Richtung sich vollständig auszuleben.
Ziehen wir daraus die Folgerungen für Deutschlands Gegenwart
und nächste Zukunft.

Es ist wohl kein Zweifel, daß der gespannte Zustand, in dem
wir gegenwärtig leben, kein dauernder sein kann. Wie man sich auch
seine Beendigung denken möge, ob durch einen großen europäischen
Krieg, ob durch eine soziale Revolution, ob durch allgemeine Ab=
rüstung, beendigt muß er einmal werden. Und wenn er beendigt
ist, dann beginnt für uns jene neue Epoche, der so viele sehn=
süchtig entgegenschauen, ohne daß man doch sagen könnte, wir
ständen schon an ihrem Beginn. Welches wird ihre Signatur sein?
Wir können es voraussagen. Es wird wieder, wenn auch nicht
eine Zeit des dauernden Friedens, so doch des vorwiegend friedlichen
Wettkampfes der Völker unter einander eintreten. Es wird eine
Zeit kommen, in der die friedlichen Triebe des Menschen, besonders
die künstlerischen, eine ungeahnte Entwicklung finden werden. Und
diese Entwicklung wird, so hoffen wir, uns Deutsche an der Spitze
der europäischen Völker finden.

Deutschland hat eine eigentlich herrschende Stellung im Ge=
biete der bildenden Kunst bis jetzt noch nicht eingenommen. In

ganz anderen Richtungen liegt seine historische Bedeutung für die
europäische Kultur. Es hat im 16. Jahrhundert die Befreiung
des religiösen Gewissens angebahnt, um die Wende des 18. und
19. Jahrhunderts eine führende Rolle in der Poesie gespielt, in
der ersten Hälfte des 19. eine großartige wissenschaftliche Thätigkeit
entfaltet, in den letztvergangenen Jahrzehnten seine militärische
und politische Aufgabe gelöst. Die bildende Kunst ist dabei ver=
hältnismäßig leer ausgegangen. Wol haben unsere Vorfahren
im Mittelalter großartige Bauwerke geschaffen, die uns noch
jetzt als Ideale kirchlicher Baukunst vor Augen stehen. Aber
grade in der Zeit, wo die mittelalterliche Architektur auf ihrem
Höhepunkt angelangt war, suchten und fanden die deutschen Bau=
meister ihre Muster vorzugsweise in Frankreich. Wol hat der
germanische Realismus in der flandrischen Malerei des 15. Jahr=
hunderts eine Blüte gefeiert, deren Beispiele wir noch jetzt be=
wundern. Aber seinen höchsten — internationalen — Ausdruck
hat er damals nicht im eigentlichen Deutschland, sondern in den
nördlichen Provinzen des burgundischen Reiches gefunden. Wol
ist die deutsche Kunst in den Zeiten Dürers und Holbeins in ganz
Europa anerkannt worden, aber diese Anerkennung war nicht von
langer Dauer, und Deutschland hat trotz alledem die Kunst der
anderen Völker niemals in demselben Grade beeinflußt wie etwa
Italien. Und als dann im 17. Jahrhundert der germanische Kunst=
geist in Rembrandt seine höchsten Triumphe feierte, blieb wiederum
das eigentliche Deutschland, zerrissen durch die religiösen Kämpfe
der Zeit, von dieser Blüte ziemlich unberührt.

So steht also für unser Vaterland die Aufgabe noch aus,
in den bildenden Künsten das führende Land von Europa zu
werden. Und es läßt sich nach allen Analogien der Geschichte mit
Sicherheit behaupten, daß es grade diese Aufgabe sein wird, der
sich, nach Überwindung der jetzigen Verhältnisse, unsere Volkskraft
vor allem zuwenden wird. Wir haben die erste Hälfte dieses Jahr=
hunderts mit gelehrter Forschung, mit der Ausbildung der natio=
nalen Idee, der Erkämpfung einer konstitutionellen Verfassung,
der Erziehung eines tüchtigen Beamtenstandes zugebracht. In der
zweiten haben wir ein schlagfertiges Heer ausgebildet und unsere
nationale Einheit errungen. Gegenwärtig arbeiten wir an der

Lösung der sozialen Frage. Das kommende Jahrhundert, darüber
kann kein Zweifel sein, wird unsere künstlerischen Kräfte zur Ent=
faltung bringen.

Man sage nicht, das sei ein frommer Wunsch, das deutsche
Volk sei künstlerisch nicht begabt genug, um den Wettkampf mit den
anderen Nationen aufnehmen zu können. Namen wie Dürer und
Rembrandt beweisen, daß die germanische Rasse mindestens dieselbe
schöpferische Kunstbegabung hat wie die romanische. Allerdings ist der
germanische Kunstgeist ein anderer als der romanische. Es fehlt
ihm die Richtung auf die rein formale Schönheit, die Leichtigkeit
und Eleganz der Erfindung, der rhetorische Schwung der Begeiste=
rung, wie wir sie in der italienischen und französischen Kunst finden.
Aber es wäre ganz verkehrt, diese Mängel als wirkliche Nachteile
zu empfinden und zu beklagen. Denn wahrlich ein reicher Ersatz
wurde der deutschen Kunst dafür zu Theil: Ernst und Treue der
Naturnachahmung, Schlichtheit und Wahrheit der Empfindung,
Tiefe des Gefühls, Reichtum und Bedeutsamkeit des Inhalts. Und
wenn wir Deutsche nur diese eigenartigen nationalen Vorzüge fest=
halten und mit aller Kraft weiterentwickeln wollten, statt den
fremden Idealen der romanischen Kunst nachzujagen, so würden
wir gar bald auf jener künstlerischen Höhe angelangt sein, die wir
bis jetzt noch immer als ein fernes Ideal herbeiwünschen.

Dazu wird uns die Pflege der Kunst schon durch die
äußeren Bedingungen unserer Existenz aufgezwungen. Deutschland
ist von Natur ein armes Land. Nicht nur, daß es durch seine
zentrale Lage und die ungünstige Beschaffenheit seiner Grenzen
jedem Angriff kriegerischer Nachbarn ausgesetzt ist, unser Boden
ist auch, bis jetzt wenigstens, nicht im Stande, uns mit seinen
Produkten zu ernähren. In vielen unserer Bedürfnisse sind wir
aufs Ausland angewiesen, und wir brauchen, wenn wir gedeihen
wollen, ein wirtschaftliches Gegengewicht gegen diese Abhängigkeit.
Dieses Gegengewicht sollte uns die Kunst bieten. Technik und
Industrie sind ja wichtige Gebiete des wirtschaftlichen Wett=
kampfs der Völker und wir versuchen längst, in ihnen es nach
Kräften den anderen Nationen gleichzuthun. Wichtiger aber und
dankbarer ist die höhere Kunst. Freilich in den Augen vieler
unserer Landsleute ist die Kunst eine Liebhaberei weniger Begünstigter,

eine Ergötzung, die wohl schön und gut ist, aber keinen eigentlichen Nutzen bringt. Man sollte dieses Vorurtheil endlich fallen lassen und solche Fragen vom wirtschaftlichen Standpunkt aus behandeln lernen. Die Kunst ist von allen Thätigkeiten des Menschen diejenige, die mit den verhältnismäßig geringsten Stoffen die verhältnismäßig höchsten Werte schafft. In keinem Gebiete der Industrie spielt der Wert des Rohmaterials eine so geringe Rolle gegenüber dem Werte der Bearbeitung, wie in den höheren Gattungen der Kunst, insbesondere der Malerei. Das Ölgemälde eines bedeutenden Künstlers, zu dem vielleicht für 20 Mark Leinwand und Farben verwendet worden sind, und zu dessen Herstellung vielleicht wenige Wochen genügt haben, kann unter Umständen einen Wert von 10 000 Mark darstellen. In keinem Gebiete des menschlichen Schaffens wird die geistige Arbeitskraft, das Genie, so hoch bezahlt, wie in dem der Kunst. Es liegt deshalb auf der Hand, daß ein Volk, welches seine künstlerischen Kräfte in der richtigen Weise zu entwickeln versteht, in ökonomischer Beziehung einen ungeheuren Vorsprung vor den anderen Völkern gewinnen muß. Als klassisches Beispiel dafür kann uns Frankreich dienen.

Allerdings ist Frankreich auch von Natur ein reicheres Land als Deutschland. Aber das allein ist es nicht, was dort die Wunden des großen Krieges so bald geheilt hat. Der Grund liegt anderswo. Es läßt sich wohl kaum mit Ziffern angeben, welchen ungeheuren materiellen Nutzen Frankreich davon hat, daß es das erste Kunstland von Europa ist. Wie viele Millionen mögen jährlich allein dadurch nach Frankreich wandern, daß hunderttausende von Bänden französischer Romane die ganze zivilisirte Welt überschwemmen, daß das französische Schauspiel die Bühnen von ganz Europa beherrscht, daß Paris das große Zentrum ist, wo nicht nur die neuen Moden, sondern auch die neuen Richtungen in der Kunst und im Kunstgewerbe gemacht werden? Und welche Schädigung des deutschen Nationalvermögens mag es bedeuten, daß wir unseren Nachbarn in Dingen der Kunst fortwährend nachhinken, fortwährend auf die Parole warten, die von Paris ausgegeben wird? Jede Ausstellung lehrt uns von neuem, daß, wenn auch unsere Industrie in den letzten Jahren bedeutende Fortschritte gemacht und eine große Exportfähigkeit erlangt hat, wir doch noch weit davon

entfernt sind, in den vornehmen Gattungen der Kunst und des Kunst=
gewerbes mit Frankreich wetteifern zu können. Und nicht nur die
Ausstellungen, die zu Stande kommen, lehren es uns, sondern
auch diejenigen, die nicht zu Stande kommen. Denn darüber
täusche man sich nur ja nicht: An dem Scheitern der Berliner
Weltausstellung ist nicht der Widerstand einiger Großindustrieller
Schuld, sondern das allgemeine und weitverbreitete Gefühl, daß
wir in Deutschland ohne die Beteiligung Frankreichs keine Welt=
ausstellung unternehmen können, die im Stande wäre, den Ver=
gleich mit einer Pariser Ausstellung auszuhalten. Man hat leicht
sagen: Lassen wir den Franzosen den Ruhm, bei solcher Gelegen=
heit die Welt am besten in ihrer Hauptstadt zu amüsiren. Hier
handelt es sich nicht um bloßes materielles Amüsement. Hier
handelt es sich vielmehr um die Thatsache einer hochentwickelten
Jahrhunderte alten Kultur, einer alle Zweige des künstlerischen
Schaffens beherrschenden Volkskraft, deren bestrickender Reiz für
alle Nationen der Welt nun einmal nicht wegzuleugnen ist. Wären
wir selber das Volk, das in Dingen der Kunst die erste Rolle in
Europa spielte, so brauchten wir das Zustandekommen einer Berliner
Weltausstellung nicht von dem Belieben unserer Nachbarn abhängig
zu machen.

Frankreich hat ja in der Kunst schon seit mehr als zwei
Jahrhunderten vor Deutschland einen weiten Vorsprung. In der=
selben Zeit, als durch den großen Religionskrieg die deutsche Volks=
kraft gebrochen wurde, bereitete sich in Frankreich das Zeitalter
Ludwigs XIV. vor, das die Grundlage zu der modernen Kultur=
blüte des französischen Volkes legen sollte. In der energischen
Kunstpolitik Mazarins und Colberts, in der Gründung der Kunst=
akademien in Paris und Rom, der Gobelinmanufaktur u. s. w.
begrüßen wir die ersten Spuren einer bewußten staatlichen Kunst=
pflege. Zum ersten Mal in der Geschichte wird die Kunst und
die künstlerische Bildung offiziell als ein wichtiger Faktor in der
Entwicklung des Nationalwohlstandes anerkannt, bei den finanziellen
Erwägungen mit in Rechnung gezogen. Und eine hohe raffinirte
Kunstblüte ist die Folge dieser Förderung. Nicht lange und die
französische Kunst steht ebenso an der Spitze der europäischen, wie
vordem die italienische, und von diesem Zeitpunkt an ist die solide

Kunsttradition in Frankreich nicht wieder ausgestorben. Mochte auch der Klassizismus und das akademische Wesen zu Grunde gehen, die technischen Traditionen haben sich bis auf die Gegenwart erhalten. Und selbst die naturalistische Richtung, die sich damit brüstet, dem alten Zopf ein Ende gemacht zu haben, sie konnte — unbewußt und wider ihren Willen — auf den Grundlagen weiterbauen, die eine Jahrhunderte lange strenge Pflege der künstlerischen Technik gelegt hatte.

Wir müssen in Deutschland danach streben, diesen Vorsprung Frankreichs einzuholen. Es gibt ja verschiedene Mittel, die Kunst zu fördern, aber nicht jedes davon hat denselben Wert und dieselben Folgen. Zu den weniger wichtigen rechne ich diejenigen, die von unseren staatlichen und sonstigen Behörden in dankenswerter Weise angewendet werden. Wir haben wohl dotirte Kunstakademien, wir haben Museen mit vorzüglicher Verwaltung, unser Ausstellungswesen hat sich in den letzten Jahren glänzend entwickelt. Wir geben große Summen für Ausgrabungen, Ankauf von Originalen, Inventarisirungen, bildliche Reproduktionen von Kunstwerken aus, wir verteilen Stipendien an junge Künstler und wir haben durch Fortbildungsschulen das Handwerk auf eine gewisse künstlerische Höhe gehoben, zum mindesten ein tieferes Verständnis der künstlerischen Formen der Vergangenheit angebahnt. Wie kommt es, daß wir trotzdem weit davon entfernt sind, im eigentlichen Sinne ein Kunstvolk zu sein, eine wirkliche Kunstblüte zu haben?

Der Grund liegt wie ich glaube sehr nahe, und viele haben ihn wohl schon empfunden, ohne doch bisher, soweit mir bekannt ist, dieser Empfindung einen klaren Ausdruck verliehen zu haben. Die Sache ist bei uns, wie mir scheint, am falschen Ende angefaßt worden. Alle jene Maßregeln, jene Förderungen künstlerischer Bildungs- und Lehranstalten sind sehr schön und sehr gut, wenn sie aus einem wirklichen inneren Bedürfnis weiter Kreise hervorgehen, wenn sie sich gewissermaßen als die Blüte oder die Frucht einer hoch entwickelten künstlerischen Volksbildung darstellen. Das ist aber, wie wohl jeder zugeben muß, bei uns in Deutschland nicht der Fall. Unsere Behörden allerdings fördern die Kunst in jeder Weise, unsere Volksvertreter wollen, weil es nun einmal Mode ist, darin nicht zurückstehen, aber unser Volk erkennt die Berechtigung

dieſer Beſtrebungen einfach nicht an. Noch kürzlich las ich in einem
angeſehenen Blatte die ganz ernſthaft gemeinte Behauptung, die
Kunſt ſei gar nicht eine allgemeine Angelegenheit des Volkes, ſie
dürfe folglich auch nicht von den Regierungen gefördert werden.
Das war vollkommen logiſch gedacht von dem Standpunkt aus,
daß thatſächlich ein künſtleriſches Bedürfnis in weiten Kreiſen
unſeres Volkes nicht beſteht. Es war aber falſch und einſeitig,
weil dabei gar nicht die Möglichkeit erwogen wurde, dieſes künſt=
leriſche Bedürfnis durch beſtimmte Mittel hervorzurufen. So wie
die Sachen jetzt liegen, haben wir allerdings, das muß man ſagen,
das Pferd beim Schwanze aufgezäumt. Wir haben wohl alle Ein=
richtungen getroffen, die bei einer wirklichen Kunſtblüte nützlich
und am Platze ſein würden, aber wir haben leider verſäumt, dieſe
Kunſtblüte ſelbſt herbeizuführen, d. h. in bewußter und energiſcher
Weiſe das Bedürfnis nach Kunſt im Volke zu wecken.

Wenn die Kunſt nur durch die Künſtler gemacht würde, ſo
brauchten wir den Vergleich mit anderen Nationen kaum zu ſcheuen.
Wer die Kunſtausſtellungen der letzten Jahre geſehen hat, der
weiß, daß es unſeren Künſtlern an Genie und Thatkraft nicht
fehlt. Unſere Baumeiſter ſind bis in ferne Länder geſucht, unſere
Maler erhalten auf den Pariſer Salons Medaillen, unſere Kunſt=
handwerker und Muſterzeichner finden im Ausland lohnende Be=
ſchäftigung. Wir haben thatſächlich Meiſter erſten Ranges auf
allen Gebieten der bildenden Kunſt, Männer die ein lebendiger
Beweis dafür ſind, daß der ſchöpferiſche germaniſche Kunſtgeiſt noch
nicht ausgeſtorben iſt.

Aber damit iſt es nicht gethan. In der Kunſt genügt es
nicht, daß die ſchöpferiſche Kraft vorhanden ſei. Sie muß auch einen
Boden finden, um ſich zu bethätigen. Und dieſer Boden kann nur
das Kunſtverſtändnis des Volkes ſein. Eine Kunſt der Künſtler, ohne
Bedürfnis und Verſtändnis des Volkes, haben wir Deutſche ja in
der erſten Hälfte dieſes Jahrhunderts erlebt. Aber die Kunſt=
geſchichte dieſer Zeit lehrt uns auch, wie es damit beſtellt iſt.
Nie und nimmermehr iſt eine ſolche Kunſt im Stande, ſich auf
die Dauer zu behaupten. Haltlos ſchwebt ſie in der Luft,
jeder Möglichkeit beraubt, feſte Wurzeln zu treiben und neue
Säfte aus dem volkstümlichen Empfinden zu ſaugen. Das iſt die

Klippe, an welcher Carstens gescheitert ist, das ist das Leiden, das einem Cornelius das Alter verbittert hat, das ist der Mangel, an dem Genelli und Feuerbach zu Grunde gegangen sind. Hohe geniale Erscheinungen fürwahr, aber einsame Bergesspitzen in einem weiten Nebelmeer der Kunstlosigkeit oder ganz anderer künstlerischer Anschauungen, als sie selbst vertraten.

Und heute? Haben wir denn heute ein Publikum für unsere Kunst, haben wir ein künstlerisch empfindendes, von künstlerischen Bedürfnissen erfülltes Volk? Ich rede ja nicht von der besitzlosen Masse, die in harter Arbeit den Kampf ums Dasein führt. Sie kommt für diese Frage nicht in Betracht. Ich rede von dem gut situirten Bürger- und Beamtenstande, der den Kern der Nation ausmacht und der das größte und wichtigste Publikum für die Kunst bilden sollte. Bildet er denn dieses Publikum auch wirklich?

Es hieße Eulen nach Athen tragen, wenn ich das Gegenteil beweisen wollte. Wohl mag in unseren Großstädten ein gewisser Kunstsinn unter den Gebildeten herrschen. Die äußere Anregung, die sich hier dem Auge auf Schritt und Tritt bietet, kann eben an ihnen nicht ganz spurlos vorübergehen. Aber die Bewohner unserer mittleren und kleineren Städte? Wie steht es mit denen? Nun, sie sind der Regel nach von einer Harmlosigkeit in künst- lerischen Dingen, die man immer wieder von neuem bewundern muß. Man lasse sich nicht durch die Existenz von Kunstvereinen, von Kunsthandlungen und dergleichen Dingen täuschen. Was man dort Kunstvereine nennt, sind zum großen Teil nichts anderes als Versorgungsanstalten für unbedeutende Künstler, Stätten, wo nur mittelmäßige Kunstwaare verkauft und ausgestellt wird, nur sogenannte „schöne" Bilder, die Niemanden beleidigen, photographirt oder in Kupfer gestochen werden. Und aus den Läden der Kunst- händler ist mit Sorgfalt alles verbannt, was den Charakter wahrer Kunst an sich trüge. Immer und immer wieder dieselben häßlichen Mädchenköpfe mit den großen schwärmerischen Augen und den poe- tischen Unterschriften, immer und immer wieder dieselben widerwärtigen Kostümgenres, aus denen jede Originalität, jede selbständige Kraft entschwunden zu sein scheint. Das und die Holzschnittillustrationen unserer gelesensten illustrirten Blätter ist die Kunstwaare, die man unserem gebildeten Publikum zu bieten wagt, ja die dieses Publikum

gradezu in fanatischer Verblendung fordert. Wenn man danach
das Kunstverständnis unserer guten bürgerlichen Kreise beurteilen
sollte, so müßte man sagen, daß sie einen durch und durch ver=
rotteten Geschmack haben, einen krankhaften Sinn für das glatte,
weichliche, sentimentale und verzuckerte, eine verderbliche Scheu vor
dem kräftigen Schwarzbrot der wahren Kunst. Und erst die Urteile
über Kunst, die man in einer solchen Gesellschaft zu hören bekommt!
So viel Köpfe, so viel Meinungen! Keine Spur von einheitlicher
ästhetischer Überzeugung, keine Spur von Verständnis für das Wesen
der Kunst, für die gesunde moderne Richtung, nichts als abge=
standene Phrasen einer längst überwundenen vorweltlichen Ästhetik.

Und man frage einmal herum, wie viele von denen, die
mehr haben, als sie zum Leben brauchen, und denen man das
Wohlergehen am Gesichte ansieht, es für eine Ehrenpflicht halten,
dieses Plus in Kunstwerken anzulegen, junge arme Künstler durch
Aufträge zu fördern und zu unterstützen! Man wird überrascht sein,
wie viel größer die Summen sind, die für Pariser Toiletten, für
Austern und Sekt, für Bälle und Badereisen ausgegeben werden.

Was aber vom mittleren Bürgerstande gilt, das gilt, wenn
auch in geringerem Grade, vom Adel und von der hohen Geld=
aristokratie. Man muß die französischen und englischen Verhält=
nisse herbeiziehen, um sich zu überzeugen, daß hier bei uns nicht
alles so ist, wie es sein sollte.

Die Folgen davon sind denn auch nicht ausgeblieben. Wir
leiden nicht nur an einer Überproduktion von Künstlern, sondern
wir wissen auch diejenigen, die dessen würdig wären, nicht immer
richtig zu beurteilen und zu beschäftigen. Es besteht leider die
Thatsache, daß bei uns zuweilen die größten und monumentalsten
Aufgaben der Kunst, öffentliche sowohl wie private, an unfähige
Künstler oder solche einer veralteten Richtung vergeben werden,
während Meister ersten Ranges unthätig bei Seite stehen und sich
an kleinen Aufgaben abmühen müssen. Es läßt sich leider nicht
wegläugnen, daß bei uns nicht selten begabte Künstler aus Mangel
an Beschäftigung zu Grunde gehen. Es ist leider wahr, daß Werke
unserer größten Meister Jahre lang unverkauft umherirren oder gar
unwiederbringlich ins Ausland wandern, weil sie bei uns kein ver=
ständnisvolles und zugleich kaufkräftiges Publikum finden. Es ist

endlich durchaus nicht zu bezweifeln und eine Schande für unser Kunstverständnis, daß die bedeutendsten Vorkämpfer der gesunden modernen Richtung von uns erst dann anerkannt werden, wenn unsere Nachbarn jenseits der Vogesen sie anerkannt haben, wenn man uns in Paris erlaubt hat, sie zu bewundern.

Das muß anders werden. Wir müssen uns bemühen, unseren gebildeten Mittelstand wieder auf eine gewisse einheitliche Höhe des Kunstverständnisses zu heben. Und dazu gibt es nur ein Mittel: Wir müssen unser Augenmerk auf die Erziehung gebildeter Dilettanten richten.

Das Wort „Dilettant" hat bei uns ja freilich einen verächtlichen Nebensinn. Weite Kreise verstehen darunter einen Menschen, der zu dumm und zu faul ist, um in einem Fache etwas tüchtiges zu leisten, und doch nicht dumm und faul genug, um sich gar nicht dafür zu interessiren. Insbesondere der Künstler begegnet nicht selten dem Dilettanten mit der größten Geringschätzung. Es fehlte nicht viel und er würde ihn im Range tief unter diejenigen stellen, die sich gar nicht um die Kunst bekümmern. Wenn er nur wüßte, wie sehr er sich damit selber ins Fleisch schnitte! Dilettanten hat es grade in denjenigen Zeiten und bei denjenigen Völkern am meisten gegeben, die in der Kunst eine große Rolle gespielt haben. Schon die italienische Herkunft des Wortes ist bezeichnend. Und was haben nicht Dilettanten wie Bernward von Hildesheim, Leo Battista Alberti (ich meine in der Malerei, denn in der Baukunst war er ja Fachmann) Goethe u. a. für die bildende Kunst geleistet! Auch hier können wir uns an Frankreich und England ein Muster nehmen. Dort ist das Wort Dilettant ein Ehrentitel. Dort weiß man nichts von jener unseligen pedantischen Gründlichkeit, die eine Sache entweder ganz aus dem Fundament oder gar nicht betreiben will. Eine gewisse dilettantische Kunstfertigkeit gehört dort zur guten Erziehung. Bei uns kann man froh sein, wenn unter hundert Männern zehn zeichnen können. Längst schon beschränkt sich bei uns der Dilettantismus fast ganz auf das weibliche Geschlecht. Beim männlichen ist er nachgrade ausgestorben.

Ganz anders in der Musik. Wir spotten wohl darüber, daß der heutige gesellschaftliche Ton von jedem Knaben, jedem

Mädchen eine gewisse Fertigkeit im Klavierspiel oder auf einem andern Instrumente fordert. Und wir können uns nicht genug thun in der Verachtung dieser „Klimperei und Stümperei". Aber wir bedenken nicht, daß wir eben diesem dilettantischen Betriebe der Musik den Ruhm verdanken, auch in der wahren Musik das erste Volk der Welt zu sein. Oder glaubt man wirklich, die deutsche Musik hätte sich den Erdkreis erobert, wenn nicht das Schaffen unsrer großen Komponisten getragen würde von dem künstlerischen Verständnis unserer einheimischen Dilettanten? Gewiß befinden sich in einem Konzertsaale mindestens dreimal so viel Dilettanten und folglich Musikkenner wie in einer Gemäldeausstellung Dilettanten der Malerei. In den verschiedensten Berufskreisen findet man bei uns Leute, die eine Partitur lesen, ein Orchester dirigieren können. Und wenn es auch nicht Künstlerarbeit im höheren Sinne ist, so ist es doch verständnisvolles Einleben in die Intentionen des erfindenden Meisters. Grade darauf aber kommt es in erster Linie an.

Der Dilettant bildet die Vermittlung zwischen dem Künstler und seinem Publikum. Seine Begeisterung ist das lebendige Fluidum, das die schöpferische Kunstthätigkeit mit der rezeptiven verbindet. Am Dilettanten erprobt der Künstler zuerst die Wirkung seiner Schöpfungen. Er ist es, der ihn zuerst einen Blick in die Volksseele thun läßt. Er trägt auch, wenn er einmal Feuer gefangen hat, das Verständnis für den schaffenden Meister in weite Kreise des Volkes.

Es gilt, unserem Volke wieder Dilettanten zu erziehen. Die künstlerische Empfänglichkeit des Volkes muß wieder auf die Höhe gehoben werden, die sie in den Zeiten wahrer Kunstblüte einnahm. Nicht als ob im 16. und 17. Jahrhundert die offizielle Kunsterziehung intensiver gewesen wäre als heutzutage. Das Gegenteil ist der Fall. Aber dafür waren auch die äußeren Verhältnisse für die Kunst weit günstiger. Das ist ja grade das Geheimnis der großen Kunstepochen der Vergangenheit; daß die größere Einfachheit der Kultur, das intimere Leben, die konzentriertere Anschauung die künstlerischen Kräfte in so wunderbarer Weise entwickelte. Wie anders bei uns, in dem Zeitalter des Dampfes und der Elektrizität! Zahllos sind ja die Eindrücke, die

auf unsere Jugend einstürmen. Verwirrend ist die Fülle der
Anschauungen, die sich unseren Kindern aufdrängt. Von einer
Erscheinung zur andern werden sie gerissen, eine Beobachtung sucht
immer die andere zu verdrängen. Wie soll sich da der Geist
sammeln und das innere Leben so konzentriren, wie es zur Ent=
wicklung der künstlerischen Gaben nötig ist? Tragen doch unsere
künstlerischen Veranstaltungen selber den Stempel dieses hetzenden
nervösen Getriebes an sich. Man denke sich nur die abgeschlossenen
einheitlich zusammengestimmten Kunstausstattungen deutscher und
italienischer Patrizierhäuser des 16. Jahrhunderts und die großen
lieblosen Kunstmärkte von heutzutage, die sich Ausstellungen nennen!
Und dann der Charakter unseres ganzen Verkehrswesens. Wie
anders stellt sich die niederländische Reise Dürers vom Jahre 1520 21
dar mit ihrem ruhigen Fortschritt und ihrem heiteren geselligen Ver=
weilen auf jeder Station, im Vergleich mit einer modernen Kunst=
reise nach Italien! Früher alles einheitlich, gemütvoll, wirksam,
jetzt alles unruhig, hastend und zersplittert. Ich habe die feste
Ueberzeugung — und ich weiß, daß viele ebenso denken — daß der
bildende Einfluß von Museen und Ausstellungen viel geringer ist,
als man gewöhnlich annimmt. Das multum non multa gilt in
keinem Gebiete mehr als in dem der Kunst. Wenige Eindrücke,
aber in richtiger Auswahl und von großer Tiefe, wirken unendlich
mehr als eine verwirrende Vielheit von Erscheinungen, die jedes
liebevolle Versenken in das Einzelne, jede gefühlsmäßige Vertiefung
unmöglich macht.

Das ist es ja freilich nicht allein, was die Ausbildung eines
einheitlichen künstlerischen Empfindens erschwert. Es kommt dazu
der ganze zerrissene und widerspruchsvolle Charakter unserer Kultur.
Unser Volk ist in Parteiungen und Interessenkreise gespalten. Wir
haben Katholiken und Protestanten, Freisinnige und Reaktionäre,
Ultramontane und Sozialisten. Unser Schulwesen zerfällt in un=
zählige Abstufungen und Kategorien. Selbst die Gebildeten unseres
Volkes erhalten eine ganz verschiedene Jugenderziehung. Und sogar
in denjenigen Kreisen, für die der Künstler vorzugsweise arbeitet,
steht der Gebildete unmittelbar neben dem Ungebildeten. Die ver=
schiedensten Anforderungen treten an den Künstler heran. Die
verschiedensten Interessen soll er befriedigen. Einmal soll seine

Kunst höfisch, einmal gelehrt, einmal soll sie Adels-, einmal Kauf=
mannskunst sein, einmal verlangt man von ihr, daß sie für den
Handwerker=, einmal, daß sie für den Bauernstand berechnet sei.
Und alle diese Anforderungen widersprechen einander, zerren den
Künstler in seinen Gefühlen unerträglich hin und her.

Wie klar und einfach waren dagegen die Lebensverhältnisse,
aus denen sich zu Ende des 15. Jahrhunderts Dürers Kunst ent=
wickelt hat. Wohl gab es auch damals Gegensätze der Anschauungen,
kämpfende Interessen der Stände. Aber sie spielten wenig in die
künstlerische Thätigkeit hinein. Auf dem Boden des Handwerks
stand der Künstler. Für Handwerker oder Kaufleute war die
Mehrzahl seiner Werke berechnet. Er war ein Handwerker unter
Handwerkern. Dürers schönste Bilder sind für Tuchhändler, Rot=
schmiede, Kaufleute, Goldschmiede u. s. w. geschaffen worden. In diesem
wohlhabenden Bürgerstande herrschte ungefähr dieselbe politische
und religiöse Anschauung. Noch hatte die unselige Kirchentrennung
nicht stattgefunden, die der Kunst das naive mythologische Em=
pfinden rauben sollte. Noch war die soziale Revolution, die
Deutschland zu erschüttern drohte, nicht hereingebrochen. So
konnte denn auch die Auffassung des Künstlers von einem festen
unverrückbaren Zentrum ausgehen, von dem aus alle Äußerungen
seines Geistes ihre Richtung und ihren Charakter erhielten. Die
einheitliche Bildung des Publikums hatte auch den einheitlichen
Charakter der Kunst zur Folge.

Da wir diese Einheitlichkeit des künstlerischen Empfindens
nicht haben, müssen wir danach streben, sie durch eine gewisse
Einheitlichkeit der Kunsterziehung zu ersetzen. Ändern
können wir die Welt natürlich nicht. Aber wir können wenigstens
die zerstreuenden und verwirrenden Einflüsse unserer modernen Kultur
durch eine zielbewußte Kunsterziehung unserer gebildeten Stände
möglichst zu mildern und unschädlich zu machen suchen. Wir können
danach streben, unserer Jugend wenigstens alles das mitzuteilen,
was in Dingen der Kunst auch unter den heutigen vielgestaltigen
und inkonsequenten Verhältnissen übereinstimmend und gemeinsam
sein kann und sein muß. Vielleicht, daß es uns dadurch gelingt,
unserem Volke wiederzugeben, was ihm bisher fehlte, Einheitlichkeit

des künstlerischen Wollens, volkstümliches Wesen in der Kunst, deutsch=nationale Empfindung.

Die Verhältnisse haben es so mit sich gebracht, daß dieses Buch eine Streitschrift geworden ist. Freilich nicht in persönlichem Sinne. „Die künstlerische Erziehung der deutschen Jugend" wendet sich nicht gegen Personen, sondern gegen Sachen; gegen Sachen, die sich überlebt haben in unserer allgemeinen Kunsterziehung. Wäre hier alles so, wie es sein sollte, so würde es nicht nötig gewesen sein, die Feder zu ergreifen.

Eigentlich hätte diese Schrift etwas früher erscheinen sollen, nämlich vor dem Abschluß unserer Gymnasialreform. Aber erst die Debatten über die Schulfrage haben in dem Verfasser lange gehegte Überzeugungen wieder von neuem erweckt und zu einer Stärke entwickelt, die ihm zum Bedürfnis machte, sie anderen mit= zuteilen. Und es ist ja auch kein Unglück, wenn die Überzeugung lebendig bleibt, daß mit einer Reform die Entwicklung nicht ab= geschlossen ist, daß jede Reform nur der Anfang neuer Reform= arbeit sein soll.

Es ist ja wohl bei den Debatten über die Erziehung der Jugend zuweilen auch von Kunst die Rede gewesen. Aber nicht immer auf Grund wirklichen Kunstverständnisses und vollkommener Beherrschung des weitschichtigen Stoffes. Vielgelesene Schriften erwähnen die künstlerische Seite der Erziehung gar nicht oder nur nebenbei. Wohl lebt in weiten Kreisen die Überzeugung, daß in dieser Richtung irgend etwas geschehen müsse. Man redet von Reform des Zeichenunterrichts, von Einführung der Kunstgeschichte und der Knabenhandarbeit in die Gymnasien, von Vermehrung der kunsthistorischen Professuren an den Universitäten. Aber es fehlt an einem klaren Überblick über alle diese Bestrebungen und an einer Zusammenfassung derselben unter gemeinsame Gesichtspunkte. Diese Lücke will das vorliegende Buch ausfüllen. Es will in einen Strom zu leiten suchen, was bisher in einzelne Bäche verteilt einen schwierigen und unsicheren Lauf verfolgte. Möge es ihm gelingen, das, was in der Vereinzelung nicht recht zur Geltung kam, durch Vereinigung zur Wirkung zu bringen.

2

Die eigentliche künstlerische Fachbildung soll dabei ganz aus dem Spiele bleiben. Ich weiß wol, daß auch sie von vielen für sehr reformbedürftig gehalten wird. Aber es würde hier zu weit führen, wenn ich darauf näher eingehen wollte. Nicht die Erziehung der Künstler, sondern des Publikums ist es, worauf ich es abgesehen habe. Über unsere Kunstakademien mögen Künstler schreiben, die ihrem Lehrbetriebe nahe stehen. Dem Vertreter der Kunstgeschichte an der Universität liegt es ob, über die allgemeine Kunsterziehung unserer gebildeten Kreise zu wachen. Denn er ist es in erster Linie, der die Fehler, die in dieser Beziehung auf dem Gymnasium gemacht werden, an seinen Zuhörern — oder daran, daß er keine hat — beobachten kann. Denn das Wohl und Wehe seines Faches hängt ganz von der Art und Weise ab, wie die frühere Jugenderziehung ihm vorarbeitet. Und wie es dem Professor der Geschichte, der Philologie, der Mathematik und der Naturwissenschaften nicht gleichgiltig sein kann, in welcher Weise diese Fächer auf dem Gymnasium betrieben werden, so wird man auch ihm nicht verdenken wollen, wenn er sich einmal diese pädagogische Abschweifung von der wissenschaftlichen Forschung gestattet. Von einem Herabsteigen zur Kinderstube und zur Schule kann dabei nicht die Rede sein. Denn es ist eine alte Wahrheit, daß für die Jugend das Beste grade gut genug ist. Und es ist wirklich Zeit, daß dem alten Schlendrian, der sich hier eingenistet hat, einmal ein Ende gemacht wird.

Wir sind ja darüber einig, daß unsere Kunst in den letzten Jahrzehnten einen vollkommenen Umschwung durchgemacht hat. Überall sind neue Prinzipien an die Stelle der alten getreten, in immer weiteren Kreisen wird die neue Richtung als berechtigt anerkannt. Und wie steht es mit der allgemeinen Kunsterziehung? Sie ruht noch vollständig auf der Grundlage der ästhetischen Anschauungen, die sich in der ersten Hälfte unseres Jahrhunderts ausgebildet haben. Noch überwiegt bei ihr vollständig das formalistische idealistische Prinzip. Man muß leider sagen, und ich werde das im einzelnen zu beweisen suchen, daß unsere gegenwärtige Kunsterziehung vollständig außer Stande ist, unserer Kunst, wie sie sich nun einmal entwickelt hat, ein kunstverständiges Publikum heranzubilden. Nicht nur, daß der Grad unserer künstlerischen Volkserziehung weit zurückbleibt hinter der Bedeutung, welche die Kunst in unserem Volksleben beansprucht. Auch die Richtung, in der sie sich bethätigt, ist in vielen Punkten eine durchaus verkehrte. Wir haben die dringende Pflicht, hier durch Reformen einzugreifen und unsere allgemeine Kunsterziehung mit den Forderungen der modernen Kunstbewegung wieder in Einklang zu bringen.

Und das wird sicher gelingen, wenn nur jeder sich klar machen wollte, wie nahe ihn selbst diese Frage angeht. Sind es doch unsere eigenen Söhne und Töchter, denen es beschieden sein wird, die künstlerische Blüte, die wir im nächsten Jahrhundert erhoffen, in die Wirklichkeit zu übersetzen. Legen wir also Hand ans Werk, auf daß die jüngere Generation uns nicht später den Vorwurf machen könne, daß wir sie mangelhaft vorbereitet in den großen friedlichen Wettkampf hineingestoßen haben, den die Völker demnächst um die Palme der Kunst beginnen werden.

Das Wesen der künstlerischen Erziehung.

Die Grundlage jeder künstlerischen Thätigkeit ist die richtige Ausbildung der Sinne. Unter unseren Sinnen ist der wichtigste der Gesichtssinn. Durch ihn nehmen wir die meisten Sinneseindrücke in uns auf, er ist besonders im frühesten Kindesalter die Hauptquelle unseres geistigen Lebens. Das Auge führt dem kindlichen Geiste die größte Summe von Vorstellungen und Gefühlen zu. Es ist auch mit der Hand zusammen das spezifische Organ des bildenden Künstlers.

Man macht sich gewöhnlich nicht klar, wie kompliziert der Prozeß ist, vermittelst dessen die äußeren Wahrnehmungen sich auf dem Wege durch das Zentralnervensystem und das Gehirn in künstlerische Empfindung umsetzen. Da ist zunächst der rein physiologische Prozeß des Sehens. Sehen und Sehen ist zweierlei. Wir unterscheiden das bloße flüchtige Sehen und das genaue Anschauen und Fixiren der Gegenstände. Nur das letztere hat in der Kunst eine Bedeutung. Die Anleitung zur richtigen Anschauung ist also die erste und elementarste Stufe der künstlerischen Erziehung. Allerdings entwickelt sich die Fähigkeit dazu bis zu einem gewissen Grade von selbst. Die Kunst, die Gegenstände zu fixiren, das Auge den verschiedenen Entfernungen anzupassen, wird auch ohne Zuthun des Pädagogen, schon durch die Thätigkeit des Auges allein, erworben. Aber die zerstreuende Wirkung der Außenwelt mit ihren zahllosen einander verdrängenden Eindrücken erschwert eine scharfe Auffassung der Formen grade in der Jugend ungemein. Man kann sagen, daß je höher die Stufe der Kultur ist, die ein Volk einnimmt, je zahlreicher und mannichfaltiger die Eindrücke sind, die auf das Kind wirken, um so größer die Notwendigkeit wird, durch bewußte Erziehung die Aufmerksamkeit zu vermehren, die Fähigkeit der Konzentration zu stärken.

Die zweite Stufe der künstlerischen Erziehung ist die Entwicklung des Formen= und Farbengedächtnisses. Aus den zahllosen einzelnen Eindrücken, die wir von den Gegenständen der Natur erhalten, bilden wir uns gewisse formale Begriffe von diesen. Jeder neue Eindruck reiht sich der schon vorhandenen Apperzeptionsmasse ein und verstärkt oder verändert sie je nach der Kraft, mit der wir ihn in der Erinnerung festhalten. Wollen wir ein Kunstwerk genießen, das in einer Nachahmung der Natur besteht, so müssen wir, da wir den Naturgegenstand nicht immer zur Vergleichung bei der Hand haben, über eine gewisse Summe von Erinnerungs= vorstellungen verfügen, die sich aus früheren Eindrücken gebildet haben. Je klarer und schärfer diese Erinnerungsvorstellungen sind, je mehr wir uns also gewöhnt haben, alle einzelnen Formen der Gegenstände im Gedächtnis festzuhalten, um so leichter wird uns das Verständnis des Kunstwerks werden.

Aber das ist es nicht allein. Das Wesen des künstlerischen Genusses beruht nicht nur auf der scharfen Auffassung der Formen und auf der äußerlichen verstandesmäßigen Vergleichung dieser Formen mit früher empfangenen Eindrücken. Es beruht vor allen Dingen auf der gefühlsmäßigen Belebung des Scheinbildes durch die Phantasie des Beschauers. Jeder Kunstgenuß ist seinem innersten Wesen nach ein Akt der bewußten und freiwilligen Selbsttäuschung. Bei der Betrachtung eines Gemäldes, einer Statue, eines künst= lerisch durchgeführten Gebäudes, eines reich verzierten Gerätes wird stets unsere Illusion in einem mehr oder weniger hohen Grade in Anspruch genommen. Mögen wir nun das Bild eines Menschen oder eines Tieres in der Fläche oder im Raume, als Zeichnung oder als plastisches Werk vor uns haben, mögen wir nun durch architektonische oder tektonische Kunstformen über die wahre Natur des Materiales hinweggetäuscht, zu den Gefühlen des Lastens und Emporstrebens, des Bindens und Zusammen= fassens, des Tragens und Stützens angeregt werden, immer ist es eine Täuschung, eine Illusion, um die es sich handelt. Wir wissen, daß der künstlerische Gegenstand, den wir sehen, nicht das ist, was er scheinen will. Wir wissen, daß das scheinbar Runde und

Plastische in der Malerei flächenhaft ist. Es ist uns bekannt, daß die runde Form des plastischen Kunstwerks, die wir sehen, nicht Fleisch, sondern Marmor ist. Wir sind nicht im Zweifel darüber, daß die Säule, die im Bauwerk emporzustreben, emporzuwachsen scheint, in Wirklichkeit vielmehr lastet und nach unten strebt wie jeder Mauerstein, jedes andere Glied des Bauwerks. Wir haben ein vollkommen klares Bewußtsein davon, daß eine tragende Figur, die mit aufwärts gerichteten Armen eine Lampenkuppel hält, durch die Kraft ihrer Arme durchaus nicht das leistet, was sie zu leisten vorgibt. Und dennoch haben wir an allen diesen Täuschungen unsere Freude, weil es ästhetische Täuschungen sind, weil sie uns als Täuschungen bewußt bleiben, weil wir sie nur so lange festzuhalten brauchen, wie es uns grade beliebt. In der That beruht nach meiner Überzeugung das eigentliche Wesen des künstlerischen Genusses auf jenem eigentümlichen Hin= und Heroszilliren zwischen Schein und Wirklichkeit, zwischen Natur und Nachbildung, wie es durch den fortwährenden unbewußten Vergleich des Kunstwerkes mit dem vom Künstler nachgeahmten Gegenstande, Gefühle oder Bewegungsgedanken erzeugt wird.

Diese Fähigkeit der bewußten Illusion, der freiwilligen Selbst= täuschung, oder wenn man will der ästhetischen Phantasie muß vor allen Dingen durch die künstlerische Erziehung ausgebildet werden. Das ist viel leichter, als es im ersten Augenblicke scheinen mag. Denn grade diese ästhetische Phantasie gehört zu den wenn nicht angeborenen, so doch schon in frühester Kindheit sich ent= wickelnden Gaben des Menschen. Es kommt viel weniger darauf an, sie künstlich hervorzurufen, als die angeborene Gabe zu er= halten und durch richtige Mittel zu kräftigen.

Aber selbst damit ist die künstlerische Erziehung noch nicht abge= schlossen. Es gehört dazu als wesentliche Ergänzung die Anleitung zur technischen Produktion. Nicht nur der eigentliche Künstler, sondern auch der Laie, der Kunstwerke verstehen und genießen will, bedarf einer gewissen technischen Ausbildung. Er muß wenigstens soweit technisch gebildet sein, daß er das eigentüm= liche Wesen des künstlerischen Schaffens zu verstehen und zu würdigen weiß, das auf einer Verbindung besonders hoch ent= wickelter ästhetischer Illusionsfähigkeit mit derjenigen technischen

Begabung und Schulung beruht, die notwendig ist, um die in der Phantasie geschauten Formen in die Wirklichkeit zu übersetzen. Und es soll ihm dieses geheimnisvolle Zusammen- und Ineinander- wirken zweier Gaben zu einem Zwecke aus eigener praktischer Er- fahrung wenigstens soweit bekannt geworden sein, daß er sich mit Leichtigkeit in die Intentionen eines Künstlers hineinzuversetzen vermag.

Viererlei Stufen der künstlerischen Erziehung also sind es, die wir unterscheiden: Entwicklung der Anschauung, Kräftigung des Formengedächtnisses, Ausbildung der ästhetischen Illusions- fähigkeit und Anleitung zur technischen Geschicklichkeit. Diese vier Stufen folgen bei der Erziehung keineswegs in strenger Reihen- folge auf einander. Sie gehen vielmehr häufig parallel neben einander her und greifen vielfach sich ergänzend in einander über. Die künstlerische Erziehung wird vor allen Dingen darauf achten müssen, daß sie in gleichmäßiger Weise entwickelt und in das rich- tige Verhältnis zu einander gesetzt werden.

I.

Die Kinderstube.

Künstlerische Erziehung in der Kinderstube, das wird den meisten Lesern im ersten Augenblicke seltsam erscheinen. Was hat überhaupt das Kind mit der Kunst zu thun? Ich antworte: nicht mehr und nicht weniger, als daß sein ganzes geistiges Leben zum großen Teile aus einer intensiven Kunstthätigkeit besteht. Das klingt scheinbar paradox und ist doch zweifellos richtig. Man muß sich, um es zu verstehen, nur das Wesen der kindlichen Thätigkeit klar zu machen suchen.

Die Thätigkeit des Kindes im vorschulpflichtigen Alter ist abgesehen von Essen, Trinken und Schlafen eine dreifache: Erstens Spielen, zweitens Betrachten von Bilderbüchern, drittens Hand=beschäftigung.

Das Spiel.

Das kindliche Spiel ist, wie man längst erkannt hat, der Ursprung jeder Kunst. Vergebens wird man sich bemühen, die letzten Gründe des künstlerischen Schaffens zu ermitteln, wenn man nicht bei dem Spiel der Kinder die Erklärung dafür sucht. Was für den Erwachsenen die Kunst, ist für das Kind das Spiel.

Nicht jedes Spiel hat freilich künstlerischen Charakter. Wir unterscheiden vier Arten von Kinderspielen, Bewegungsspiele, Sinnes=spiele, Kunstspiele und Verstandesspiele. Von diesen gehen uns die erste und die letzte hier nichts an. Der Zweck der Bewegungsspiele, d. h. des Laufens, Springens, Tanzens, Balgens, Werfens u. s. w. sowie aller Gesellschaftsspiele, bei denen diese oder ähnliche

Handlungen eine Rolle spielen, ist einzig und allein, den Körper auszuarbeiten, Muskeln und Lungen zu lebhafter Thätigkeit zu veranlassen. Ihr Reiz besteht in der gesteigerten Lebenskraft, die sie dem Körper mitteilen. Auch die Verstandesspiele, wie Dame, Schach, Kartenspiel u. dgl. haben mit der Kunst im eigentlichen Sinne nichts zu thun. In etwas höherem Grade sind schon die Sinnesspiele als Kunstspiele zu bezeichnen.

Ein einfaches Sinnesspiel ist es, wenn man dem Kinde einen bunten Ball über die Wiege hängt und denselben pendelartig in Bewegung setzt oder durch das Kind in Bewegung setzen läßt. Der Reiz dieser Beschäftigung beruht auf der gleichmäßigen alter= nierenden Erregung des Gesichtsinnes, die mit ihr verbunden ist. Eine Erregung des Gehörsinnes ist es, wenn man das Kind Papier zerknittern läßt oder ihm eine Rassel in die Hand gibt, obwol in beiden Fällen das Kennzeichen der Regelmäßigkeit fehlt. Höhere Stufen der Sinnesspiele sind im Gebiete des Gehörs: Trommel und Trompete, im Gebiete des Gesichts: Spielen mit glänzenden Gegenständen oder Schmucksachen, Schauen durch ein Kaleidoskop u. dgl. Ohne Zweifel haben alle diese Dinge für die künstlerische Erziehung des Kindes eine gewisse Bedeutung, insofern sie seine Aufmerksamkeit in Anspruch nehmen, seine Sinnesempfindung und Konzentration zu steigern im Stande sind. Es ist ja auch be= kannt, daß z. B. Fröbel bei der Ausbildung seiner Spielgaben dem aufgehängten Ball oder der Kugel eine ganz besondere Rolle zugeteilt hat. Indessen liegt es auf der Hand, daß der Eingriff des Pädagogen bei dieser ersten Ausbildung des Gesichtsinnes nur ein sehr geringer sein kann. Der Säugling, der in seinem Wagen liegt, hat schon von selbst genug Gelegenheit, seine Anschauung zu erweitern, seine Konzentrationsfähigkeit auszubilden. Die Gegen= stände seiner Umgebung, der Besuch der Eltern und Geschwister, die ganze Fülle der auf ihn einstürmenden Eindrücke genügt dazu vollkommen. Hängt man noch einen pendelnden Ball in seinem Gesichtsfelde auf oder wechselt man die Stellung seines Wagens zuweilen, so ist alles geschehen, was vom pädagogischen Standpunkt zu seiner Ergötzung geschehen kann. Die barocke Idee von Herbart, vor der Wiege eine Konsole an der Wand zu befestigen und auf dieser abwechselnd Gegenstände von verschiedener Form, ein Ei, eine

Orange, einen Blumenstrauß, eine Tasse, eine Kanne, Gläser, Dosen, Uhren, endlich eine Büste und eine Statue aufzustellen, um seine Aufmerksamkeit auf die Form und seinen Sinn für das Schöne zu wecken, oder gar eine schwarze Tafel an die Wand zu hängen, auf der drei glänzende Messingnägel in stets sich verändern= den Stellungen angebracht werden, um dem Säugling die räumlichen Grundbegriffe beizubringen, ist der gebührenden Vergessenheit an= heimgefallen. Eine plastische oder mathematische Belehrung in der Wiege dürfte denn doch über die Aufgaben hinausgehen, die der Erziehung gestellt sind. Es liegt entschieden eher die Gefahr vor, in diesem Alter zu viel als zu wenig zu thun.

Anders steht es mit den Kunstspielen. Diese unter= scheiden sich von allen anderen Spielen durch das Moment der Illusion. Die künstlerische Selbsttäuschung ist ihr wesentliches Kennzeichen. Nichts spielt im Seelenleben des Kindes eine so große Rolle wie diese Selbsttäuschung. Der unscheinbarste Gegen= stand genügt ihm, sie hervorzurufen. Als Fröbel dem Kinde die Kugel, die Walze und den Würfel als erste Anschauungsformen bestimmte, hatte er dabei keineswegs blos die mathematischen Eigen= schaften dieser Körper im Auge. Er betonte ausdrücklich, daß der Reiz dieser Gegenstände auf einem gewissen Phantasiespiel beruhe, daß das Kind unter der Kugel oder dem Ball auch wohl eine Katze, eine Maus, einen Vogel, unter dem Würfel auch wohl einen Tisch, eine Bank, einen Stuhl, einen Herd, eine Kiste, ein Haus, einen Ofen zu sehen glaube. Es ist in der That staunens= wert, wie leicht sich Kinder einer solchen Illusion hingeben können. Es bedarf nur eines geringen Anstoßes, um sie dazu zu bringen, sich sofort in bestimmte Lagen, Umgebungen, Handlungen hineinzuphantasiren. Der Knabe, der auf dem Knie des Vaters reitend sich hoch zu Roß fühlt, oder am Boden kriechend wie ein Hund bellt, auf einem Stuhle sitzend sich als Kutscher dünkt, ist in viel höherem Maße Künstler als der Erwachsene, der im Theater sitzt und sich einer dramatischen Illusion hingibt. Er ist Künstler und Publikum in einer Person. Er genießt das Kunstwerk nicht nur, sondern er schafft es auch zugleich.

Diese Analogie des kindlichen Spieles mit der künstlerischen Thätigkeit ist außerordentlich interessant. Sie zeigt, daß das Kind und der Künstler Geistesverwandte sind. Große Künstler sind große Kinder. Sie sind naiver und unmittelbarer in ihren An= schauungen als die übrigen Menschen, um so naiver und unmittel= barer, je kindlicher sie empfinden. „Werdet wie die Kinder", das ist die goldene Regel, die man allen Künstlern mit auf den Weg geben könnte.

Die Kunstspiele des Kindes sind vorwiegend dramatischer Art. Sie bestehen aus Handlungen, durch welche es sich künstlich in fremde Lebenslagen versetzt. Ihr Ursprung liegt in dem ent= weder angeborenen oder jedenfalls sehr früh sich entwickelnden Nach= ahmungstriebe. Das Kind phantasirt sich in die Gefühle der Eltern oder anderer Leute hinein. Es ahmt die Haustiere oder sonstige ihm bekannte Tiere, auch wohl tote Gegenstände nach. Es will reiten, wie es andere hat reiten sehen, und benutzt das Knie des Vaters oder den Stock als Symbol des Pferdes. Es bellt, wie es den Hund hat bellen, es wiehert, wie es das Pferd hat wiehern hören, es behandelt seine jüngeren Geschwister wie es selbst von seinen Eltern behandelt wird.

Höhere Stufen der dramatischen Spiele sind bei Mädchen: Das Spiel mit der Puppenstube, das Besuche= oder Gesellschaften= Spielen, bei Knaben: Kaufmanns=, Soldaten=, oder Räuber= und Husaren=Spielen. Daß besonders bei Knaben die Kunstspiele fast immer mit Bewegungsspielen verbunden sind, kann nicht Wunder nehmen. Dennoch bleiben sie Kunstspiele, weil ihr wesentliches Kennzeichen die künstlerische Illusion ist.

Die meisten dramatischen Spiele verlangen bestimmte Gegen= stände, an die sich die Illusion anknüpft. Das können zunächst die Möbel der Kinderstube sein. Tische und Stühle, Bänke und Fußbänke müssen als Spielzeug herhalten. Der Tisch stellt ein Haus vor, der Stuhl eine Kutsche, die Bank eine Eisenbahn, der Fußschemel einen Hund. Es ist unglaublich, wie regsam die Phantasie der Kinder in dieser Beziehung ist. Und man kann durchaus nicht sagen, daß ihre Illusion deshalb eine geringere wäre, weil die Gegenstände, die ihr zu Grunde liegen, den gedachten Vorbildern ziemlich unähnlich sind. Im Gegenteil, diese Ab= weichungen merkt das Kind nicht, während sich das Übereinstimmende ihm dafür um so lebhafter aufdrängt.

Aber freilich, dabei bleibt das Illusionsspiel nicht stehen. Die genauere Beobachtung der Formen in der Natur weckt in dem Kinde den Wunsch, plastisches Spielzeug zu besitzen, das der Natur nachgebildet ist. Damit tritt eine neue Kunst in den kindlichen Gesichtskreis ein, die Plastik. Die dramatischen Spiele erweitern sich, sie werden zugleich plastische. Weitaus die meisten Spielzeuge der Kinder haben plastischen Charakter: Puppe und Hampelmann, Bleisoldaten, Häuser und Bäume aus Nürnberger Spielwaaren= schachteln, Tiere aus Holz oder Papiermaché. Diese Spielzeuge sind ebenso wie die plastischen Kunstwerke Nachahmungen der Natur. Sie unterscheiden sich von jenen nur durch ihren handlichen Maß= stab und ihren geringeren Kunstwert. Ihr Reiz beruht darauf, daß sie bestimmte dem Kinde bekannte Wesen darstellen, wodurch diesem die Illusion erleichtert wird. Die Puppe verdankt ihre hohe pädagogische Bedeutung dem Umstande, daß sie Abbild des Menschen ist. In ihr sieht das Kind Vater und Mutter, Geschwister und Dienstmädchen, Freunde und Bekannte, endlich auch sich selbst. Es denkt sich in die Rolle der Mutter hinein und betrachtet die Puppe als sein Kind. Es kleidet sie an und aus, kämmt und wäscht sie, legt sie ins Bett und nimmt sie wieder auf, füttert sie und läßt sie spazieren gehen oder fahren. Kurz das dramatische Spiel, das ursprünglich nur am eigenen Körper oder an dem der Geschwister oder Gespielen geübt wurde, wird nun auch auf ein todtes Objekt, eine Nachahmung der Natur, übertragen. Das ist ein wesentlicher Schritt zum Verständnis der Kunst, speziell der bildenden Kunst.

Natürlich kommt es darauf an, daß dieses plastische Spiel= zeug wo möglich bekannte Geschöpfe darstelle. Von den Tieren eignen sich dazu am besten die Haustiere, Pferde und Kühe, Hunde, Katzen und Schafe. Seltene oder ausländische Tiere werden bei weitem nicht dasselbe Vergnügen bereiten, unter Umständen gerade= zu Widerwillen erregen.

Die Freude, die das Kind am plastischen Spielzeug hat, ist ohne Zweifel ganz analog derjenigen, die der Erwachsene beim Anblick plastischer Kunstwerke empfindet. Nur ist die Illusion, in die es sich bei der Betrachtung versetzt, wahrscheinlich eine viel leb= haftere. Daraus würde sich auch erklären, daß das plastische Spielzeug vom Kinde stets dramatisch verwendet wird. Ein ruhig stehendes nur zum Anschauen bestimmtes Spielzeug kennt das Kind nicht. Sein Spielzeug muß in die Hand genommen und bewegt werden. Die Puppe muß schreien, der Hampelmann die Beine heben, das Schaf den Kopf senken und blöten. Und wo derartige Vorrichtungen fehlen, wird durch Schieben, Rollen und Tragen die nötige Bewegung hervorgebracht. Der dramatische und plastische Kunstgenuß ist eben beim Kinde noch nicht scharf von einander getrennt. Beide gehen noch in einander über. Das dramatische Kunstspiel ist zugleich plastisch, das plastische dramatisch.

Zu den Kunstspielen gehört in gewisser Weise auch das Märchenerzählen. Auch bei ihm spielt die ästhetische Illusion eine große Rolle, wird die Phantasie in lebhaftester Weise beschäftigt. Durch das Märchen wird das Kind in eine fremde Welt versetzt und darin durch eine ästhetische Täuschung erhalten. Es ist ja selbstverständlich, daß es sich mit dem Helden oder der Heldin des Märchens identifiziert. Seine Illusion ist so lebhaft, daß es alles selbst zu erleben glaubt, was der Held erlebt. Ebenso, wenn auch in geringerem Grade, ist es ein Kunstgenuß für das Kind, wenn man ihm vergangene Ereignisse aus seinem Leben wiedererzählt, künftige im Voraus schildert. Auch hierbei findet seine lebhafte Phantasie ein willkommenes Feld der Bethätigung.

Märchen und Erzählung sind in derselben Weise Vorstufen des Kunstgenusses wie dramatische Spiele und plastisches Spielzeug. So wie die beiden letzteren auf das Verständnis der Schauspiel= kunst und Plastik vorbereiten, so führen die beiden ersteren in den Genuß der epischen Poesie, des Romans und der Novelle ein. Wenn man das Erzählen der Regel nach nicht zu den Spielen rechnet, so geschieht das nur, weil das Kind dabei nicht selber thätig ist. Seinem innersten Wesen nach gehört es durchaus zu den Kunstspielen.

Es wäre gewiß außerordentlich interessant, empirisch festzu= stellen, wann und unter welchen äußeren Umständen sich beim Kinde der Trieb zum Kunstspiel entwickelt. Pädagogik und Psycho= logie haben darauf, soviel ich weiß, noch keine Antwort gefunden. Man sollte denken, daß eine so komplizierte Art der geistigen Thätig= keit verhältnismäßig spät aufträte. Aber das ist nicht der Fall. Allerdings gehen Sinnes= und Bewegungsspiele den Kunstspielen

zeitlich voran. Erst müssen die Muskeln und Sinne bis zu einem
gewissen Grade ausgebildet sein, ehe sie in künstlerischer Weise ver=
wendet werden können. Aber auch die Kunstspiele treten auffallend
früh, nach meinen Beobachtungen schon im dritten Jahre, auf.
Ihren Ursprung verdanken sie wie gesagt dem Nachahmungstriebe,
demselben Triebe also, der ja auch der Vater der Sprache ist.
Das Kind fühlt offenbar ein unwiderstehliches Bedürfnis, die
Dinge und Personen seiner Umgebung nachzunahmen. Sonst würde
nicht klar sein, warum es an Nachahmungen der Gegenstände die
nämliche, ja eine größere Freude empfindet als an den Gegen=
ständen selbst. Die Symbolik steckt ihm offenbar im Blute. In den
meisten Fällen wird sich der Trieb zum Kunstspiel ohne jedes
Zuthun Erwachsener entwickeln. Es ist deshalb nicht die Aufgabe
des Erziehers, ihn erst hervorzurufen, sondern nur ihn zu fördern
und in die richtigen Bahnen zu lenken.

Die Kunsterziehung der ersten Jahre besteht in der mäßigen
und verständigen Entwicklung des Spieltriebes. Es kommt dabei
keineswegs auf fortwährendes Antreiben und Aufmuntern an.
Kinder, die von Natur mit starker Phantasie begabt sind, werden
schon von selbst so lebhaft nach Kunstspielen verlangen, daß man
eher gut thut, sie davon zurückzuhalten, als sie dazu anzufeuern.
Denn es giebt auch ein Übermaß von Phantasiethätigkeit, an dem
der Mensch zu Grunde gehen kann. Ibsen hat in seinem tiefsten
Werke, dem dramatischen Gedichte Peer Gynt, eine solche Natur
geschildert. Und er hat der Mutter seines unglücklichen Helden
den Vorwurf nicht erspart, daß sie den krankhaft entwickelten Trieb
des Sohnes, sich künstlerischen Illusionen hinzugeben, in der Jugend
zu sehr gefördert habe. Wo aber von Natur ein gewisser Mangel
an ästhetischer Illusionsfähigkeit vorhanden ist, wird es dem Er=
zieher leicht sein, diese durch rationelle Anleitung zu Kunstspielen
hervorzurufen. Und das sollte um keinen Preis versäumt werden.
Sind doch die ersten Jahre, genauer gesagt die Jahre vom dritten
bis zum sechsten, für die geistige Entwicklung des Kindes weitaus
die wichtigsten. Vollzieht sich doch grade in dieser Zeit vorwiegend
die Ausbildung des Charakters sowohl wie des Verstandes und
des Gefühls. Was wir angeboren nennen, wird in den meisten Fällen
erst durch die Erziehung dieser Jahre anerzogen. Und wollte oder

könnte man die Lebensgeschichte aller großen Künstler bis in das früheste Kindesalter verfolgen, so würde man finden, daß sie damals vollkommen im Kunstspiel aufgegangen sind, daß sie, teilweise wohl in Folge ihrer natürlichen Begabung, teilweise aber auch gefördert durch die Anregung ihrer Eltern, ihren künstlerischen Spieltrieb in besonders hohem Maße entwickelt haben. Es ist bekannt, welche Bedeutung in Goethes Jugend=Entwicklung dem Fabuliren und dem Marionettenspiel zukommt.

Das wichtigste bei der Anleitung zum Kunstspiel ist die Sorge für das richtige Spielzeug. In dieser Beziehung wird unendlich viel gesündigt, und zwar meistens mehr in der Richtung des Zuviel, als des Zuwenig. Ein weit verbreiteter Irrtum ist es besonders, daß möglichst naturalistisches Spielzeug seinen Zweck am besten erfülle. Man kann heutzutage Puppen und Tiere aus Wachs und Papiermaché sehen, die in gradezu künstlerischer Weise, mit allen Einzelheiten der Natur, ausgeführt sind. Die hohe Ausbildung der modernen Technik, zusammen mit der realistischen Strömung unserer modernen Kunst, hat diese Industrie hervorgebracht. Wir haben vor einiger Zeit in Ostende eine internationale Puppenausstellung (!) erlebt, von der Wunderdinge berichtet wurden. Selbst die Spielzeugläden unserer mittelgroßen Städte können zeigen, daß natürliche Haare, bewegliche Augen und Gelenke, kostbare Kleider und Schmucksachen bei Puppen gegenwärtig geradezu die Regel bilden. Selbst lebensgroßer Maßstab und täuschendes Schreien gelten als gar nichts seltenes mehr.

Ich kann in dieser Erscheinung nur eines von den vielen Symptomen einer abgelebten, unproduktiven, phantasielosen Kultur erblicken, wie sie uns heutzutage auf Schritt und Tritt entgegentreten. Was für die Kinder des 19. Jahrhunderts lebensgroße Puppen, das sind für die erwachsenen Bewohner unserer Großstädte die Wachsfiguren der Panoptiken. Wie mancher natürlich empfindende Mensch mag sich schon mit Abscheu abgewendet haben von diesen täuschend realistischen Figuren, die trotz aller Sorgfalt und Naturtreue, mit der sie ausgeführt sind, doch niemals den Eindruck wirklicher Kunstwerke machen. Aber wie wenige mögen sich Rechenschaft über das Warum gegeben haben. Und doch liegt die Antwort so nahe. Nicht der Realismus an sich ist hier das

Widerwärtige — dieser Grund ist eine Erfindung gedankenloser Idealisten — sondern die Thatsache, daß diese Figuren eine wirkliche Täuschung, nicht eine ästhetische hervorbringen wollen, daß sie der Phantasie des Beschauers auch nicht den mindesten Spielraum zur Bethätigung übrig lassen, daß jenes charakteristische Hin= und Heroszilliren zwischen Natur und Wirklichkeit, worauf der eigentliche Kunstgenuß beruht, bei ihnen eben wegen ihrer vollkommenen Übereinstimmung mit der Natur unmöglich ist.

Auch beim Kinderspielzeug ist die volle Naturwahrheit vom Übel. Das Kind will auch thatsächlich nichts davon wissen. Eine Peitsche, die nothdürftig aus einem Stock und einem Bindfaden hergestellt ist, hat für den Knaben einen höheren Wert als eine im Laden gekaufte Lederpeitsche. Ein Knabe, der in einer Stuhlbank einen Hund, in einem Stiefelknecht eine Geige, in einem Stuhl eine Kutsche erblickt, ist in viel höherem Grade Künstler und amüsirt sich auch thatsächlich viel besser als einer, der einen realistisch nachgeahmten Hund, eine kleine Kindergeige, eine kleine wirkliche Kutsche zur Verfügung hat. Ein Spazierstock, der zum Steckenpferd dient, ist pädagogisch wertvoller als ein wirkliches Steckenpferd, ein hölzernes Schaukelpferd, wenigstens für die ersten Jahre, geeigneter als eines mit Haaren und echtem Sattel. Jeder Pädagoge wird das bestätigen. Man versuche es nur und gebe dem Kinde gleich von Anfang an die Dinge selbst oder ganz realistische Nachbildungen derselben in die Hand, und man wird sehen, wie bald es deren überdrüssig wird. Grade die wertvollsten Spielsachen werden nach alter Erfahrung am frühesten in die Ecke gestellt. Das Kind will eben vermöge seiner künstlerischen Naturanlage nicht die Dinge selbst, sondern die Symbole der Dinge als Spielzeug haben. Jene sind ihm gleichgiltig, weil ihr Besitz die Phantasiearbeit ertödtet. Diese dagegen sind ihm teuer, weil sie ihm eine geistige Arbeit zumuten, um sie zur Wirklichkeit zu ergänzen. Und nur in der Arbeit erkennt es den Genuß.

Es ist ja nichts dagegen zu sagen, daß man dem Kinde mit der Zeit auch realistisch ausgeführte Spielsachen in die Hand gebe. Nur thue man es stufenweise und ohne jede Übertreibung. Fängt man gleich mit dem Fortissimo an, so behält man nichts für das Crescendo übrig. Die einfachsten aus Holz geschnitzten Gegen=

stände, deren man habhaft werden kann, und denen man nur grade ihre Bedeutung ansieht, genügen für den Anfang vollkommen. Entgehen doch dem Kinde, wenigstens in den ersten Jahren, that= sächlich auch bei der Beobachtung der Natur die meisten Einzel= heiten der Form. Das erkennt man am deutlichsten daran, daß es die einmal gelernten Worte lange Zeit in weiterem Sinne ge= braucht als sie gebraucht werden müssen. Wenn die ersten Vögel, die es mit Bewußtsein sieht, Raben sind, und ihm dabei das Wort „Rab" vorgesagt wird, so kann man sicher sein, daß es lange Zeit jeden Vogel Rab nennt, mag es ein Rabe oder ein Sperling oder ein Schwan sein. Es sieht eben an den Vögeln vorwiegend ihre gemeinsamen Kennzeichen, die Flügel und das Fliegen, während die Verschiedenheiten der Species für seine Auffassung vorläufig noch zurücktreten. Erst ganz allmählich gewinnt es das Verständnis für die charakteristischen Unterschiede der einzelnen Gattungen, und dieser Fortschritt äußert sich durch die Wahl des richtigen Wortes an der richtigen Stelle. So lange diese Stufe nicht erreicht ist, hat es auch gar keinen Zweck, ihm naturalistisch ausgeführtes Spiel= zeug zu geben. Man oktroyirt ihm damit einen Realismus, für den es noch nicht reif ist, und indem man das thut, tödtet man seine selbständige Geistesarbeit, lähmt man seine Phantasiethätigkeit, kurz vernichtet man gradezu das, was man erzeugen wollte.

Leider wird dieser Fehler besonders in reichen Familien häufig gemacht, und es ist kein Zweifel, daß darauf zum großen Teil jene Blasirtheit und Altklugheit zurückzuführen ist, die wir gegen= wärtig vielfach bei unseren Kindern beobachten können. Der Arme ist in dieser Beziehung viel besser daran. Schon der materielle Mangel zwingt ihn, seinen Kindern vorwiegend einfaches und an= spruchsloses Spielzeug zu geben. Und diese fahren gut dabei: die meisten großen Künstler sind aus armen oder wenigstens mittleren Verhältnissen hervorgegangen. Sie haben das Glück gehabt, in ihrer Jugend nicht mit Spielzeug übersättigt und verbildet zu werden.

Daß man dem Kinde nicht zu viel Spielzeug, besonders nicht zu viel auf einmal geben darf, ist eine alte Regel, die leider auch nicht immer befolgt wird. Die viel verbreitete Unsitte, den Weih= nachts= und Geburtstagstisch möglichst vollzupacken, sollte doch end=

lich aufgegeben werden. Die Erfahrung lehrt ja, daß das Kind,
je reicher es beschenkt wird, um so weniger Freude am Einzelnen
hat, daß es verwirrt wird, abstumpft, ja gradezu Unbehagen
empfindet. So sehen wir also schon an diesem Beispiele, daß die
wahre Kunsterziehung keineswegs immer in einer unbedingten
Förderung, sondern häufig gradezu in einem weisen Zurückhalten
bestehen sollte.

Die Aufgabe, das Kind zu Kunstspielen anzuregen, fällt in
erster Linie der Mutter zu. Das ist auch ein Segen, denn Frauen
haben durchweg eine höhere ästhetische Illusionsfähigkeit als Männer.
Der Grund dafür ist leicht einzusehen. Er liegt durchaus nicht
in der höheren künstlerischen Begabung des weiblichen Geschlechts
— diese wird schon durch das Überwiegen der männlichen Künstler
ausgeschlossen —, sondern vielmehr darin, daß die Kunstspiele in
der Erziehung der weiblichen Jugend eine viel größere Rolle spielen
als in der der männlichen. Beim Knaben treten sehr bald die
Bewegungsspiele den Kunstspielen gegenüber in den Vordergrund.
Die Ausarbeitung des Körpers, die Stählung des Charakters, die
Entwicklung des Machtbewußtseins bilden bei seiner Beschäftigung die
Hauptsache. Früh schon nehmen seine Spiele einen rauhen und
wilden Charakter an. Das Mädchen dagegen spielt bis zum 15.
Jahr mit der Puppe, ja es gibt Mädchen, die das Puppenspiel
bis über die Konfirmation hinaus fortsetzen. Von Jahr zu Jahr
steigert sich die Sorge für den Liebling, von Jahr zu Jahr wird
die Phantasiethätigkeit in lebhafterer Weise in Anspruch genommen,
und auch die Handarbeit tritt vollständig in den Dienst dieses
dramatisch = plastischen Illusionsspiels. Und unmittelbar an das
Puppenspiel schließt sich die höhere ästhetische Erziehung an: Musizieren,
Romanelesen, Theaterbesuch, Zeichnen und Malen. Was in der
Kindheit spielend ausgebildet war, wird nunmehr in ernsterer Weise
fortgesetzt. Die Empfänglichkeit für die Kunst ist schon durch das
Kunstspiel ausgebildet. Sie kann sich jetzt viel intensiver entwickeln.
Daher kommt es eben, daß Frauen wenigstens rezeptiv durchweg
ästhetisch gebildeter sind als Männer. Ihre ästhetische Erziehung
ist gewissermaßen niemals unterbrochen worden, sie hat sich in
zusammenhängender Folge von der Kindheit bis ins Jungfrauen=
alter fortgesetzt. Es ist darum auch kein Zufall, daß große Dichter

und Künstler ihre spezifische Begabung meistens mehr ihren Müttern als ihren Vätern verdanken.

Daraus ergibt sich, wie verkehrt es ist, Mädchen frühzeitig des Puppenspiels zu entwöhnen. Man vernichtet damit gradezu ihre ästhetische Illusionsfähigkeit, die doch für die spätere Kunst= bildung sowohl wie für die Erziehung der Kinder so notwendig ist. Eine Mutter, die ihre Tochter im 13. oder 14. Jahr vom Puppenspiel abhält oder ihr vorredet, ein so großes Mädchen müsse sich schämen, mit Puppen zu spielen, versündigt sich an der Zu= kunft ihres Kindes. Frauen, die in der Kindheit wenig mit Puppen gespielt haben, werden sich in reiferem Alter durch geringen Kunstsinn, meistens sogar durch wenig Gefühl auszeichnen. Sie werden schwerlich Mütter bedeutender Künstler werden, ja, was noch wichtiger ist, sie werden nicht im Stande sein, ihre Kinder richtig künstlerisch zu erziehen. Die Generation die ihrer Pflege anvertraut ist, wird eine altkluge, nüchtern verständige, kurz eine künstlerisch tote werden.

Es fehlt ja auch dem Knaben nicht an Gelegenheiten, das Kunstspiel bis ins reifere Alter fortzusetzen. Kasperle= und Marionettentheater bilden für ihn die Brücke zum dramatischen Kunstgenuß. Aber sie werden in vielen Familien gar nicht be= trieben. Phantasievolle Knaben verlangen solche Spiele freilich von selbst. Solchen, die mehr zu Bewegungsspielen oder zur Verstandesarbeit hinneigen, möge der Erzieher diese Ergänzung ihres geistigen Lebens nicht vorenthalten.

Überhaupt müssen die Kunstspiele natürlich dem ganzen Er= ziehungsplan eingefügt, nach allgemeinen pädagogischen Grundsätzen geregelt werden. Es ist wie gesagt nicht nötig, die Kinder fort= während dazu anzuregen oder ihnen jede Idee zu einem Kunstspiel selbst zu geben. Im Gegenteil, das würde sie nur unselbständig und phantasielos machen. Aber wo ein entschiedener Mangel an Begabung vorhanden ist, sollte man nachhelfen, damit der künst= lerische Illusionstrieb nicht vorzeitig einroste, die Phantasie sich rechtzeitig entwickle. Im übrigen kommt es nur darauf an, den Kindern die äußeren Mittel zu diesen Spielen nicht vorzuenthalten und ihnen hie und da einen kleinen Wink für die Art und Weise ihrer Benutzung zu geben.

Ob man im Ganzen mehr die Bewegungs= oder die Kunst=
spiele befördern soll, hängt natürlich ganz von der individuellen
Anlage des Kindes ab. Jede Erziehung muß bis zu einem ge=
wissen Grade die Natur zu ergänzen, Mängel und Einseitigkeiten
der Begabung auszugleichen suchen. Sie soll allerdings die indi=
viduellen Gaben nicht vernichten oder abschwächen, aber sie doch
verhindern, sich in dem Maße einseitig zu entwickeln, daß dadurch
das Gleichgewicht der geistigen und körperlichen Kräfte gefährdet
wird. Ist also ein Knabe körperlich sehr kräftig, so daß er vor=
zugsweise zu Bewegungsspielen hinneigt, so halte man ihn mehr
zu Kunstspielen an. Ist er schwächlich und in Folge dessen mehr
dazu aufgelegt, in Einsamkeit seinen Gedanken und Phantasien
nachzuhängen, so befördere man bei ihm mehr die Bewegungsspiele.
Ein Übermaß ist sowohl nach der einen wie nach der andern Seite
vom Übel. Gerade durch ein einseitig gesteigertes Phantasieleben
wird die Gefahr der Nervenüberreizung besonders leicht herbeige=
führt. Aber alles das sind Erwägungen, die dem Pädagogen von
Fach überlassen bleiben müssen. Uns muß es genügen, das eigen=
artige Wesen der Kunstspiele und ihrer Bedeutung für die künst=
lerische Erziehung schärfer, als es bisher geschehen ist, hervorgehoben
zu haben.

Das Bilderbuch.

Ebenso früh wie der Trieb zu plastisch=dramatischen Kunst=
spielen erwacht beim Kinde der Trieb zum Bilderbeschen. Hier
liegt ja nun der künstlerische Charakter der Beschäftigung noch viel
klarer auf der Hand. Puppenspiel und Marionettentheater bereiten
das Kind zum Verständnis der Plastik und des Schauspiels vor,
Bilderbücher vermitteln ihm das Verständnis der Malerei. Das
Bilderbuch ist die natürliche Ergänzung des plastisch=dramatischen
Spielzeugs und des Märchens.

Licht und Farbe bilden das Wesen der Malerei. Aber das
Gefühl für beide tritt beim Kinde nicht in derselben Zeit auf. Es
ist bekannt, daß das Licht dem Säugling schon in den ersten Tagen
seines Lebens ein Lustgefühl bereitet. Sobald die erste Empfind=
lichkeit gegen plötzliche Lichteindrücke überwunden ist, wendet es
seinen Blick gern dem Fenster oder der Kerze zu. Erst später und

sehr allmählich tritt die Fähigkeit auf, Farben ihrer Qualität nach zu empfinden und von einander zu unterscheiden. Und zwar scheint das Verhältnis den einzelnen Farben gegenüber verschieden zu sein. Nach Preyers Untersuchungen erhalten die leuchtenden oder sogenannten warmen Farben den Vorzug vor den dunkeln und kalten. Rot und gelb erfreuen sich einer größeren Beliebtheit als violett, blau und grün. Erst im Alter von 3 bis 4 Jahren scheint die Fähigkeit, die Farben von einander zu unterscheiden, sich vollständig auszubilden.

Man hat dies daraus geschlossen, daß Kinder, die schon längst sprechen können, und denen es gar keine Schwierigkeiten macht, die Namen der Gegenstände, die man ihnen vorsagt, zu behalten, doch erst im Laufe des vierten Jahres die Fähigkeit gewinnen, die Farben des Spektrums, nachdem man sie ihnen häufig genannt hat, einigermaßen richtig zu benennen. Offenbar entwickelt sich das Nervensystem des Auges erst in diesem Alter so vollständig, wie es für die richtige Auffassung sämmtlicher Hauptfarben notwendig ist. Daß die Empfindlichkeit für die feineren Nüancen meistens noch viel später eintritt, ist bekannt.

Man kann daraus zunächst bestimmte Folgerungen für die passende Färbung der Spielsachen ziehen. In den ersten beiden Jahren ist es vollkommen unnötig, dem Kinde farbige Spielsachen zu geben. Es erkennt die Unterschiede der Farben wahrscheinlich doch nicht, jedenfalls empfindet es sie nicht so stark, daß dabei die Erregung eines bestimmten Lustgefühles vorauszusetzen wäre. In der That hat der Säugling an grauen Gummipuppen oder unbemalten Holztieren dieselbe Freude wie an bemalten. Erst für das dritte oder vierte Jahr hat es einen Zweck, die Spielsachen zu färben. Und zwar wird man dann die hellen leuchtenden Farben, rot und gelb, besonders bevorzugen, und sich mit feineren Nüancen gar keine Mühe geben. In der That sind ja auch unsere Kinderspielsachen meistens mit wenigen sehr grellen Farben bemalt, eine Praxis, die sich offenbar aus der Vorliebe der Kinder grade für diese Farbenzusammenstellungen entwickelt hat.

Was für die Spielsachen gilt, sollte auch für die Bilderbücher maßgebend sein. Ich habe die Beobachtung gemacht, daß Kinder vor dem vierten Jahre farblose Bilder genau ebenso gern

betrachten wie farbige. Gibt man ihnen die bekannten Malbücher
in die Hand, in denen auf der einen Seite die Umrißzeichnungen,
auf der anderen die kolorirten Bilder der Gegenstände stehen, so
zeigen sie mindestens ebenso oft auf jene wie auf diese. Offenbar
hat die Farbe für sie in diesem Alter noch keinen besonderen Reiz.

Daraus geht hervor, daß Bilderbücher der allerfrühesten
Stufe durchaus nicht farbig zu sein brauchen, um ihren Zweck zu
erfüllen. Es geht aber gleichzeitig daraus hervor, daß solche für
Kinder von 3—4 Jahren unbedingt farbig sein müssen. Denn
grade eine Fähigkeit, die sich verhältnismäßig so spät entwickelt,
sollte, wenn sie einmal vorhanden ist, ganz besonders gepflegt
werden, damit sie nicht der Gefahr ausgesetzt wird, anderen Fähig=
keiten gegenüber zu verkümmern.

Bis ganz vor kurzem wurde bei der Herstellung von Bilder=
büchern das entgegengesetzte Prinzip festgehalten. Diejenigen, welche
für die frühesten Stufen bestimmt waren, wurden meistens farbig ge=
halten, diejenigen für die späteren Stufen stellte man gewöhnlich
farblos her. Die Kinderbücher von Ludwig Richter und Oskar
Pletsch, die etwa für das fünfte bis zwölfte Jahr berechnet sind,
kann man als bezeichnende Beispiele für jene farblose Holzschnitt=
illustration anführen, aus der wir selbst und unsere Väter unsere
ersten künstlerischen Anregungen geschöpft haben. Sie stammten aus
der schrecklichen farblosen Zeit der 30er bis 60er Jahre, wo auch
in unserer Malerei die Zeichnung über die Farbe gesetzt, die letztere
nur als ein notwendiges Übel, ja gar als ein Verderb der Malerei
betrachtet wurde. Es wird sich wohl kaum feststellen lassen, welchen
Schaden die Jahrzehnte lange Gewöhnung an farblose Bilderbücher
der deutschen Malerei gebracht hat, indem durch ganze Generationen
hindurch das Farbengefühl der Jugend gar nicht oder erst zu einer Zeit
entwickelt wurde, wo es schon zu spät war. Über diese Periode
sind wir jetzt glücklicherweise hinaus. Fast alle Bilderbücher, die
man jetzt zu sehen bekommt, sind farbig. Nur macht man den
Fehler, sie auch für die allererste Stufe schon farbig herzustellen,
während es doch bedeutend sparsamer und zugleich pädagogisch
richtiger wäre, sie farblos zu lassen.

Vom Standpunkt des erwachsenen Menschen, dessen Sehorgan
vollkommen entwickelt ist, muß die Farbe in der Malerei unbedingt

als das wichtigste bezeichnet werden. Es gibt keine Form ohne Farbe. Was wir als Form bezeichnen, ist thatsächlich nichts anderes als die verschiedene durch die Beleuchtung oder die Natur der Stoffe hervorgebrachte Abgrenzung von Farbenflächen. Auch das Um= biegen der Flächen, ihr Vor= und Zurücktreten, kurz das, was wir Modellirung nennen, ist von der Farbe nicht prinzipiell verschieden. Es wird vielmehr in der Malerei stets durch Unterschiede in der Farbe, durch Übergänge von einer Farbe zur andern hergestellt. Licht und Schatten sind nichts anderes als Verschiedenheiten der Farbe, bedingt durch die verschiedene Art der Beleuchtung und die Natur des Lichtquells, der sie erzeugt. Für den Maler ist Form und Farbe eins. Die eine ist von der anderen nicht zu trennen. Erst ihre unauflösliche Einheit erzeugt die künstlerische Wirkung.

Das wird auch durch die Geschichte der Kunst bestätigt. Griechische Theoretiker haben zwar das Märchen aufgebracht, die Entwicklung der Malerei sei von der Farblosigkeit ausgegangen, die farblose Silhouette und der Umriß sei ihre früheste Äußerung gewesen. Erst allmählich habe man zunächst eine, dann mehrere, end= lich alle Farben angewendet. Aber das Gegenteil ist richtig. Ob die allerersten Menschen ebenso wie die kleinen Kinder keine Em= pfänglichkeit für Farben hatten und deshalb ihren Maltrieb auf farblosem Wege befriedigten, wissen wir nicht, ist uns auch voll= kommen gleichgiltig. Jedenfalls gehören die ältesten Stufen der Malerei, von denen wir Kunde haben (Ägypten, Babylonien, Tiryns) der farbigen Malerei an. Die bunte Ausfüllung kräf= tiger Konturen, eine gewisse Vorliebe für kräftige leuchtende Farben ist ihnen eigentümlich. Einfarbige Malerei dagegen ist entweder ein technischer Notbehelf — wie bei der griechischen Vasenmalerei — oder eine spätere bewußte Abstraktion. Die schwarze unkolo= lirte Zeichnung ist ursprünglich nur ein Mittel zum Zweck ge= wesen, Holzschnitt und Kupferstich sind verhältnismäßig späte Kunstgattungen. Den Anfang der Entwicklung bildet immer das bunt kolorirte Flächenbild. Sobald der Mensch überhaupt Farben zu gewinnen weiß — und das ist bekanntlich so früh der Fall, wie wir überhaupt nachkommen können — malt er auch mit Farben. Alle Naturvölker haben Freude an der Farbe, grade der Natur= mensch — sobald sein Sehorgan sich überhaupt entwickelt hat —

sieht alle Gegenstände farbig — will sie darum auch farbig dar=
stellen. Die Sitte des Tättowirens und die vollkommene Bunt=
heit der ältesten Plastik sind die beste Bestätigung dafür.

Es geht daraus hervor, daß es nicht nur dem Wesen der
Kunst, sondern auch der Natur des Menschen widersprechen würde,
wenn man das Kind an farblose Illustrationen gewöhnen wollte.
Sobald es überhaupt fähig ist, die Farben zu unterscheiden, gebe
man ihm nur farbiges Spielzeug in die Hand, lasse man es nur
farbige Bilder sehen. Selbstverständlich wird es Anfangs nicht
nötig sein, die Farben in sehr feiner Weise abzustufen, oder über=
haupt durch verschiedene Farbentöne eine Modellirung der Figuren
hervorzubringen. Denn selbst wenn das Kind schon die Unterschei=
dung der Grundfarben gelernt hat, wird es nicht gleich ihre feineren
Nüancen von einander unterscheiden können. Man halte sich also
anfangs streng an die Beispiele der älteren Kunstepochen, d. h.
man begnüge sich mit kräftigen Umrissen, die man in kolorirender
Weise mit energischen Farbentönen ausfüllt. Grade diese Dar=
stellungsweise wird dem Verständnis des Kindes am meisten ent=
sprechen. Allmählich kann man dann natürlich zu reicheren Farben=
tönen und feineren Abstufungen übergehen. Eine systematische Be=
lehrung über die Farben, etwa an der Hand der Magnus'schen
Farbentafeln, hat vor dem fünften Jahre in den meisten Fällen
gar keinen Sinn. Und selbst dann vermeide man jeden Zwang
und jedes Drillen, lasse man der natürlichen Entwicklung möglichst
freien Lauf.

Wenn wir von diesen Gesichtspunkten die am meisten ge=
bräuchlichen bunten Bilderbücher mustern, so müssen wir leider
feststellen, daß sie zum großen Teil ohne jedes Verständnis für
die pädagogische Bedeutung der Farben ausgeführt sind. Grade
die teuersten Bilderbücher, die in den höheren Kreisen besonders
beliebt sind, zeigen der Regel nach Farben von einer Charakterlosig=
keit, daß man wirklich die armen Kinder bedauern muß, die ge=
zwungen sind, mit ihrer Hilfe ihren Farbensinn auszubilden. Oft
sind bei diesen Bildern die Töne mit so vielen übereinanderge=
legten Farben ausgeführt, daß man vor Bäumen den Wald nicht
sieht, vor Farbentönen und Farbentönchen keine Farben mehr er=
kennt. Abgesehen davon, daß diese komplizirte Technik die Bücher

unnötig verteuert, ist ihr Nachteil der, daß sie mit Gewalt den Farbensinn der Jugend verdirbt. Ein solches Zuckerwerk sollte man seinen Kindern mit aller Gewalt fern halten. Es verdirbt den ästhetischen Magen. Mir ist es unbegreiflich, wie unsere Kinder- illustratoren, nachdem ihnen doch durch Flinzer, Meggendorfer u. a. der richtige Weg gezeigt ist, immer wieder in diese weich- lichen, süßlichen und kraftlosen Farbenstimmungen verfallen mögen.

Ebenso wichtig wie die Auswahl der Farben ist die Behand- lung der Komposition und Zeichnung. Früher als der Sinn für die Unterscheidung der Farben, erwacht beim Kinde der Sinn für die Unterscheidung der Formen, d. h. der Abgrenzung der Farben- flächen gegen einander. Es ist ganz auffallend, wie früh sich Kinder bestimmte Gesichtsbilder, die ihnen häufig entgegentreten, einprägen. Schon während des ersten Jahres lernen sie die Menschen ihrer Umgebung, Mutter, Amme, Vater von anderen und von einander unterscheiden, ein deutliches Zeichen, daß sie bestimmte Erinnerungsbilder besitzen und neue Eindrücke mit diesen ver- gleichen. Im Laufe des zweiten Jahres entwickelt sich dann nach Preyers Beobachtungen, die ich aus eigener Erfahrung vollkommen bestätigen kann, die Fähigkeit, Bilder, z. B. Photographien be- kannter Personen zu erkennen. Daraus geht hervor, daß das Kind in diesem Alter nicht nur gleichartige und gleichgroße Erinne- rungsbilder mit einander, sondern auch kleine Nachbildungen mit größeren Originalen, Flächenbilder mit plastischen Vorbildern zu vergleichen gelernt hat.

Es ist gewiß eine der überraschendsten Thatsachen des kind- lichen Seelenlebens, daß ein $1\frac{1}{2}$ bis 2 jähriges Kind kleine Flächen- bilder großer plastischer Gegenstände, lebendiger Personen u. s. w. erkennen kann. Wenn man bedenkt, welche Abstraktionsfähigkeit dazu gehört, ein Rundbild zeichnend in die Fläche zu übersetzen, und umgekehrt in dem Flächenbilde sich das Rundbild vorzustellen, so muß man staunen, daß ein Kind schon so früh eine scheinbar analoge Fähigkeit besitzen soll. Aber die Sache ist nicht so wunder- bar, wie sie im ersten Augenblicke scheint.

Das Kind sieht nämlich bis zu einem gewissen Alter plastische Gegenstände, die ihm entgegentreten, gar nicht plastisch, sondern flächenhaft. Man kann das aus mehreren Thatsachen, die von

physiologischer Seite festgestellt worden sind, mit Sicherheit er=
schließen. Operirte Blindgeborene oder solche, denen erst in ver=
hältnismäßig spätem Alter ein Blick in die Natur gestattet wird,
fassen anfangs plastische Gegenstände und Landschaften mit größeren
Tiefendimensionen als Flächen auf. Als Caspar Hauser zum ersten
Male nach 16 jähriger Einsperrung vor ein Fenster geführt wurde,
durch welches sich eine weite Fernsicht öffnete, machte ihm dieses
Fenster den Eindruck eines Ladens, auf dessen Oberfläche ein
Tüncher seine Farben ausgewischt hätte. Daß Kinder in den ersten
Jahren ihres Lebens auch ferne Gegenstände als nah empfinden,
ist eine bekannte Thatsache. Sie greifen nach dem Monde und
wollen Leuten, die in der zweiten Etage eines Hauses am Fenster
stehen, die Hand reichen. Es scheint also, daß die Fähigkeit des
Auges, sich den Tiefendimensionen des Raumes anzupassen, bei
kleinen Kindern noch nicht oder wenigstens für weitere Entfernungen
noch nicht entwickelt ist. Das Gefühl für Entfernungen bildet sich
bekanntlich durch die Erfahrung aus, d. h. durch Greifen mit der
Hand und Zurücklegen von Entfernungen vermittelst Gehens. So=
lange ein Kind nicht größere Tiefendimensionen in der Landschaft
mit Bewußtsein gehend zurücklegen kann, empfindet es auch diese
Tiefendimensionen aus der Entfernung nicht entsprechend ihren that=
sächlichen Verhältnissen. Dazu kommt, daß auch die Fähigkeit der
Muskelkontraktion, durch welche die Linse zusammengezogen und
den verschiedenen Entfernungen angepaßt wird, sich erst ganz all=
mählich entwickelt, jedenfalls sehr viel später entwickelt als die
Fähigkeit, durch seitliches Hin= und Herbewegen des Auges die
Grenzen der Flächen gegen einander zu verfolgen. Man darf daraus
mit Sicherheit schließen, daß das Kind anfangs bei einer plastischen
Figur vorwiegend die Umrisse, d. h. die gegenseitigen Abgrenzungen
der Farbenflächen empfindet, weniger das Zurückbiegen der Flächen,
das Vor= und Zurücktreten der Formen. Und die unmittelbare
Folge daraus würde die sein, daß ihm in einer Landschaft lange Zeit
das Vor= und Hintereinander der Gegenstände, die perspektivische
Vertiefung des Terrains nur in geringem Grade und in sehr un=
sicherer Weise zum Bewußtsein kommt, also anfangs alle Teile
der Landschaft mehr oder weniger neben=, über= und unterein=
ander befindlich erscheinen. Auf jeden Fall ist soviel sicher,

daß die künstlerische Illusion, vermittelst deren wir in ein Flächen=
bild die Tiefendimensionen hineinsehen, dem Kinde in seinen ersten
Jahren schlechterdings unzugänglich ist.

Diese Beobachtung wird durch die kunstgeschichtlichen That=
sachen in überraschender Weise bestätigt. Es ist gewiß kein Zufall,
daß wir in früheren Epochen der Malerei, z. B. der altägyptischen
oder assyrischen oder der ältesten griechischen, dann auch wieder der
romanischen, keinen Sinn für die perspektivische Vertiefung der Land=
schaft oder für die Verkürzung des menschlichen Körpers finden.
Horizontale Flächen erscheinen auf den Bildern dieser Zeit senk=
recht in die Höhe geklappt, Figuren, die eigentlich hinter einander
stehen müßten, sind vielmehr übereinander dargestellt, die Größen=
verhältnisse des Vorder= und Hintergrundes ungenügend gewahrt,
die Verkürzungen der Glieder entweder ganz vermieden oder nur un=
vollkommen wiedergegeben. Es wäre ganz falsch, hierin eine be=
wußte Absicht zu erkennen, etwa das Streben, flächenhafte Wand=
dekorationen zu schaffen, dafür verantwortlich zu machen. Der
Grund liegt vielmehr darin, daß bei den Malern dieser Kunst=
epochen die Fähigkeit der optischen Illusion ebensowenig ausgebildet
war, wie bei den Kindern. Sie sahen eben in der Natur das
Vertiefte nicht entsprechend den wirklichen Verhältnissen vertieft,
und sie konnten es folglich auch nicht so darstellen. Erst das
theoretische Wissen von der Raumvertiefung brachte sie all=
mählich dazu, auch ihr Auge dieser Thatsache anzupassen und nun
über die Mittel nachzudenken, die man anwenden müsse, um in
der Fläche das Gefühl der Raumvertiefung zu erzeugen.

Da nun aber das Kind thatsächlich bis zu einem gewissen Alter
die Gegenstände der Natur vorwiegend flächenhaft, d. h. als gegen=
einander abgegrenzte Flächen empfindet, so ist es auch kein Wunder,
daß es Flächenbilder nach runden Gegenständen schon so früh ver=
steht und als Nachahmungen der letzteren erkennt. Denn weit
entfernt davon, daß es etwa mit der Rückübersetzung des Flächen=
bildes in das Rundbild besondere Mühe hätte, hat es vielmehr
das Gefühl, daß die Flächenhaftigkeit der Kopie vollständig mit
der Flächenhaftigkeit des Originals übereinstimmt. Der Unter=
schied, der zwischen beiden besteht, kommt ihm in viel geringerem
Grade zum Bewußtsein als einem Erwachsenen, und es hat des=

halb auch gar keine Schwierigkeiten, beide mit einander zu ver=
gleichen. Erst ganz allmählich entwickelt sich bei ihm, und zwar
auf Grund einer erweiterten Erfahrung, auch die Fähigkeit, Tiefen=
dimensionen in einer Landschaft entsprechend den wirklichen Ent=
fernungen wahrzunehmen. Und erst wenn diese Fähigkeit aus=
gebildet ist, kann sich die weitere Fähigkeit entwickeln, die Tiefen=
dimensionen der Landschaft auch in das Flächenbild hineinzusehen,
aus der Art der künstlerischen Darstellung sich die Illusion der
räumlichen Vertiefung zu verschaffen.

Leider fehlt es an statistischen Untersuchungen darüber,
in welchem Jahre sich durchschnittlich diese Fähigkeit ausbildet.
Wenn man aber bedenkt, daß der Zeichenunterricht fast allgemein
mit dem Flächenzeichnen begonnen wird und daß Kinder von 7 oder
8 Jahren für die zeichnerische Wiedergabe perspektivisch verkürzter
Körper erfahrungsgemäß gar keinen Sinn haben, so darf man
gewiß voraussetzen, daß sie sich in der Regel erst nach diesem Alter
vollständig entwickelt.

Auch hieraus kann man für die künstlerische Herstellung von
Bilderbüchern eine wichtige Regel entnehmen. Es hat schlechter=
dings keinen Zweck, in Bildern, die für Kinder des vorschulpflich=
tigen Alters bestimmt sind, besondere perspektivische Feinheiten an=
zubringen. Das Kind, das schon in der Natur die plastischen Dinge
flächenhaft sieht, würde schwierigere Verkürzungen und Vertiefungen
im Bilde vollends nicht verstehen. Es fehlt ihm jede Fähigkeit
sich in eine perspektivische Illusion zu versetzen. Ein Arm, der
stark verkürzt ist, wird ihm zu kurz, ein Haus, dessen Umrisse
perspektivisch gezeichnet sind, schief, ein Hund, der im Hintergrunde
klein dargestellt ist, zu klein erscheinen. Mein vierjähriger Knabe
bezeichnet bei der Betrachtung des Struwelpeters die Mappe des
Hansguckindieluft, die im Hintergrunde des einen Bildes fortschwimmt
und mit anerkennenswerter Sorgfalt perspektivisch verkürzt ist, stets
als „Mäppchen". Es kommt ihm also gar nicht in den Sinn,
daß das derselbe Gegenstand sein könne wie die Mappe im Vorder=
grunde der anderen Bilder, die er richtig als „Mappe" bezeichnet.
Finden wir doch selbst bei Erwachsenen, die keinen Zeichenunter=
richt genossen haben, häufig eine vollkommene Unfähigkeit, perspek=
tivische Verkürzungen zu verstehen.

Allerdings wird ein Kind auch an perspektivisch komponirten Bildern bis zu einem gewissen Grade seine Freude haben. Denn auch die Figuren und Gegenstände, die es auf ihnen sieht, kann es als Nachbilder der Natur erkennen. Aber ich habe die feste Überzeugung, daß grade das, worauf der Maler bei der Komposition solcher Bilder den Hauptwert legt, die perspektivische Vertiefung, für das Kind vollkommen gleichgiltig ist, ja daß sie ihm unter Umständen, wenn die Verkürzungen sehr zahlreich oder sehr stark sind, gradezu das Verständnis des Bildes erschweren oder unmöglich machen kann.

Also gilt auch für die Zeichnung, was schon für die Farbe festgestellt wurde: Möglichste Einfachheit und möglichste Berechnung auf das kindliche Verständnis. Die Komposition muß, soweit es geht, flächenhaft sein, starke Verkürzungen der Figuren, sorgfältige Abstufung von Mittel= und Hintergrund sind zu vermeiden, das Profil ist als die charakteristischste und am leichtesten verständliche Ansicht vorzuziehen. Möglichst gleicher Maßstab der Figuren, Bevorzugung friesartiger Kompositionen ist zu empfehlen. Selbst= verständlich müssen die Bilder möglichst groß und deutlich sein. Das verlangt nicht nur die Schonung der Augen, sondern auch das leichte Verständnis. Allen ornamentalen kalligraphischen Krimskrams um die Bilder lasse man weg. Jedes Bild zeige den betreffenden Gegenstand oder die betreffende Gruppe von Gegenständen klar und deutlich, ohne überflüssiges Detail, nur in den charakteristischen Umrissen und Formen. Das ist not= wendig, um den Sinn für das Charakteristische beim Kinde zu wecken, ihm das Verständnis des in der Natur Gesehenen zu er= leichtern. Denn darin besteht ja ein Hauptvorzug, den das Be= trachten der Bilder vor dem Betrachten der Gegenstände selbst gewährt. In der Natur sind die Formen nicht immer klar und einfach, sondern häufig unruhig und mit allerlei Zufälligkeiten und Unregelmäßigkeiten gemischt. Im Bilde können diese Zufälligkeiten und Unregelmäßigkeiten weggelassen, die Formen vereinfacht und in ihrer Wirkung konzentrirt werden. Eine gewisse Abstreifung des Verwirrenden und Nebensächlichen unter gleichzeitiger Hervorhebung und Steigerung des Charakteristischen, das ist das ganze Geheimnis wie des Stils überhaupt, so besonders des Kinderstils in der Malerei. Ein Kind, das einfache und charakteristische Bilder zu

sehen gewohnt ist, wird die betreffenden Gegenstände auch in der
Natur sofort wiedererkennen, weil es gelernt hat, auf das wesent=
liche, auf die großen durchgehenden Formen, zu achten.

Man würde damit also etwa auf einen ähnlichen Stil
kommen, wie er in extremer Weise den ägyptischen Hieroglyphen oder
in geringerem Grade den ägyptischen und assyrischen Reliefen oder
Gemälden zu Grunde liegt. Auch in den künstlerischen Äußerungen
aufstrebender Kunstepochen, z. B. der archaisch = griechischen Vasen=
malerei oder der romanischen Wandmalerei findet man in der Regel
eine ähnliche Darstellungsweise. Auch hier wird also die pädagogisch=
physiologische Erwägung durch die Geschichte der Kunst bestätigt.

Wiederum lehrt uns ein Blick auf die im Gebrauch befind=
lichen Bilderbücher, daß diese scheinbar auf der Hand liegenden
Thatsachen in den meisten Fällen nicht berücksichtigt werden. Ent=
weder sind die Bilder zu klein und darum schädlich für die Augen,
oder ihre Komposition ist gehäuft und voller Einzelheiten, die den
Blick verwirren, oder sie sind charakterlos in der Zeichnung oder
voller perspektivischer Feinheiten. Wir haben zwar in den letzten
Jahrzehnten in der Bilderbücherindustrie einen bedeutenden Auf=
schwung erlebt. Künstler ersten Ranges scheuen sich nicht mehr,
ihre Kraft diesem Kunstzweige zu widmen. Es sind in den letzten
Jahren Kinderbücher entstanden, deren Bilder in Erfindung und
Ausführung kleine Kunstwerke sind, an denen selbst der Erwachsene
Freude haben kann. Aber leider ist das Verständnis für das
Wesen des Kinderstils in den Kreisen der Illustratoren noch lange
nicht genügend verbreitet. Ich will ganz absehen von jener ge=
meinen Dutzendwaare, die unseren Büchermarkt noch immer über=
schwemmt und bei deren Herstellung weder künstlerische noch päda=
gogische Gesichtspunkte gewaltet haben. Aber auch die teueren
und sorgfältig ausgeführten Bilderbücher erfüllen keineswegs immer
ihren Zweck. Es will mir scheinen, daß weitaus die meisten unter
ihnen mehr für Erwachsene als für Kinder bestimmt sind. Schon
ihr Text ist gewöhnlich für das reifere Alter berechnet. Vor allen
Dingen ist die künstlerische Ausführung ihrer Bilder zu raffinirt,
stellen diese an den Beschauer zu hohe ästhetische Ansprüche. Sie
wollen Kunstwerke sein, aber keine Kinderbilder. Die Sorgfalt,
mit der sie ausgeführt sind, der Reichtum der verwendeten Farben,

der große Aufwand an künstlerischer Arbeit und geistvoller Er=
findung verteuert sie in unverhältnismäßiger Weise. 5—6 Mark
für ein solches Buch, das doch ein vergängliches Ding ist, scheint
wirklich zu viel. Weite Kreise können das nicht erschwingen und
müssen sich an die gemeine Dutzendwaare halten, die den Kunst=
sinn der Kinder schon im Keime vernichtet.

Ein Muster für den richtigen Kinderstil hat ja neuerdings
Meggendorfer gegeben, und der große Beifall, den seine Bilder=
bücher gefunden haben, ist ein Beweis, daß er dabei auf dem rich=
tigen Wege war. Seine Bilder sind einfach, nicht zu klein im
Maßstab, wirksam koloriert, ohne viele Verkürzungen gezeichnet,
meistens friesartig angeordnet. Weder Text noch Illustrationen
sind besonders geistreich, das ist aber auch für den Zweck, den sie
erfüllen sollen, nicht nötig. Auch auf die englischen bei Rout=
ledge & Sons erscheinenden Märchenbücher mit ihren kräftigen
bunten Illustrationen könnte man hinweisen. Flinzer, Kate Greena=
way und zahlreiche andere, die ich hier nicht zu nennen brauche,
sind, so viele Vorzüge sie auch haben, doch schon mehr für höhere
Stufen bestimmt. Grade für die ersten 5 Jahre ist entschieden
noch ein Bedürfnis nach künstlerisch wertvollen und pädagogisch
richtig stilisirten Bilderbüchern vorhanden.

Besonders zu empfehlen wäre die Herstellung einer aufsteigen=
den Serie von Bilderbüchern für die ersten Lebensjahre. Man
müßte dabei mit farblosen oder einfach schattirten Bildern für die
ersten beiden Jahre, bezw. (da das erste Jahr nicht in Betracht
kommt), für das zweite und dritte Jahr beginnen. Natürlich
würde man in ihnen diejenigen Gegenstände und Personen darzu=
stellen haben, die dem Interessenkreise des kleinen Kindes am
nächsten liegen. Kommt es doch vorläufig nicht darauf an, seinen
Anschauungskreis zu erweitern, sondern vielmehr seine künstlerische
Illusionsfähigkeit zu entwickeln. Die Grundlage jedes künstlerischen
Genusses ist die Vergleichung des Scheinbildes mit der Natur,
oder besser gesagt mit der Summe derjenigen Erinnerungsbilder,
die man sich durch wiederholte Anschauung der Natur gebildet hat.
Es wird folglich die künstlerische Phantasie des Kindes um so leichter
zu erregen sein, je bekannter ihm die Originale der betrachteten
Bilder sind. Die ersten Gegenstände, die man darzustellen hat,

sind also: Flasche, Teller, Tasse, Löffel, Tisch, Stuhl, Bett u. s. w.,
die ersten Personen: Mutter, Vater, Geschwister und Dienstmädchen.
Erst wenn das Kind sich an die Betrachtung und das Verständnis
dieser Personen und Dinge im Bilde gewöhnt hat, wird es sich
empfehlen, zu ferner liegenden Gegenständen aus Hof und Garten,
Straße, Wald und Feld überzugehen. Nun erhält das Bilder=
betrachten gleichzeitig einen weiteren pädagogischen Zweck. Es soll
den Anschauungskreis des Kindes erweitern, indem es ihm solche
Gegenstände vorführt, die es im gewöhnlichen Leben der Regel
nach nicht zu sehen bekommt. Von jetzt an überwiegt natürlich
das inhaltliche Interesse über den ästhetischen Genuß. Aber auch
diese Stufe ist für die Entwicklung der Anschauung nicht gleich=
giltig, indem das Kind Gegenstände, die es so zuerst im Bilde
gesehen hat, später in der Natur lebhafter auffaßt und fester in
der Erinnerung behält.

Ferner mache man es sich zur Regel, die dargestellten Figuren
und Gegenstände nicht zu vereinzeln, sondern womöglich in lebendige
Wechselwirkung zu einander zu bringen. Wir besitzen mehrere im
übrigen sehr gute Bilderbücher und Tafeln zum Anschauungs=
unterricht, welche Abbildungen zahlreicher Gegenstände ohne be=
stimmten Zusammenhang reihenweise nebeneinander geordnet ent=
halten. Ich will diese Gattung nicht überhaupt verwerfen, zumal
wenn sie eine gute Auswahl und charakteristische Zeichnung auf=
weist. Derartige Bilderbücher können gute Dienste leisten, wo es
sich ums Sprechenlernen handelt und wo der Lehrer eine große
Anzahl von Anschauungsobjekten zur raschen Benennung bei der
Hand haben will. Aber ihr ästhetischer Wert ist verhältnismäßig
gering. Das Kind hat keinen Sinn für das Tote, sondern nur
für das Lebendige. Es hat keine Freude am Getrennten und Ver=
einzelten, sondern nur am Zusammenhängenden und Einheitlichen.
Ein Kaffeetisch, auf dem eine Kanne, eine Tasse und ein Teller
steht und an dem eine Frau mit dem Kinde auf dem Schoße sitzt,
sagt ihm weit mehr als ein Tisch, eine Kanne, eine Tasse, ein
Teller, eine Frau und ein Kind, die unzusammenhängend neben
einander dargestellt sind. Es ist mit den Bildern in dieser Be=
ziehung ebenso wie mit den Wörtern. Auch in der Sprache,
wenigstens in der fremden, läßt sich das Auswendiglernen von

Wörtern nicht ganz vermeiden. Aber den Geist der Sprache lernt das Kind erst aus dem Zusammenhang der Wörter, aus dem Satze. Ein Wort, das ihm in einer bestimmten Verbindung im Satze aufgestoßen ist, wird viel leichter auswendig behalten, als eines, das in einer unzusammenhängenden Reihe mit anderen eingelernt wurde. Darum ist auch die Lektüre so viel wichtiger als das Auswendiglernen von Vokabularien. Ein Bilderbuch von der beschriebenen Gattung ist eine Art Vokabularium. Sein Inhalt kann wohl gelernt, aber nicht lebendig aufgenommen und ästhetisch genossen werden. Es fehlt den Dingen der lebendige Zusammenhang, der sie erst zu dem macht, was sie wirklich sind.

Der große Erfolg der Meggendorferschen Bilderbücher kann uns auch über eine andere Thatsache des kindlichen Kunstsinnes belehren. Meggendorfer ist bekanntlich durchaus kein Idealist. Er übertreibt sogar das Häßliche zuweilen zur Karikatur. Wenn die Kinder trotzdem Freude an seinen Bildern haben, so ist das ein Beweis, daß sie das sogenannte „Schöne" in der Kunst durchaus nicht zu würdigen wissen. Was ist denn dieses „Schöne" überhaupt? Die Ästhetiker haben es verschieden erklärt. Aber die richtige Erklärung wird wohl die sein, daß es etwas ganz anderes ist als das Schöne in der Natur. Der ästhetische Eindruck eines Kunstwerkes wird nicht durch die zufällige Schönheit seines realen Vorbildes bestimmt, sondern vielmehr durch die lebensvolle Art, wie dieses Vorbild im Scheinbilde dargestellt ist. Wenn das Wesen des ästhetischen Genusses wirklich in der phantasievollen Versetzung des Beschauers in das vom Künstler gedachte oder nachgeahmte Vorbild besteht, so wird es wohl gleichgiltig sein, ob dieses Vorbild schön, das heißt vollkommen und regelmäßig ist oder nicht. Das liegt so nahe und wird doch von so wenigen erkannt. Noch immer verwechseln wir in kindlichem Irrtum das Vollkommene in der Natur und das Schöne in der Kunst mit einander. Noch immer halten es viele Leute für einen künstlerischen Vorzug, wenn ein Kunstwerk schöne, d. h. vollkommene Naturformen darstellt. Dieser Irrtum, der sich bei der älteren jetzt lebenden Generation leider durch eine Jahrzehnte lange falsche ästhetische Erziehung eingenistet hat, ist dem Kinde vollkommen fremd. Das Kind will im Bilde nicht „das Schöne", sondern das Natürliche, das Lebens-

4

volle, das Charakteristische sehen. Der Mensch ist, wenn man so
will, ein Realist von Kindesbeinen an. Erst die Erziehung macht
ihn zum Idealisten.

Allerdings wäre es verkehrt, wenn man Kindern nur Häß=
liches, nur Karikaturen vorlegen wollte. Ein wenig Flinzer
oder Thumann oder Fröschl wird darum eine passende Ergänzung
zu Meggendorfer sein. Wir wollen keine Fanatiker des Häßlichen
erziehen, sondern Bewunderer des Charakteristischen. Aber andrer=
seits wäre auch nichts verkehrter, als ihm nur idealistische Bilder=
bücher vorzulegen, in der Meinung, daß man dadurch seinen
Schönheitssinn ausbilden könnte. Das Kind fühlt, wenn auch
unbewußt, doch vollkommen deutlich, daß die Schönheit in der
Kunst nicht auf der absoluten Vollkommenheit der Formen, sondern
auf ihren scharfen und naturwahren Charakteristik beruht. Und
bei diesem Glauben soll man es lassen. Zur Ausbildung des
Schönheitssinnes ist in einem späteren Alter noch Zeit genug.

Was uns bis jetzt in Deutschland fehlt, sind billige Bilder=
bücher, die doch zugleich nach pädagogisch=künstlerischen Gesichts=
punkten ausgeführt wären. Wir wollen keine Kinderkunst für die
Vornehmen, die so teuer ist, daß sie der Arme nicht erschwingen
kann, sondern eine für das ganze Volk, an der auch die Kinder aus
armen Kreisen sich erfreuen können. Es wird kaum nötig sein,
zu diesem Zweck die private Wohlthätigkeit oder diejenige von
Vereinen in Anspruch zu nehmen. Wenn sich nur Verleger
und Künstler von der Richtigkeit der hier ausgeführten Grundsätze
überzeugen wollten, so würde es schon von selbst besser werden.
Möge man nur immer an dem Grundsatz festhalten, daß für das
Kind das beste grade gut genug ist, und daß man durch den Ver=
zicht auf überflüssiges Raffinement sehr wohl im Stande sein würde,
gute Waare zu billigem Preise herzustellen.

Auch die Dekoration der Kinderstube ist für die Erziehung
des Kunstsinnes nicht gleichgiltig. Wenn man auch darauf verzichten
wird, nach Herbartschem Muster schon den Säugling in der Wiege
systematisch zur künstlerischen Anschauung zu erziehen, so wird man
doch die Wände der Kinderstube nicht kahl lassen, sondern mit
Bildertafeln schmücken. Es ist nicht einerlei, ob der Blick des
Kindes zwischen dem Spielen und Essen auf kahle Flächen fällt,

oder auf solche, die einen angemessenen künstlerischen Schmuck haben. Wie leicht kann man ihm dadurch eine ästhetische Anregung bieten, ohne ihm doch einen lästigen Zwang aufzuerlegen oder seine Anschauung zu übersättigen. Große Farbendrucke, die sich zur Dekoration der Kinderstube eignen, werden besonders in England viel verfertigt und haben ihren Weg auch nach Deutschland gefunden. Aber ihr etwas weichlicher Charakter entspricht dem deutschen Wesen nicht. Seit einiger Zeit werden Wandtafeln zum Anschauungsunterricht auch in Deutschland und Österreich in größerer Zahl hergestellt, und zwar besser und pädagogisch richtiger als jene englischen Produkte. Nur finden sie bisher mehr in Schulen als in Kinderstuben Anwendung. Aber ich kann mir keine bessere und zugleich billigere Dekoration der Kinderstube denken als z. B. „Meinholds Bilder für den Anschauungsunterricht", die seit 1890 in Dresden erscheinen. Allerdings sind sie für die erste Altersstufe zu künstlerisch ausgeführt, vor allen Dingen mit zu viel perspektivischen Effekten komponirt. Aber für etwas reifere Kinder bieten sie in ihrer Gesammtheit ein Anschauungsmaterial von großem Werte. Der Grundsatz, der bei ihrer Komposition maßgebend war, ist der der sogenannten Lebensgemeinschaften. Es werden die Gegenstände der Natur nicht in zufälligem Nebeneinander dargestellt, sondern nach Jahreszeiten, Orten, Thätigkeiten des Menschen, Kultureinrichtungen u. s. w. geordnet. Da sieht man den Frühling in Feld und Wald und Garten, einen Bauernhof im Sommer und Winter, Schilderungen des Handwerks, der Jagd, der ländlichen Beschäftigungen, der Beförderungsmittel u. dgl. Und alles das wird in lebendigem Zusammenhang geschildert, ohne Überladung mit Einzelheiten, ohne störendes Vordrängen der belehrenden Absicht, rein nach ästhetischen Gesichtspunkten. Spielend kann das Kind hier lernen, was es in der Natur nur selten vollständig mit einander verbunden sieht. Und wenn man diese Tafeln je nach den Jahreszeiten und dem Alter der Kinder wechseln läßt, so bilden sie eine künstlerisch sowohl wie pädagogisch außerordentlich wertvolle Anregung. Es ist unbegreiflich, daß diese Industrie in Deutschland noch nicht mehr ausgebildet ist, d. h. daß sie sich noch vorwiegend auf wissenschaftliche Aushängetafeln beschränkt. Wenn Künstler und Verleger sich ihrer nur annehmen und sie vor allem

auch dem ästhetischen Verständnis der ersten Lebensjahre anpassen
würden, so könnten sie sich ein großes Verdienst um unsere Jugend
erwerben.

Durch nichts kann der angeborne Kunstsinn des Menschen
schlagender bewiesen werden als durch die Vorliebe des Kindes für
Bilderbücher und Bildertafeln. Ist es nicht im Grunde seltsam,
daß das Kind überhaupt an der Betrachtung von Bildern Freude
hat, während ihm doch die Dinge selbst, mit allen realen Interessen,
die sich daran knüpfen, vor Augen stehen? Aber grade daran
erkennt man seine spezifisch künstlerische Begabung. Die bloße Anschauung ist es nicht, die ihm Freude bereitet — obwohl auch sie
ihm natürlich einen Reiz gewährt —, es ist vielmehr die Betrachtung der Abbilder bestimmter ihm bekannter Originale. Nicht
die realen Dinge, sondern ihre Symbole will es sehen, und grade
das ergänzende Phantasiespiel, das sich an die Betrachtung der
letzteren anknüpft, ist es, was ihm Vergnügen bereitet. Es muß
ein unendlicher Reiz für das Kind darin liegen, daß es in einem
solchen Bilderbuche, Blatt für Blatt umwendend, die zahlreichen
Gegenstände der Natur, rascher als es jemals in Wirklichkeit möglich wäre, an seinem Blick vorüberziehen lassen kann. Ein Gefühl,
gemischt aus Machtbewußtsein und künstlerischem Genuß, wie es
ihm außerdem nur beim Kunstspiel zu Teil wird! Ein Emporheben
über die Unselbständigkeit und Unvollkommenheit seines sonstigen
Daseins, wie es sich der Erwachsene nur schwer vorstellen kann.
Überall sonst im Leben ist es schwach und abhängig. Hier im
Gebiete der Phantasie hat es ein Feld, wo es frei und ungebunden
schalten kann. Das ist sein Reich, wo Niemand das Recht hat,
ihm dreinzureden. Hier fühlt es sich groß, mächtig, göttlich, Herrscher
und Schöpfer in einer Person. Ein solches Gefühl sollte man
mit aller Kraft zu fördern suchen.

Die Handbeschäftigung.

Es ist merkwürdig, wie spät pädagogische Wahrheiten, die
scheinbar auf der Hand liegen, sich allgemeine Anerkennung verschaffen und bis zu den maßgebenden Kreisen vordringen. Wir
haben in den letzten Jahren eine Reform der Pädagogik erlebt,

die mit dem Anspruch auftrat, etwas vollkommen neues einzuführen, und in Wirklichkeit nichts anderes war als eine glückliche Wieder=aufnahme dessen, was seit mehr als einem Jahrhundert von den bedeutendsten Pädagogen immer und immer wieder als das einzig wahre hingestellt worden ist. Und das wunderbarste dabei ist das, daß unser thatkräftiger Kaiser selbst der Vertreter von pädagogischen Grundsätzen ist, die in den Zeiten der Reaktion — sowohl nach den Befreiungskriegen als nach dem Jahre 1848 — als demo=kratisch und revolutionär verfolgt wurden. Im Jahre 1819 wurde der Turnvater Jahn verhaftet, sein Turnplatz in der Hasenheide gesperrt, im Jahre 1892 das Turnen zum obligatorischen Lehr=gegenstand mit vermehrter Stundenzahl in den preußischen Gym=nasien gemacht. Im Jahre 1851, unter dem Ministerium Ramner, wurden die Fröbelschen Kindergärten in Preußen verboten, im Jahre 1872 hat das reaktionäre Österreich das Kindergartenwesen durch Gesetz geregelt, und es werden keine 10 Jahre mehr ins Land gehen, bis auch in Preußen das Recht auf Erziehung des vor=schulpflichtigen Alters anerkannt und diese als eine wahre Wohlthat für das Volk zur Staatssache gemacht worden ist. Im Jahre 1850 wurde Diesterweg, der Pestalozzis Ideen in die Praxis übersetzte, seines Amtes enthoben, weil er sich bei Klerikalen und Konservativen misliebig gemacht hatte. Heute, im Jahre 1892, werden die von Diesterweg proklamirten Grundsätze einer gesunden und naturge=mäßen Erziehung an höchster Stelle als die einzig richtigen aner=kannt. So ist denn glücklicherweise der instinktive Haß, den man lange Zeit gegen jede frische und kräftige Erziehung des Volkes zu haben schien, überwunden, und wir stehen vor der Möglichkeit, daß allmählich dasjenige in der Pädagogik zur Wahrheit werde, was alle großen Volkspädagogen von jeher erträumt und erstrebt haben.

Zu diesen Idealen gehört auch die frühe Erziehung der Jugend zur Werkthätigkeit, zum produktiven Schaffen. Wiederum, wie so oft, wird jetzt das Können dem Kennen, das Handeln dem Wissen gegenüber in den Vordergrund gestellt. Wiederum proklamirt man den Satz, daß es vor allen Dingen darauf ankomme, die körperlichen und manuellen Kräfte des Kindes zu entwickeln, ihm das Gefühl der eigenen Schaffenskraft, den Trieb zum Handeln und Wirken mitzuteilen. Schon Amos Comenius, schon Locke, Francke, Rousseau und Pestalozzi haben ähnliche Gedanken geäußert. Aber keiner hat diese Seite der Pädagogik schärfer und energischer erfaßt als Friedrich Fröbel. Ein Schwärmer freilich, dilettantisch gebildet in vieler Beziehung, dunkel in seiner philosophischen Spekulation, langatmig in seiner Schreibweise, aber ein Mann, dessen Verdienste um die Erziehung des Volkes noch lange nicht genügend gewürdigt worden sind. Kehren wird uns nicht an die Verläumdungen, die ihm in seinem Leben so sehr geschadet haben, die auch heutzutage noch sein Andenken zu beschmutzen drohen, sondern schälen wir aus der vielfach ungenießbaren Schale seiner Lehre den gesunden Kern heraus, der uns auch heute noch nützen kann.

Fröbel gilt vielen nur als der Schöpfer des Kindergartenwesens und des Berufes der Kindergärtnerinnen. Und gewiß, wenn sein Verdienst auch nur hierin bestände, so würde es schon groß genug sein. Denn er hat dadurch zum ersten Mal den Weg gezeigt, wie auch dem niederen Volke Gelegenheit gegeben werden kann, seine Kinder wirklich erziehen zu lassen, er hat ferner dem weiblichen Geschlecht einen Beruf eröffnet, der wahrlich mehr wert ist als Musik und Malerei, Post und Eisenbahn und Universitätsstudium zusammengenommen. Aber damit erschöpft sich seine Bedeutung nicht. Er ist der erste nach Pestalozzi, der das vorschulpflichtige Alter der Kinder zum Gegenstand der Pädagogik gemacht, der erste, der die Handarbeit in systematischer Weise in den Plan der Jugenderziehung eingefügt hat. Und wenn dabei auch manche Übertreibung mit untergelaufen ist, so wird ihm doch der Ruhm, in dieser Richtung bahnbrechend gewirkt zu haben, unverkümmert bleiben.

Wenn man bedenkt, daß Fröbel den Kern seiner Ideen schon in seiner „Menschenerziehung" von 1826 ausgeführt hat, daß dessen weitere Durcharbeitung dann in mehreren Zeitschriften der Jahre 1838 und 1840, 1850 und 1851 erfolgt ist, so kann man sich wundern, daß seine Theorien außerhalb der Kindergärten im Ganzen doch bis auf diesen Tag fast gar keine Anwendung gefunden haben. Der Grund liegt teilweise in der unklaren und schwülstigen Begründung, die Fröbel selbst seinen Ideen gegeben hat, teilweise aber auch in gewissen pädagogischen Gefahren des Kindergartenwesens, die man

unmöglich verkennen kann. Der Kindergarten wird ja für diejenigen Volksschichten, in denen die Mutter außer Stande ist, die
Erziehung der noch nicht schulpflichtigen Kinder zu übernehmen,
stets unentbehrlich bleiben. Aber er ist im Grunde nur ein notwendiges Übel, von zwei Übeln das kleinere. Er bringt nämlich die
Gefahr mit sich, daß die Kinder zu sehr über einen Kamm ge-
schoren werden, daß die Erziehung in Abrichten und Drillen aus-
artet, daß die selbständige Initiative durch die fortwährende Anregung von außen vernichtet oder wenigstens geschwächt wird. Es
ist eine allgemeine Klage in Lehrerkreisen, daß Kinder, die eine
Kindergartenerziehung genossen haben, weniger Empfänglichkeit für
die Erziehung der Schule mitbringen, als andere, bei denen das
nicht der Fall ist; daß solche Kinder, nachdem sie sich zeitweise
durch die Anregung des Kindergartens besonders lebhaft entwickelt
hatten, später — gleichsam in Folge einer Reaktion — abstumpfen
und hinter der normalen Entwicklung zurückbleiben. Ich glaube
deshalb nicht, daß der Kindergarten in den höheren Ständen des
Volkes jemals eine allgemeine Bedeutung erlangen wird. Mit
Recht betont man neuerdings wieder die Notwendigkeit des In-
dividualisirens. Uniformirt wird bei unserer Jugend grade genug
durch unsere Schuleinrichtungen, unser Prüfungswesen, unsere Wehr-
pflicht und durch manches andere, was hier nicht genannt zu werden
braucht. Wir haben ein Interesse daran, in der Erziehung unserer
Kinder möglichsten Wert auf eine selbständige Entwicklung der
Kräfte zu legen. Wir wollen keine Durchschnittsmenschen
erziehen, sondern Individuen, keine Herdenmenschen, sondern
Charaktere.

Dennoch bleibt der Kern und das Wesen der Fröbelschen
Erziehung, die Betonung der frühen Werkthätigkeit, zu Recht bestehen, und dieser Kern kann, wie ich meine, auch in die Familien-
erziehung zum Teil eingeführt und einer individualisirenden Behandlung angepaßt werden. Es wird deshalb nicht überflüssig sein, die
Fröbelschen Beschäftigungsmittel einer kurzen Kritik zu unterwerfen
und dasjenige aus ihnen namhaft zu machen, was noch unter den
heute bestehenden ästhetisch=pädagogischen Anschauungen als berechtigt
und nützlich anerkannt werden kann. Leider scheint es, daß unter
den Fröbelianern gegenwärtig eine gewisse orthodoxe Richtung besteht,

die von den Lehren des Meisters womöglich gar nichts opfern
möchte. Aber sie schadet der guten Sache mehr als sie ihr nützt.
Es kann doch einem unbefangenen Beurteiler nicht verborgen
bleiben, daß die dilettantisch-philosophischen Begründungen, die Fröbel
seinen Sätzen gibt, für die moderne Pädagogik vollkommen wert=
los sind, daß ihr Erfinder — ebenso wie vor ihm Pestalozzi —
in der einseitigen Ver̶̶̶̶gung eines einmal als richtig erkannten
Prinzips vielfach über das Ziel hinausgeschossen hat, daß die
Fröbelsche Erziehung im Ganzen dem Kinde zu viel zumutet,
und daß die pedantische Reihenfolge und Ausbildung der Fröbelschen
Spielgaben in der Praxis unmöglich festgehalten werden kann.
Es wäre im Interesse der Fröbelschen Sache, wenn man diese
Nebendinge opfern wollte, damit der Kern der Lehre eine allge=
meinere Anerkennung fände.

Es ist zwar eine banale Wahrheit, kann aber nicht oft genug
wiederholt werden, daß zu einer harmonischen Erziehung des Kindes
auch eine Ausbildung seiner manuellen Geschicklichkeit gehört. Die
frühe Gewöhnung an handwerkliche Thätigkeit kräftigt den Körper,
macht die Hand geschickt und stählt durch die Überwindung der
Schwierigkeiten, die sie fordert, den Charakter. Die Mannichfaltig=
keit der Eindrücke, die auf ein Kind einstürmen, die kolossale und
mit keinem späteren Alter zu vergleichende Rezeptivität, die das
geistige Leben des Kindes kennzeichnet, verlangt notwendig eine
Ergänzung in produktiver Richtung. Durch den früh entwickelten
Illusionstrieb des Kindes, der eine fortwährende Bethätigung
fordert, entsteht sehr leicht die Gefahr einer nervösen Überreizung
des Gehirns. Allerdings bieten ja zum Teil die Bewegungsspiele
hiergegen ein Heilmittel. Aber sie allein genügen nicht, um die
Erziehung harmonisch abzurunden. Es muß auch der handwerk=
liche Thätigkeitstrieb des Kindes eine Ausbildung finden. Alle
Thätigkeit des Menschen beginnt mit der Überwindung der natür=
lichen Hindernisse seiner Existenz durch die Arbeit der Hand. Die
Hand ist sein wertvollstes Organ neben dem Auge. Außer der
Anschauung ist es vor allem die Handbeschäftigung, die im Leben
des Menschen die erste und wichtigste Thätigkeit bildet. Außer=
ordentlich früh entwickelt sich beim Kinde der Trieb, seine Hände
zu gebrauchen. Schon der Säugling klammert sich an den Finger,

den man ihm vorhält, freut sich am Zerknittern von Papier und
umfaßt das Spielzeug, das ihm die Mutter hinreicht. Die An=
fangs zwecklose Bewegung zu einer zweckmäßigen zu machen, sie
einer bestimmten Zucht unterzuordnen, ist eine Hauptaufgabe der
Erziehung.

Es gibt eine rezeptive und eine produktive Handbeschäf=
tigung. Die rezeptive ~~das Kind~~ jedem Spiel, bei der
Handhabung jedes Spielzeuges. Aber sie allein genügt ihm nicht
und kann ihm nicht genügen. Denn sie schafft nichts neues, son=
dern besteht nur in einer Handhabung dessen, was schon von
anderen fertig gestellt ist. Und hierin liegt der Keim zu einer
gewissen Gefahr. Ein Kind, das sich einseitig nur mit fertigen
Spielsachen beschäftigt, wird auch in seiner ganzen geistigen Rich=
tung leicht etwas rezeptives, unproduktives erhalten. Die produktive
Handbeschäftigung dagegen hat den Vorzug, daß bei ihr das Kind die
Dinge selbst erst erzeugt, an denen es Freude hat, daß sie das
Kind zum eigenen Schaffen, zur eigenen produktiven Arbeit
anleitet. Das Bedürfnis manuellen Schaffens ist bei jedem Kinde
vorhanden, sobald es nur die Glieder rühren, die Hände nach
eigenem Willen bewegen kann. Mit Leidenschaft gräbt es im
Sande, häuft es Steine aufeinander, bindet es Fäden zusammen, kurz
regt es die Hände in irgend einer Weise, die sichtbare Folgen hinter=
läßt. Es handelt sich also auch hier durchaus nicht darum, einen
Trieb aus dem Nichts hervorzurufen, sondern vielmehr, den einmal
vorhandenen auszubilden und für die Erziehung nutzbar zu machen.

Man könnte ja darüber streiten, ob das wirklich nach bestimmten
pädagogischen Grundsätzen geschehen müsse, oder ob man die Hand=
beschäftigung nicht lieber ganz dem Zufall, dem Belieben des Kindes
anheimgeben solle. Aber im Grunde ist diese Frage längst ent=
schieden. Indem wir unseren Kindern Baukästen, Geduldsspiele,
Legespiele u. dgl. geben, haben wir ja schon gesagt, daß sie einer be=
sonderen Anregung und Unterstützung in dieser Richtung bedürfen.
Und es ist nur ein weiterer Schritt und eine konsequentere Aus=
bildung des einmal als richtig erkannten, wenn wir den Versuch
machen, diese Spiele nun auch in bewußter Weise zu regeln.

In Zweifel könnte man ferner darüber sein, in welchem Alter
die durch den Erzieher geleitete Handbeschäftigung des Kindes zu

beginnen habe. Fröbel hat den Abschluß des dritten Jahres als
Anfangstermin hingestellt, und die meisten seiner Beschäftigungs=
mittel werden thatsächlich schon bei Kindern von 3 Jahren ange=
wendet. Ich glaube, daß dieser Zeitpunkt zu früh gewählt ist.
In den meisten Fällen wird man gut thun, die Vollendung des
vierten Jahres abzuwarten, bis man an das Kind bestimmte An=
forderungen in dieser Richtung stellt. Erst muß sich das Gehirn
und die Muskelkraft bis zu einem gewissen Grade entwickelt haben,
ehe man beide dem neuen Zwecke dienstbar machen kann.

Jede bildende Kunst beruht auf Formung der Materie. Ob
man Steine aufeinander häuft und aus ihnen Gebäude errichtet,
oder Thon zu plastischen Formen knetet, oder Flächen bunt be=
malt, immer ist es die Herrschaft der Hand über den Stoff, durch
welche die künstlerische Phantasie ins Werk gesetzt wird. Soll also
das Kind zum Verständnis für die Kunst erzogen werden, so muß
es sich auch die Elemente dieser handwerklichen Geschicklichkeit schon
früh zu eigen machen.

Da der Trieb zum Bilden thatsächlich beim Kinde schon so
früh vorhanden ist, kommt es im Grunde nur darauf an, daß
man ihm die Stoffe zur Verfügung stellt und ihm den Weg zur
Bearbeitung derselben zeigt. Und das muß schon in den ersten
Jahren geschehen, wo die Hand noch biegsam und entwicklungs=
fähig ist. Denn in dieser Zeit wird sie sich am leichtesten den ver=
schiedenen Bewegungen des Fassens, Drückens, Ziehens, Schiebens,
Hebens u. s. w. anbequemen, die zur Formung der Materie
nötig sind.

Nur durch eine früh gepflegte Handfertigkeit wird auch bei
Zeiten jene eigentümliche Kombination des künstlerischen Illusions=
triebs und des werkthätigen Schaffens erzeugt, die das Wesen jeder
schöpferischen Kunstthätigkeit bildet. Je früher das Kind lernt,
gewisse formale Vorstellungen in die Wirklichkeit zu übersetzen,
durch Handfertigkeit zu objektiviren, um so früher wird auch seine
künstlerische Begabung, wenn sie überhaupt vorhanden ist, einen
sichtbaren Ausdruck finden. Wenn das wesentliche Merkmal des
produktiven Künstlers die richtige Verbindung der rezeptiven Illu=
sionsfähigkeit und der zur Objektivirung der Vorstellungen not=
wendigen Handfertigkeit ist, so ergibt sich daraus, daß auch beim

Kinde neben der Illusion des Spieles die handwerkliche Geschick=
lichkeit schon früh gepflegt werden muß. Um so größer wird dann
die Möglichkeit sein, daß produktive künstlerische Gaben zur rechten
Zeit zur Entwicklung gebracht, rezeptive wenigstens in richtiger
Weise ausgebildet und gekräftigt werden.

Fröbel hat seinen Kursus der Handbeschäftigungen für das
vorschulpflichtige Alter in eine Reihe von Spielgaben und Be=
schäftigungsmitteln eingeteilt. An die Spitze stellt er die Kugel
(bezw. den Ball), den Würfel und die Walze. Bei diesen Gegen=
ständen handelt es sich noch nicht um eine eigentlich produktive Thätig=
keit, sondern um gegebene mathematische Formen, die eine gewisse
rezeptive Bedeutung für das Kind haben. Fröbel kleidet diese
Bedeutung in seiner mystischen Weise philosophisch ein. So soll
das Kind durch die Kugel den Begriff von der Einheit und Vol=
lendetheit der Form bekommen, der Würfel soll als die ursprüng=
lichste Gestaltung für die Mannichfaltigkeit der Form sein Interesse
erregen, die Walze den Ausgleich der Gegensätze von Einheit und
Mannichfaltigkeit veranschaulichen. Also der Hegelsche Ausgleich
der Gegensätze, These, Antithese und Synthese schon im Kinder=
spielzeug! Das sollte man wirklich heutzutage Niemandem mehr
zumuten.

Natürlich ist der mathematische Charakter der Formen für
ihre Brauchbarkeit bei der Erziehung vorschulpflichtiger Kinder
vollkommen gleichgiltig. Entscheidend ist dafür vielmehr lediglich
ihre praktische Benutzbarkeit. Der Würfel hat eine Bedeutung für
das Bauspiel nur deshalb, weil man ihn fest hinstellen und andere
darauflegen kann, die Kugel und Walze sind für das Modelliren
in Thon nur deshalb wichtig, weil diese Formen durch Rollen des
feuchten Stoffes mit der Hand von selbst entstehen. Eine päda=
gogische Bedeutung haben solche Formen für das Leben des Kindes
besonders dadurch, daß es an ihnen die Begriffe des Stehens,
Tragens, Lastens, Lehnens, Schiebens, Rollens, Hängens u. s. w.
kennen lernen kann. Für die ästhetische Bildung des Kindes erhalten
sie erst dann Wichtigkeit, wenn sich das Kind etwas anderes unter
ihnen denkt als was sie vorstellen, wie das auch Fröbel, der die
Natur des Kindes sehr genau kannte, richtig herausgefühlt hat.

An diese ersten Spielgaben, die in verschiedener Weise, aber

immer nur spielend rezeptiv, gebraucht werden, und die ungefähr
mit unseren Sinnesspielen zusammenfallen, schließen sich nun die
eigentlichen Beschäftigungsmittel, d. h. die produktiven Spiele, an.
Es sind folgende: Baukasten, Legespiele (mit Täfelchen, Stäbchen
und Fädchen), Flechten, Falten, Ausschneiden, Ausstechen, Zeichnen,
Modelliren und Gartenarbeit. In jedem dieser Spiele führt Fröbel
wieder eine Dreiteilung durch. Er unterscheidet Erkenntnisformen,
Lebensformen und Schönheitsformen. Unter Erkenntnisformen ver=
steht er Kombinationen von Linien, Figuren oder Körpern, durch
die dem Kinde gewisse mathematische Begriffe beigebracht werden
sollen. So will er z. B. durch Zusammensetzen und stufenweises
Wegnehmen von Bauklötzen und Legetäfelchen, durch Papierfalten
u. s. w. die Begriffe der Halbirung und Verdoppelung, des Ad=
direns, Subtrahirens und Dividirens veranschaulichen. Es muß den
Mathematikern überlassen bleiben, diesen Versuch als verfehlt nachzu=
weisen. Ich halte davon ebenso wenig wie von den drei gelben
Messingnägeln Herbarts, die auf einer schwarzen Tafel angebracht
dem Säugling die ersten räumlichen Begriffe beibringen sollten.
Das fehlte gerade noch bei der heute schon herrschenden Überbür=
dung der Jugend, daß man eine Mathematik der Säuglinge und
vorschulpflichtigen Kinder erfände. Die Raumlehre tritt in der
Schule noch früh genug in den Gesichtskreis des Kindes, und jeder
Lehrer der Mathematik wird sich dafür bedanken, daß ihm im
Kindergarten die Definition von Begriffen vorweg genommen wird,
die er selbst erst in der Schule zu geben hat und die auch für
ein Kind von 3—6 Jahren nicht das mindeste Interesse haben.
Wir streichen also diese ganze Klasse der Erkenntnisformen.

Auch mit der dritten Klasse, den sogenannten Schönheits=
formen, läßt sich nicht viel anfangen. Fröbel versteht darunter
diejenigen Kombinationen der einzelnen Elemente des Spiels, an
denen die Begriffe der Regelmäßigkeit, Symmetrie, Harmonie,
Proportion u. s. w. veranschaulicht werden können. Wenn man
z. B. Bauklötze oder bunte Legetäfelchen oder Stäbchen so zu=
sammensetzt, daß regelmäßige Formen, Sterne, Kreise, Polygone
u. s. w. daraus entstehen, so wird dadurch, wie Fröbel annimmt,
der Schönheitssinn der Kinder geweckt, ihr Verständnis für Orna=
ment u. dgl. ausgebildet oder wenigstens im Keime entwickelt.

Das ist ja allerdings bis zu einem gewissen Grade richtig. Es fragt sich nur, ob es im Interesse einer gesunden künstlerischen Entwickelung liegt, dieses Verständnis allzu früh zu wecken. Denn die Annahme Fröbels, daß dem Menschen überhaupt die Gesetze der Regelmäßigkeit, Symmetrie, Harmonie u. s. w. angeboren seien, ist eine ganz unbewiesene und nicht einmal wahrscheinliche Hypothese. Gerade diese Gesetze finden sich nämlich nicht bei allen Menschenrassen wieder, sind also wie es scheint nichts allgemein Menschliches. Die chinesische und japanische Ornamentik kennt z. B. das Gesetz der Symmetrie fast gar nicht. Das Wesen des ostasiatischen Ornaments ist vielmehr die Unregelmäßigkeit, der Zufall, die malerische Willkür. Man könnte also höchstens sagen, daß bei den Kulturvölkern des Mittelmeeres und denen, deren Kultur auf der ihrigen beruht, sich die Gesetze der Regelmäßigkeit, der Symmetrie u. s. w. durch eine Jahrtausende lange Übung soweit befestigt haben, daß sie uns nunmehr bis zu einem gewissen Grade angeboren sind. Ich würde aber selbst diese Behauptung für gewagt halten. Ich habe gerade neuerdings mehrfach die Beobachtung machen können, daß vollkommen unbefangene Kinder, denen man zum ersten Mal bestimmte Elemente zur Zusammenstellung gibt, dieselben immer nur zufällig, niemals nach den genannten Gesetzen zusammenstellen. Allerdings werden die Fröbelianer dagegen die Praxis der Kindergärten geltend machen, welche ja zeigt, daß kleine Kinder die Fröbelschen Schönheitsformen ohne Schwierigkeit herstellen können. Aber gerade damit ist absolut nichts bewiesen. Indem nämlich Fröbel durch seine Kindergärten die Erziehung vergesellschaftet, fördert er natürlich die Vorliebe für gewisse traditionelle Formen, die von der Kindergärtnerin auf das Kind, von einem Kinde auf das andere übertragen werden. Ich habe aber die Überzeugung, daß alle derartigen Schönheitsgesetze konventionell sind, daß sie sich nur auf Grund einer gewissen Tradition entwickeln und daß sie nur dadurch so vollkommen in unser Gefühl übergegangen sind, daß wir sie eben durch zahlreiche Generationen hindurch gleichsam wie natürliche Gesetze überkommen haben.

Ob es im Interesse unserer gegenwärtigen Kunst liegt, das Gefühl für solche traditionelle Formprinzipien besonders früh und besonders stark zu entwickeln, ist eine Frage, die ich nicht unbe-

dingt bejahen möchte. Gibt man erst einmal zu, daß ihnen keine
allgemein menschliche Bedeutung innewohnt, sondern daß sie sich
nur in bestimmten Länderkomplexen, unter bestimmten Kulturver=
hältnissen entwickeln, so ist auch die Möglichkeit gegeben, daß die
Kunst einmal mehr oder weniger von ihnen abgehen und neue
Schönheitsprinzipien suchen könne. Und der einzig gesunde Kern,
den ich dem neuerdings Mode gewordenen Japanismus zuerkennen
möchte, ist der, daß er hervorgegangen ist aus einem unbewußten
Gefühl, unsere europäische Ornamentik sei doch am Ende nicht
in jeder Beziehung das einzig wahre und einzig denkbare. Will
man überhaupt der Kunst die Möglichkeit der Weiterentwicklung
wahren, so sollte man alles vermeiden, was dazu führen kann,
Grundsätze als unumstößlich und von Ewigkeit her gegeben aufzu=
fassen, die in Wirklichkeit doch nur eine lokale und zeitlich begrenzte
Bedeutung haben. Aber das sind kunstphilosophische Fragen, auf
die hier näher einzugehen nicht der Ort ist. Hier will ich nur
soviel hervorheben, daß ja freilich unsere Kinder, da unser Gefühl
nun einmal unter diesen ästhetischen Gesetzen steht, alle diese Begriffe
früher oder später lernen werden und lernen müssen, aber daß es
unnütz ist, sie schon im vorschulpflichtigen Alter damit zu plagen.

Ganz anders steht es mit der zweiten Gattung, den sog. Lebens=
formen. Darunter versteht Fröbel diejenigen Formen, die bestimmten
Vorbildern der Natur oder der Umgebung des Kindes nachgeahmt
sind oder die wenigstens als formelle Symbole für solche gelten
können. Der Nachahmungstrieb ist allgemein menschlich. Er wird
bestehen, solange es Menschen gibt, und ihn so früh wie möglich
zu wecken oder besser gesagt zu fördern, muß immer eine der wich=
tigsten Aufgaben der Erziehung bleiben. In allen Spielen, die
ich genannt habe, ist die Nachahmung der Natur, der Gegenstände
der Umgebung das Entscheidende. Und durch nichts wird die
Phantasiethätigkeit, die Illusionsfähigkeit des Kindes mehr ge=
kräftigt, als wenn es selber mit seiner Hand Gebilde darstellen
lernt, in denen es gewisse Gegenstände der Natur oder seiner Um=
gebung wiedererkennen kann.

Die Beschäftigungsmittel Fröbels zerfallen in mehrere Gruppen,
je nach den Künsten, zu deren Verständnis sie das Kind vorbe=
reiten. Das Spiel mit dem Baukasten ist die kindliche Vorübung

für die Baukunst, das Formen in Sand und Thon kann als Vorübung der Plastik gelten, Stäbchenlegen und Fädchenlegen sind Vor-
übungen der Zeichenkunst. Durch das Legen mit bunten Täfelchen
kann das Verständnis für das farbige Ornament gefördert werden,
und Flechten, Ausschneiden, Gartenarbeit u. s. w. üben wenigstens
im allgemeinen die Formenauffassung und verleihen eine gewisse
Herrschaft über die Materie, wie sie indirekt auch für die künstlerische Bildung von Nutzen ist.

Weitaus die wichtigste unter den Fröbelschen Spielgaben ist
der Baukasten. Hier werden dem Kinde die Elemente fertig,
in Form hölzerner Würfel, Halbwürfel, Parallelepipeda u. s. w. in
die Hand gegeben, und seine produktive Arbeit besteht in der Art
und Weise, wie es dieselben zu Lebensformen zusammenstellt. Der
Fröbelsche Baukasten zeichnet sich durch die größte Einfachheit aus.
Er ist in mehrere aufsteigende und immer reicher werdende Stufen
eingeteilt, deren erste aus 8 gleichgroßen viereckigen Würfeln besteht. Es ist sehr lehrreich zu sehen, wie Fröbel mit diesen scheinbar ungelenken und rohen Elementen die verschiedensten Erzeugnisse
menschlicher Industrie zusammensetzen läßt, den Stuhl, den Tisch,
die Bank, den Thron, das Kreuz, die Treppe, die Burg, das
Schloß, die Kirche u. s. w. Sehr oft ist die Ähnlichkeit der Form
mit dem Gegenstande, den sie darstellen soll, nur eine ganz allgemeine. Aber selbst diese allgemeine Ähnlichkeit genügt, um beim
Kinde die Illusion des Gegenstandes zu erwecken. Es ist kein
Zweifel, daß durch das Nachbauen oder selbständige Erfinden derartiger Formen die künstlerische Illusionsfähigkeit in viel höherem
Grade entwickelt wird als durch das einfache rezeptive Handhaben
von Spielsachen, die der Natur nachgeahmt sind. Hier ist das Feld,
wo die schöpferische Kraft der Phantasie vor allem ausgebildet
werden kann, und wo die Lust und Liebe zur Baukunst sich spielend
und ohne jeden Zwang beim Kinde entwickelt.

Wir haben neuerdings auch in diesem Gebiete eine Industrie
erlebt, deren Produkte weit über die einfache Fröbelsche Spielgabe
hinausgehen. Man wird an die lebensgroßen naturalistisch ausgeführten Puppen erinnert, wenn man die riesigen und aufs reichste
ausgestatteten Baukästen sieht, die heutzutage in unseren wohl-
habenderen Familien gebräuchlich sind. Man kann sich auch ihnen

gegenüber niemals des Gefühls erwehren, daß sie Symptome
einer raffinirten aber im Grunde unproduktiven Kultur sind. Ich
will ja nicht läugnen, daß diese Baukästen für Knaben in höherem
Alter einen großen Reiz haben und daß es in vieler Beziehung
lehrreich für sie ist, wenn sie mit diesen komplizirten bunten Steinen
Gebäude nach Grundriß und Aufriß zusammensetzen. Aber für
die ersten Stufen sind sie vollkommen unbrauchbar und auch für
die späteren dürfte ein einfacher Kasten wertvoller sein. Ein
Knabe, der mit einem Fröbelschen Baukasten nach eigener Erfindung
Bauwerke ausführt, die nach etwas aussehen, ist jedenfalls in viel
höherem Grade Künstler als einer, der es mit einem jener raffi=
nirten Kästen thut. Und mögen die Kinder des reiferen Alters noch
so viel Freude an ihnen haben, es fehlt bisher noch an einem Beweis
dafür, daß grade auf Grund dieses Spiels sich die baukünstlerische
Fähigkeit später in besonderem Maße entwickelte. Und solange
man darüber keine Erfahrungen gesammelt hat, bleibe ich bei der
Behauptung, daß reiches naturalistisches Spielzeug die Phantasie
eher unterdrückt und ertödtet als befördert und kräftigt.

Das Üben der Erkenntnis= und Schönheitsformen muß nach
dem, was oben gesagt ist, beim Baukasten vollständig wegfallen.
Man lese nur bei Fröbel und in den bekannten Fröbelschen Lehr=
büchern nach, was für Erkenntnis= und Schönheitsformen in den
Kindergärten mit Bauklötzen ausgeführt werden, und man wird mir
Recht geben, daß diese Seite des Baukastenspiels zu denjenigen
pedantischen Übertreibungen des Prinzips gehört, an denen die
Fröbelsche Methode so reich ist. Wie seltsam dabei zuweilen am
Ziele vorbeigeschossen wird, dafür nur ein Beispiel: Das Kind
wird veranlaßt, eine Reihe von Bauklötzen auf die hohe Kante zu
stellen und sie dadurch, daß es den Endklotz umstößt, alle zu Fall
zu bringen. Dadurch soll ihm der Begriff der „Fortpflanzung
der Bewegung“ oder gar der „verstärkten Kraft“ klar gemacht
werden. Damit hätten wir also glücklich auch die Mechanik
in der Kinderstube! Bei den Erkenntnisformen des dritten Bau=
kastens fehlt sogar eine Unterweisung über den pythagoräischen Lehr=
satz (!) nicht. Und daß man auch in den Lebensformen zu weit
gehen kann, lehrt z. B. der vierte Baukasten, unter dessen Lebens=
formen sich unter anderm ein ägyptisches Thor und ein römischer

Tempel befindet. Der Vertreter der Kunstgeschichte an der Universität ist gewiß im höchsten Maße dankbar dafür, daß man in den Kindergärten schon die Kinder von 3—6 Jahren auf das Studium der Kunstgeschichte vorbereiten will. Aber er kann sich doch der Überzeugung nicht verschließen, daß es für Kinder dieses Alters vollkommen gleichgiltig ist, ob sie wissen, wie ein ägyptisches Thor oder ein römischer Tempel aussieht. Übungen dieser Art haben natürlich nur einen Sinn, wenn sie sich auf Lebensformen beziehen, die dem Kinde aus eigner Anschauung bekannt sind. Fremde oder gar ausländische Formen bieten ihm nicht nur gar keinen Reiz, sondern müssen sogar seine Begriffe von den Gegenständen vollständig verwirren.

Verwandt dem Baukastenspiel ist das Spiel mit den Legetäfelchen. Bunte viereckige und dreieckige Täfelchen aus Holz werden auf dem Tisch zu verschiedenen Figuren zusammengefügt. Auch hierbei unterscheidet Fröbel Erkenntnisformen, Lebensformen und Schönheitsformen. Aber eigentlich kommen in diesem Falle nur die Schönheitsformen in Betracht. Was man von Lebensformen aus diesen Täfelchen zusammenstellen kann, ist, wie die Abbildungen in den Fröbelschen Lehrbüchern zeigen, so gesucht und unnatürlich, daß sich ein fruchtbares Illusionsspiel daran schwerlich wird anknüpfen lassen. Dagegen sind die Legetäfelchen das eigentliche Mittel für die Einführung in die Farbenlehre und in die ornamentalen Formen. Aus dem, was ich über die Entwickelung des Farbensinns und das Wesen des Ornaments gesagt habe, geht schon hervor, daß dieses Spiel für die allerfrüheste Stufe nicht geeignet ist. Auch will es Fröbel selbst erst mit dem fünften Jahre beginnen lassen, und in diesem Alter ist ein Verständnis für die Verschiedenheit der Farben und die Grundzüge der ornamentalen Komposition wohl vorauszusetzen. Nur sollte man sich dabei vor jeder Übertreibung hüten, besonders aber den Sinn für das Typische, Hergebrachte, Konventionelle des Ornaments nicht zu stark auszubilden suchen. Man schwächt damit wie gesagt die Produktivität und die Lust an der eigenen Erfindung. Übrigens legen ja auch die Fröbelianer großen Wert auf die Anleitung zu eigenen Formenkombinationen. Wie frühe man diese dem Kinde zumuten kann, muß die Erfahrung und der besondere Fall lehren. In solchen

5

Dingen sollte man niemals uniformiren, sondern den Unterricht stets der besonderen Begabung anpassen.

Viel wichtiger ist das Stäbchenlegen, das zwar auch von Fröbel erfunden, aber erst von J. Stangenberger systematisch aus= gebildet worden ist. Grade dünne Holzstäbchen mit gerundetem Querschnitt werden in verschiedener Länge und Richtung, einzeln oder gruppenweise, zu Figuren auf den Tisch gelegt. Fröbel ver= bindet damit gleich von Anfang an ein ausgedehntes Phantasiespiel. Schon in einem einzelnen Stäbchen sollen die Kinder alles mög= liche erkennen: Eine Nadel, ein Zündhölzchen, einen Griffel, einen Bleistift, einen Spazierstock, eine Zigarre, eine Kerze, ein Holz= scheit, einen Balken. Er läßt dann 2 Stäbchen in der Mitte rechtwinklig aufeinander stoßen und erhält: einen Leuchter, einen Hammer, einen Bohrer, eine Wage. Er legt sie parallel neben einander: Messer und Gabel. Er läßt sie sich durchkreuzen: Zange oder Scheere. Er legt sie in dachförmiger Neigung gegeneinander: Zelt oder Zirkel.

In weiterer Ausbildung werden nun nach diesem Schema die allerverschiedensten Figuren zusammengelegt:

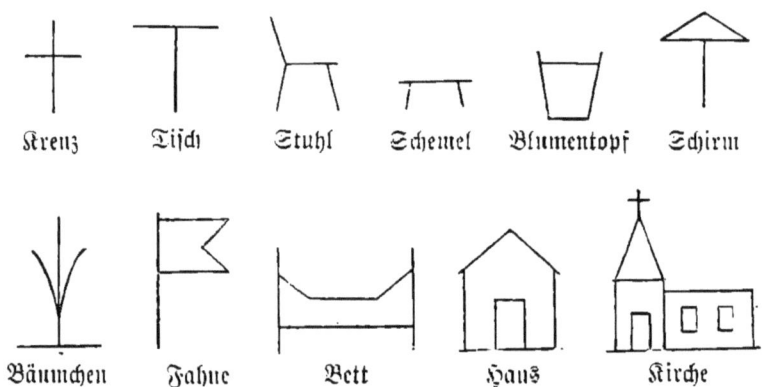

Kreuz   Tisch   Stuhl   Schemel   Blumentopf   Schirm

Bäumchen   Fahne   Bett   Haus   Kirche

Ich habe mit diesen schematischen Zeichnungen Versuche ge= macht und gefunden, daß die meisten Kinder von 3—4 Jahren sofort erkennen, was mit ihnen gemeint ist. Figuren, bei denen der Erwachsene erst nachdenken, erst durch künstliche Abstraktion das gedachte Vorbild ermitteln muß, benennen sie gleich beim ersten Blick richtig und mit offenbarem Vergnügen. Das beruht darauf, daß sie in den Gegenständen ihrer Umgebung anfangs nur die großen durchgehenden Linien sehen, alle zufälligen Nebendinge von selbst ausscheiden. Es ist dieselbe Eigentümlichkeit, aus der wir den Stil der Kinderbilder zu entwickeln suchten. Die Fröbelianer lassen darum dieses Spiel schon mit $3^{1}/_{2}$ Jahren beginnen und bis zum 6. Jahre fortsetzen.

Die künstlerische Bedeutung des Stäbchenlegens beruht darauf, daß es die unentbehrliche und natürliche Vorübung des Zeichnens ist. Am Stäbchenlegen lernt das Kind zum ersten Mal den Begriff des Umrisses und der konventionellen Naturnachahmung verstehen. Für den Erwachsenen gehört, besonders wenn er keine künstlerische Übung hat, eine gewisse Abstraktion dazu, die Gegenstände nach ihren Umrissen zu sehen und wiederzugeben, da dieselben doch in Wirklichkeit keine Umrißlinien, sondern nur farbige, verschieden abgegrenzte Flächen haben. Aber das Kind vollzieht diese Abstraktion mit der größten Leichtigkeit. Einfach deshalb, weil es die Gegenstände, wie ich schon früher ausgeführt habe, vorwiegend flächenhaft empfindet, und weil sich das Verständnis für die Farbe erst verhältnismäßig spät bei ihm entwickelt. Es ist also klar, daß die natürliche Gabe des Kindes, die Formen in ihren Umrissen zu sehen, möglichst früh benutzt werden muß, indem man ihm zeigt, wie die Gegenstände der Natur nun auch durch einfache Umrißlinien schematisch dargestellt werden können. So lernt es schon in einem Alter, wo es Griffel oder Bleistift noch nicht führen kann, die Gegenstände zeichnerisch darstellen und gewöhnt sich an eine konventionelle Wiedergabe derselben, die ihm später beim Zeichnen zu Gute kommt. Indem es schon jetzt die Umriß-Linie als solche herstellen lernt und dabei nur die gezeichnete Linie durch das Stäbchen, ihren körperlichen Vertreter, ersetzt, erleichtert es sich für die Zukunft die Mühe des Zeichnens, reduziert es dieselbe auf die technische Prozedur der Handhabung des Instrumentes. Ein Kind, das schon das Wesen der Umrißzeichnung kennt, das selber schon zahlreiche Umrisse natürlicher Gegenstände gelegt hat, wird später seine ganze Kraft auf die Erlernung der zeichnerischen Technik verwenden können und demgemäß sehr viel raschere Fortschritte machen als ein Kind, bei dem diese Vorübung nicht vorangegangen ist.

5*

Ich halte dieses zeichnerische Illusionsspiel für so wichtig, daß ich vorschlagen möchte, es noch weiter auszubilden, als die Fröbelianer gethan haben. Vor allen Dingen wird man sich nicht damit begnügen dürfen, dem Kinde nur schematische Zeichnungen, die es direkt ausführen soll, als Vorlagen zu geben. Das würde seine Verbindung mit der Natur vorzeitig lockern. Man wird ihm vielmehr auch bunte naturalistisch ausgeführte Bilder der Gegenstände, ja, vielleicht sogar die wirklichen Gegenstände selbst, soweit das geht, in ihrer plastischen Erscheinung vor Augen halten. Auf diese Weise kann es lernen, wie sich die konventionelle Art der Darstellung, auf natürlichem Wege aus dem Original entwickelt. Nur sollte man dabei jede Pedanterie vermeiden, dem Ganzen immer den Charakter des Spiels wahren und dem systematischen Zeichenunterricht nicht zu sehr vorgreifen.

Eine wichtige Ergänzung des Stäbchenlegens ist das Fädchenlegen, das wiederum nicht von Fröbel selbst, sondern von Schimper ausgebildet worden ist. Ein etwa 20 cm langer angefeuchteter Faden oder eine Perlenschnur wird auf den Tisch oder eine Schiefertafel gelegt und vermittelst eines Stäbchens oder Griffels solange hin- und hergeschoben, bis die Umrisse bestimmter Gegenstände entstehen. Hat das Kind sich beim Stäbchenlegen gewöhnt, die Umrisse der Gegenstände in geometrischer Weise, und zwar durchweg gradlinig, zu sehen, so wird ihm beim Fädchenlegen klar, daß es auch krummlinige Umrisse in der Natur giebt, daß auch Gegenstände mit gebogenen Konturen in einfacher Weise schematisch dargestellt werden können. Welche Gegenstände hier vorzugsweise als Vorlagen in Betracht kommen, ergiebt sich aus der Natur der Sache. Es sind Blätter, Bälle, Ringe, Brillen, Teller, Tassen, Kissen, Strümpfe, Schuhe, Äpfel, Birnen, Vögel u. s. w. Statt mit dem nassen Faden kann man alle diese Gegenstände auch mit kleinen Perlen, Steinchen oder Muscheln legen. Das Aufreihen durchbohrter Perlen auf einen Faden ist wieder eine besondere Übung, die mit diesem Spiel verbunden werden kann.

Ein Mittelding zwischen Bauen und Stäbchenlegen ist die sog. Erbsen- oder Korkarbeit. Es ist gewissermaßen ein plastisches Zeichnen, ein skelettartiges Modelliren. Aufgeweichte Erbsen oder kleine Körke dienen als Verbindungsglieder für gespitzte Holz

stäbchen, die von verschiedenen Seiten in sie hineingesteckt werden.
Durch die Art, wie man diese zusammenfügt, stellt man allerlei
Gegenstände, Schemel, Stühle, Betten, Sägeböcke, Wagen,
Brücken u. s. w. in skelettartiger Weise her. Auch solche Gegenstände erkennt ein 3—4 jähriges Kind, wenn sie nicht zu entlegen
sind, beim ersten Anblick. Dieses Spiel kann noch bedeutend ausgebildet und in eigenartiger Weise mit dem Bauspiel verbunden
werden. Auf der Berliner Möbelausstellung dieses Jahres wurde
eine neue Erfindung, der sog. „Fachwerkbaukasten" gezeigt, der
aus lauter dünnen verschieden langen Eichenholzstäbchen qua-
dratischen Querschnitts bestand, die durch Verzahnung ineinander
geschoben wurden. Diese Stäbchen dienten dazu, allerlei Gegenstände des täglichen Gebrauchs, Bänke, Stühle, Tische, Rahmen,
Fenster, Pulte, Betten, Häuser u. s. w. nachzuahmen. Ich habe gefunden, daß Kinder daran eine ganz besondere Freude haben, und
glaube, daß dieses Spiel eine sehr passende Ergänzung unserer
gewöhnlichen Baukästen bilden würde. In dieser Beziehung hat
die Industrie überhaupt noch ein weites Feld der Thätigkeit vor
sich, und es sollten sich Kindererzieher und Handwerker zusammen-
thun, um neue und praktische Erfindungen dieser Art ins Werk
zu setzen.

Auf das Falten, Flechten, Ausschneiden, Ausstechen, Aus-
nähen, wie es in den Fröbelschen Kindergärten geübt wird, will
ich hier nicht näher eingehen. Alle diese Übungen sind gewiß gut
und nützlich, aber sie haben entweder nur für Mädchen eine höhere Bedeutung, oder es fehlt ihnen der künstlerische Charakter, der den
bisher besprochenen Spielen in so hohem Grade eigen ist. Ihr
Schwerpunkt liegt im ganzen doch mehr in der Erlernung gewisser technischer Prozeduren, die für die handwerkliche Seite
der menschlichen Thätigkeit wichtig sind, als in der Erregung der
künstlerischen Phantasie und der Vorbereitung auf eine bestimmte
Kunst.

Dagegen verdient das Modelliren noch eine besondere
Erwähnung. Sowie der Baukasten auf die Baukunst, das
Stäbchen- und Fädchenlegen auf die Malerei vorbereitet, so ist
das Modelliren die natürliche Vorübung für die Plastik. Außerordentlich früh entwickelt sich beim Kinde der Trieb, Sand und

Erde zu formen und zu kneten. Wo immer sich ein Sandhaufen, ein Stück Erde oder Thon bietet, werden allerlei Formen daraus gebildet. Es werden Berge, Höhlen, Gräben, Gärten, Häuser und Burgen angelegt, und die lebhafte Phantasie des Kindes kann sich nicht genug thun in der plastischen Nachahmung aller möglichen und unmöglichen Gegenstände. Dieser Trieb kann schon vom dritten Jahre an in bestimmter Weise geregelt werden. Nicht als ob es nötig wäre, dem Kinde feuchten Thon zu geben und ihm zuzumuten, denselben aus freier Hand zu bestimmten Gegenständen zu formen. Es genügt schon, wenn man ihm hölzerne Formen giebt und es anleitet, diese in feuchten Sand auszudrücken. In der Herstellung solcher Holzformen hat die Industrie ebenfalls noch ein weites Feld vor sich. Soviel ich weiß, sind damit bis jetzt erst Anfänge gemacht worden. Nicht nur Kuchen der verschiedensten Gestalt kann man in Holzformen herstellen, sondern auch zahlreiche Gegenstände des gewöhnlichen Lebens, Stühle, Bänke, Tassen, Töpfe, Häuser u. dgl. Nur muß man sich dabei mit einer kompakten und vereinfachenden Darstellungsweise begnügen. Aber man braucht nicht einmal beim bloßen Ausdrücken der Formen stehen zu bleiben. Man kann dem Kinde auch zeigen, wie es die ausgedrückte Form nachher mit dem Finger oder einem Stück Holz weiter bearbeiten und dem natürlichen Vorbild noch ähnlicher machen kann. So werden ihm ohne große Mühe die Begriffe des Gusses, der Abformung und Ziselirung spielend beigebracht.

Eine weitere Ausdehnung würde ich diesem Spiel nicht zu geben raten. Allerdings hat Fröbel auch das Modelliren aus freier Hand in die Erziehung des vorschulpflichtigen Alters aufgenommen. Er läßt Kugeln, Walzen, Würste, Äpfel, Birnen, Kirschen u. s. w. aus Bildhauerthon kneten. Aber die Fröbelianer sind wohl selbst schon zu der Einsicht gekommen, daß diese Übung, wenn sie auch an sich vielleicht nicht zu hoch für dieses Alter wäre, sich doch ihres schmutzigen Charakters wegen nicht für die ersten 6 Lebensjahre eignet. Ich werde deshalb erst in dem Kapitel über Handarbeit näher darauf eingehen.

Auch die Gartenarbeit, die dem Modelliren verwandt ist, dürfte der Regel nach nicht vor dem schulpflichtigen Alter zu üben

sein. Überdies ist sie ihrem Charakter nach mehr zu den Bewegungsspielen als zu den Kunstspielen zu rechnen, wenn auch die
Einteilung der Beete, das Anordnen der Pflanzen, das Einfassen
mit Steinen u. s. w. den Geschmack in gewisser Weise ausbilden kann.

Um so wichtiger ist es, sich über die Bedeutung des Zeichnens für das vorschulpflichtige Alter zu verständigen. Über keine
Frage gehen die Ansichten der Pädagogen soweit auseinander wie
über die, in welchem Lebensjahre mit dem Zeichnen zu beginnen
sei. Wenn in den neuen Lehrplänen für die preußischen Gymnasien der
Beginn des Zeichenunterrichtes in die Quinta hinaufgeschoben ist, weil
der Erfolg desselben in der Sexta erfahrungsgemäß zu gering sei,
so ist damit gesagt, daß ein systematischer Zeichenunterricht erst im
12. Jahre beginnen sollte. Wie verträgt sich das aber mit dem
Fröbelschen Satze, daß Kinder schon mit 3—4 Jahren imstande
seien, die ersten Anfangsgründe des Zeichnens zu lernen?

Allerdings ist dieser Widerspruch zum Teil wenigstens nur
ein scheinbarer. Das Zeichnen nämlich, welches in der Quinta betrieben
wird, ist vollkommen freihändiges Zeichnen, der Zeichenunterricht
in den Fröbelschen Kindergärten beruht auf dem System des sogenannten Netzzeichnens. Die Tafel oder das Blatt Papier wird mit
einem Quadratnetz von roten oder blauen Linien überzogen, und
das Zeichnen besteht darin, daß auf diesem Quadratnetz durch Nach-
ziehen der Linien in verschiedener Richtung und Länge allerlei
Figuren hergestellt werden. Hiergegen lassen sich schon vom rein
hygienischen Standpunkt aus sehr schwere Bedenken erheben, und
es ist ein bleibendes Verdienst des Vereins deutscher Zeichenlehrer,
diese Bedenken immer und immer wieder geltend gemacht zu haben.
Autoritäten auf dem Gebiete der Augenhygiene sind nämlich einstimmig der Ansicht, daß die Benutzung eines Quadratnetzes beim
Zeichnen die Augen auf die Dauer verdirbt. Es ist geradezu unbegreiflich, wie trotz dieses Urteils noch immer in den Kindergärten
das Netzzeichnen geübt werden kann, ja wie selbst offiziell einge-
führte und in den Volksschulen benutzte Lehrbücher des Zeichenunterrichts noch immer ihre Methode auf dem Netzzeichnen aufbauen dürfen. Wir reden so viel von Schulhygiene und legen
neuerdings auf das körperliche Wohl der Schüler den größten

Wert, aber wir dulden es ganz ruhig, daß unseren Kleinen schon im vorschulpflichtigen Alter durch blaue und rote Quadratnetze die Augen verdorben werden. Wir lassen gleichzeitig erklären, daß das Zeichnen schwachen Augen nicht schadet und jeder Schüler daran teilnehmen kann und billigen ausdrücklich Lehrbücher, die durch ihre Methode die Augen systematisch verderben müssen. Weg darum mit dem Netzzeichnen, aus der Schule sowohl wie aus dem Kindergarten!

Wenn aber das Netzzeichnen wegfällt, so kann selbstverständlich der Unterricht im freihändigen Zeichnen nicht in ein so frühes Alter hinaufgeschoben werden, wie es die Fröbelianer thun. Und damit ist auch nicht viel verloren. Man sehe sich nur diese kümmerlichen Versuche, diese mühsam abgequälten Linien an, die in den Kindergärten beim Zeichnen zu Stande kommen. Was in aller Welt soll dem Kinde eine solche Stümperei nützen? Zu schreiben fängt es erst mit 5 oder 6 Jahren an, zu zeichnen soll es schon mit 3½ Jahren anfangen. Und doch ist das Zeichnen sicherlich schwerer als das Schreiben, doch ist die kindliche Hand noch nicht im Stande, den Griffel und den Bleistift zu einer längeren zusammenhängenden Linie zu zwingen. Was mit einer so frühen Übung erreicht wird, ist nur, daß man dem Kinde die Hand verdirbt, daß man es zu einem festen Umklammern des Instruments verführt und ihm für später jede Möglichkeit raubt, ein leichtes und wirklich künstlerisches Ziehen der Umrisse zu erlernen.

Ganz verfehlt ist es ferner, das Zeichnen mit der Schiefertafel zu beginnen. Die Handhabung des Griffels ist eine viel härtere und ungeschicktere als die des Bleistifts. Gewöhnt man die Hand frühzeitig daran, so wird sie auch später den Bleistift in roher und gefühlloser Weise handhaben. Die Technik hat doch wahrlich für den Schiefer schon so manchen Ersatz geschaffen, daß es an der Zeit wäre, dieses Marterinstrument endlich aus unseren Schulen zu verbannen. Es hat weder für das Schreiben noch für das Zeichnen irgend einen Wert. Nur einer neuen Anstrengung der Industrie würde es bedürfen, einen billigen Ersatz dafür zu schaffen, und die Tage der Schiefertafel wären gezählt. Wir würden ihr keine Thräne nachweinen.

Demnach wäre also das Zeichnen während des vorschul=

pflichtigen Alters überhaupt zu streichen? Soweit möchte ich nun freilich nicht gehen. Es ist eine bekannte Thatsache, daß Kinder schon in ihren ersten Lebensjahren ein unwiderstehliches Bedürfnis haben, mit dem Griffel oder Bleistift, auch wohl mit dem Finger im Sande und am angehauchten Fenster Umrisse von Figuren zu zeichnen. Natürlich sind diese Figuren anfangs vollkommen regel= los, Erzeugnisse eines bloß manuellen Thätigkeitstriebes und einer gewissen Freude an dem sichtbaren Produkt der eigenen Handbe= schäftigung. Griffel und Bleistift werden kreuz und quer über die Tafel geführt, runde, eckige, verschlungene Linien ohne Sinn und Verstand zurücklassend. Allmählich aber verbindet das Kind mit diesen Figuren eine bestimmte Illusion. Wenn man bedenkt, welchen Anteil die künstlerische Phantasie an dem einfachsten kind= lichen Spiele hat, so ist es ja schon von vornherein selbstverständ= lich, daß das Kind sehr früh das Bedürfnis fühlt, in den Gebilden seiner Hand bestimmte Wesen zu sehen, bestimmte Personen und Gegenstände seiner Umgebung wiederzuerkennen. In welchem Alter dieses Bedürfnis durchschnittlich auftritt, ist bisher, soviel ich weiß, nicht nachgewiesen worden. Die experimentelle Pädagogik läßt uns hier, wie in so vielen andern Fällen, im Stich. Nach meinen allerdings beschränkten Beobachtungen möchte ich glauben, daß das Kind spätestens im dritten Jahre beginnt, mit seinen Kritzeleien ein künstlerisches Illusionsspiel zu verbinden. Es legt ihnen be= stimmte Bezeichnungen bei, und wenn es auch jedem andern Menschen unmöglich scheint, einen Vergleichungspunkt mit den bei dieser Ge= legenheit genannten Gegenständen aufzufinden, so schließt das doch nicht aus, daß das Kind selbst solche Vergleichungspunkte empfindet. Allmählich nun gewinnen diese Kritzeleien bestimmte Form. In demselben Grade, in welchem die Anschauung des Kindes sich er= weitert und vertieft, bekommen auch die Figuren, die es zeichnet, mehr oder weniger den Charakter von Menschen oder Tieren. Bei den Menschen kann man schon Kopf, Leib und Beine er= kennen, vierfüßige Tiere und Vögel werden durch äußerst primi= tive Mittel von einander unterschieden.

Es ist einer der wichtigsten Grundsätze der Pädagogik, einen Trieb grade zu der Zeit, wo er zum ersten Mal auftritt, zu be= nutzen und zur Entwickelung zu bringen. Grade in den Jahren,

wo sich beim Kinde zuerst der unwiderstehliche Trieb zum Zeichnen
regt, sollte man deshalb den ersten Anfang mit seiner Ausbildung
machen. Aber dem stellt sich wie gesagt die Ungeschicklichkeit der
Hand als scheinbar unüberwindliches Hindernis entgegen. Es ist
ja keine Frage, daß von allen bisher besprochenen Beschäftigungen
das Zeichnen technisch weitaus die schwierigste ist. Bauen, Stäbchen=
legen, Formen in Sand sind verhältnismäßig leichte Thätigkeiten,
weil bei ihnen die Elemente der künstlerischen Produktion dem
Kinde fertig in die Hand gegeben werden und es nur darauf an=
kommt, dieselben richtig zusammenzustellen. Beim Zeichnen dagegen
muß das Kind die Elemente des fertigen Produktes, die Striche,
erst selber schaffen. Und das ist viel schwerer als man gewöhnlich
denkt. Mit einem kümmerlichen Nachstümpern schon gezogener
Linien ist es da nicht gethan. Das Kind muß vollkommen selb=
ständig die Richtung finden können, in der es den Stift zu be=
wegen hat, und gleichzeitig wissen, wie fest es ihn aufdrücken muß,
um einen Strich von bestimmter Dicke hervorzubringen. Diese
Fähigkeit wird von verschiedenen Kindern verschieden früh erworben.
Ich kenne Knaben, die schon mit 3—4 Jahren im Stande waren,
deutliche, wenn auch natürlich unvollkommene Pferde, Wagen, Hunde,
Bäume und Häuser zu zeichnen, andere, bei denen sich diese Fähig=
keit erst mit 5 Jahren entwickelte. Jedenfalls tritt sie in den
meisten Fällen schon im vorschulpflichtigen Alter auf. Diese That=
sache allein sollte genügen, um ein Hinausschieben des Zeichen=
unterrichts bis zum elften oder zwölften Jahre zu verhindern. Man
soll einen Trieb, der einmal vorhanden ist, und zu dessen Be=
friedigung das Kind auch die Fähigkeit besitzt, nicht 5—6 Jahre
brach liegen lassen. Sonst wird er Gefahr laufen, vollständig
einzurosten. Man klagt so viel über die mangelhafte Begabung
vieler Kinder für das Zeichnen. Aber man gehe der Sache
nur auf den Grund, und man wird finden, daß es sich in den
meisten Fällen nicht um einen Mangel an Begabung, sondern um
eine frühzeitige Vernachlässigung einer allerdings vorhandenen Gabe
handelt.

Andererseits aber ist es bedenklich, den systematischen Zeichen=
unterricht zu früh beginnen zu lassen. Es gäbe ja wohl Mittel,
auch schon Kindern des vorschulpflichtigen Alters das Herstellen

bestimmter Linien auf dem Papier zu ermöglichen. Man könnte daran denken, Gegenstände der Natur in Pappe oder Holz aus= zuschneiden und sie dem Kinde in die Hand zu geben, damit es die Formen mit dem Bleistift umziehe. Oder man könnte Blech= schablonen herstellen, in welche die Umrisse der Gegenstände in der Weise eingeschnitten wären, daß der Stift den Durchbrechungen folgend die Linien nachzeichnen könnte. Im weiteren Verlaufe wäre dann etwa zum Pausen mit Pauspapier überzugehen und so dem Kinde allmählich der Weg zum freihändigen Zeichnen zu eröffnen. Pestalozzi ließ sogar schon Kinder von 4—5 Jahren freihändig grade und krumme Linien ziehen und gab ihnen nur durch= sichtige Horntäfelchen mit eingeritzten Linien, Winkeln, Kreisen u. s. w. in die Hand, die sie zur Vergleichung über die Zeichnung legen konnten, um deren Richtigkeit daran zu prüfen. Aber alle diese Mittel würden, wie ich glaube, keinen dauernden Nutzen stiften. Sie würden das Kind nur an äußere Hilfsmittel, Eselsbrücken aller Art gewöhnen und ihm für eine spätere Zeit die vollkommen freihändige Führung des Instrumentes und die Ausbildung des Augenmaßes erschweren. Es ist wiederum ein Verdienst des Ver= eins deutscher Zeichenlehrer, seit Jahren gegen alle derartigen Hilfs= mittel einen fortgesetzten Kampf geführt zu haben. Und da man mit solchen Hilfsmitteln nun einmal nichts anfangen kann, so lasse man diesem Triebe vor der Schule vollkommen freie Hand. Man erlaube dem Kinde, nach Herzenslust auf dem Papier zu kritzeln, aber man versuche nicht, diese Kritzeleien in ein bestimmtes Schema zu zwängen, ehe die Muskeln der Hand und das Auge genügend ausgebildet sind, um dem Willen in entsprechender Weise Folge leisten zu können.

Man kann das Zeichnen im vorschulpflichtigen Alter um so eher entbehren, als ja der zeichnerische Illusionstrieb des Kindes im Stäbchen= und Fädchenlegen eine voll= ständige Befriedigung findet. Es ist theoretisch, d. h. vom Standpunkt der kindlichen Phantasiethätigkeit, vollkommen gleich= giltig, ob das Kind die Umrisse der Figuren mit dem Stift zeichnet oder durch Stäbchen= und Fädchenlegen hervorbringt. Der Begriff des Umrisses, die Fähigkeit, durch einen Umriß eine künstlerische Illusion zu erzeugen, wird auch durch diese Be=

schäftigung vollkommen genügend entwickelt. Den wichtigen
Schritt von hier zum eigentlichen schulmäßigen Zeichnen spare man
auf das erste Schuljahr auf und lege ihn in die Hand eines er-
fahrenen Lehrers, der besser als die erste beste Kindergärtnerin
weiß, worauf es dabei ankommt. Ist die Hand erst kräftig genug
und hat sich die Anschauung bis zu einem gewissen Grade ge-
festigt, dann wird es leicht sein, eine bestimmte Haltung und
Führung des Stiftes zu erzwingen, während eine solche in früheren
Jahren meistens schon durch die ungenügende körperliche Ausbildung unmöglich gemacht wird. Nur in Ausnahmefällen, d. h.
wenn sich die technische Fähigkeit wirklich früher entwickeln sollte, gehe
man von der Regel ab und gebe einen wirklichen Zeichenunterricht.
Dann aber vermeide man um jeden Preis das Fröbelsche Netzzeichnen
und gehe auch nicht von den nichtssagenden Erkenntnis- oder Schönheitsformen der Fröbelschen Schule aus, sondern halte sich an die
Lebensformen, die ja Fröbel selbst auch für diese Beschäftigung
mit großem Scharfsinn ausgebildet hat.

So bliebe denn immerhin von dem Fröbelschen System noch
manches übrig, was auch in der individualisirenden Erziehung der
Familie eine Anwendung finden könnte. Und wenn auch voraus-
zusehen ist, daß die Fröbelianer der strengen Observanz von einem
„gereinigten und verbesserten" Fröbel nichts wissen wollen, so
sollten sie sich doch der Thatsache nicht verschließen, daß selbst gute
und gesunde Ideen nicht allezeit unverändert in Geltung bleiben
können, sondern daß ihre Zukunft wesentlich davon abhängt, ob
ihre Verfechter imstande und gewillt sind, sie den Forderungen
einer neuen Zeit anzupassen.

II.

Die Schule.

Wir haben in dem Abschnitt über die Kinderstube gesehen, daß der Mensch von Natur in hohem Grade künstlerisch beanlagt ist, und daß das geistige Leben des Kindes zum großen Teil aus einer intensiven künstlerischen Thätigkeit besteht. Wie verhält sich dieser Thatsache gegenüber die Schule? Hält sie es für ihre Pflicht, den angeborenen oder wenigstens früh sich entwickelnden künstlerischen Trieb weiter zu bilden, für die Erziehung zur technischen Geschick= lichkeit und ästhetischen Genußfähigkeit nutzbar zu machen? Leider müssen wir sagen: Nein, oder wenigstens nicht in genügender Weise.

Zweck der Erziehung ist es, den Menschen gleichzeitig zu einem nützlichen und glücklichen Mitgliede der menschlichen Gesellschaft zu machen. Er soll im späteren Leben nicht nur vermöge seiner Be= rufsbildung der Gesamtheit nützen können, sondern auch in dieser Thätigkeit seine volle Befriedigung finden. Eigentümlicherweise treffen gerade diese beiden Bedingungen häufig nicht zusammen. Es giebt Menschen, die für die Welt außerordentlich viel leisten, aber doch im Grunde ihres Herzens unglücklich sind. Es giebt auch glückliche, mit sich selbst außerordentlich zufriedene, deren Leben aber ohne Nutzen für andere, für die Menschheit dahin= fließt. Bei den einen wie bei den anderen ist ein Fehler in der Erziehung gemacht worden. Sie haben nicht gelernt, Pflichterfüllung und Glück als identisch aufzufassen.

Die Bedingung späterer Pflichterfüllung ist, daß der Mensch in seiner Jugend etwas bestimmtes lerne, die Bedingung späteren Glückes, daß er nach allen Richtungen hin genußfähig sei. Die Genußfähigkeit des Menschen ist zum großen Teil abhängig von der gesunden Ausbildung seines Körpers und seiner Sinne. Die Erziehung hat also dem Menschen in der Jugend nicht nur ein gewisses Maß positiver Kenntnisse oder Fertigkeiten mitzuteilen, die er später verwerten kann, sondern auch seinen Körper und seine Sinne derart auszubilden, daß sie für die verschiedenen Genüsse, die das Leben bietet, empfänglich sind.

Zu den höchsten Genüssen, die wir im Leben kennen, gehört die Kunst. Es ist thatsächlich ein Mangel an Bildung, und zwar ein sehr empfindlicher, wenn ein Mensch, der im übrigen gesund organisirt ist, keine Genußfähigkeit für Kunst besitzt. Es wird ihm dadurch eines der edelsten Mittel, sich zu erholen, sich über die Mühseligkeiten der Berufsarbeit emporzuheben, entzogen.

Die moderne Erziehungsreform hat — übereinstimmend mit den Ansichten aller großen Pädagogen — der Ausbildung des Körpers wieder eine gesteigerte Pflege zu Teil werden lassen. Der Turnunterricht ist in den preußischen Gymnasien obligatorisch ge= macht und mit drei Stunden in der Woche durchs ganze Gymnasium hindurch bedacht worden. Man ist zu der richtigen Erkenntnis gekommen, daß sich unter den heutigen Kulturverhältnissen die Ausbildung des Körpers bei der Jugend keineswegs von selbst ver= steht, daß sie ihr vielmehr durch einen bestimmten Zwang auf= genötigt werden muß. Wir dürfen uns nicht darüber täuschen, daß wir dies, abgesehen von der Initiative des Kaisers, in erster Linie unserer Militärverwaltung zu verdanken haben. Glücklicher= weise stimmte in diesem Falle das militärische Bedürfnis mit dem pädagogischen überein. Bei der Frage der künstlerischen Bil= dung war das leider nicht der Fall, deshalb ist die Reform in dieser Richtung auf halbem Wege stehen geblieben. Die Ausbildung der Muskeln zwingt man jetzt dem Knaben — und zwar mit vollem Rechte — auf, die Ausbildung der Sinne und daran an= knüpfend die Entwickelung der ästhetischen Genußfähigkeit überläßt man im wesentlichen noch seinem eigenen Belieben.

Von den mannichfachen Schulformen, die gegenwärtig in Deutschland bestehen, haben wir es hier nur mit dem humanistischen Gymnasium zu thun. Kommt es uns doch hauptsächlich darauf an, die Kunsterziehung der höheren Stände als derjenigen, die das eigentliche Publikum für die Kunst bilden sollten, einer Kritik zu unterziehen. Ich behaupte, daß unser humanistisches Gymnasium, selbst nach der Durchführung der letzten Reform, die ästhetische Ausbildung der Schüler, speziell nach der Seite der bildenden Kunst hin, ganz unverhältnismäßig vernachlässigt, daß unsere Gymnasial= bildung nicht nur außer Stande ist, eine produktive Kunstbegabung, die etwa bei den Kindern vorhanden sein könnte, zu entwickeln, sondern daß sie auch ihre rezeptive Genußfähigkeit für darstellende Kunst nicht in dem Maße ausbildet, wie es für ihr späteres Leben und die Zukunft unserer Kunst notwendig wäre.

Man wird in dem Rahmen dieser Schrift keine prinzipielle Erörterung über die Gymnasialreform verlangen. Die Frage nach der richtigen Abwägung der einzelnen Fächer gegeneinander ist doch zu schwierig und hängt von zu vielerlei Faktoren ab, als daß sie im Handumdrehen gelöst werden könnte. Immerhin will ich wenigstens soviel sagen, daß nach meiner Überzeugung die huma= nistischen Fächer noch auf lange Zeit hinaus den Kern unserer Gymnasialerziehung bilden werden. Dieser Kern aber kann, wie ich glaube, sehr wohl gewahrt bleiben, auch wenn man den reali= stischen Fächern denjenigen Raum im Unterrichtsplane zuweist, der ihnen vermöge ihrer Bedeutung für die moderne Kultur zusteht. Ja, er kann meiner Überzeugung nach selbst dann im wesentlichen intakt bleiben, wenn der sinnlich=ästhetischen Erziehung, die bisher so sehr vernachlässigt wurde, eine angemessene Pflege zuge= wendet wird.

Ich will hier gleich von vornherein einem Vorurteil begegnen, das man gegen den Vertreter der Kunstgeschichte an der Universität haben könnte. Es ist neuerdings von verschiedenen Seiten der Vorschlag gemacht worden, die Kunstgeschichte als besonderes Fach auf den Gymnasien einzuführen. Man wünscht, daß im An= schluß an den Geschichtsunterricht zusammenhängende Kurse der Kunstgeschichte abgehalten werden, in denen der Schüler über die Geschichte der verschiedenen Baustile, die Thätigkeit der großen Maler und Bildhauer der Vergangenheit aufzuklären sei. Ich halte das in dieser Form für durchaus verkehrt. Zunächst werden dazu in den meisten Fällen die Kräfte fehlen, da die Mehrzahl unserer gegenwärtigen Gymnasiallehrer sich auf der Universität thatsächlich nicht mit Kunstgeschichte beschäftigt hat und auch gar

nicht beschäftigen konnte. Man hat leicht sagen: Ein Lehrer lernt
sehr vieles von dem, was er später in der Praxis braucht, erst
nach der Studienzeit. Für die Kunstgeschichte kann das nicht zu=
treffen. Denn Kunstgeschichte ist ein Fach, das man durch Selbst=
studium überhaupt nicht lernen kann, sondern nur durch persönliche
Unterweisung auf Grund einer ausgedehnten Anschauung. Solange
unsere Gymnasien noch keine kunsthistorischen Sammlungen besitzen,
solange man von unseren Lehramtskandidaten nicht den Nachweis
einer bestimmten kunsthistorischen Vorbildung im Examen fordern
kann, solange ist ein Lehrer, der in einer kleineren künstlerisch un=
bedeutenden Stadt lebt, überhaupt nicht im Stande, sich eine zu=
sammenhängende historische Anschauung von der Kunst zu bilden.
Er wird irgend ein Handbuch oder einen Atlas mit kleinen Holz=
schnitten hernehmen und sich nun, so gut es geht, irgend welche
äußerlichen Kenntnisse von Kunst aneignen. Damit ist aber dem
Schüler nicht geholfen.

Wie denkt man sich denn überhaupt schon rein äußerlich
diesen Unterricht in der Kunstgeschichte? Wenn ein Gymnasium
keine Sammlung von Photographien hat, sondern der Lehrer sich
mit Seemanns kunsthistorischen Bilderbogen oder einem ähnlichen
Werke behelfen muß, will er dann bei jedem Kunstwerk, das er
erwähnt, den ganzen Atlas oder auch nur eine einzelne Tafel, auf
der sich vielleicht zwanzig Abbildungen befinden, in der Klasse
herumgehen lassen? Das würde, wenn z. B. 30—40 Schüler in
einer Klasse säßen, ein schöner Unterricht werden. Oder soll man
jedem Gymnasiasten die Anschaffung eines solchen Atlas zu=
muten? Oder soll sich der Lehrer damit begnügen, nur Namen
und Zahlen aus der Kunstgeschichte zu diktiren, etwa die kunst=
historischen Abschnitte aus dem kleinen Weber vorzutragen? Kunst=
historische Kenntnisse schüttelt man heutzutage nicht mehr wie früher
aus dem Ärmel. Kunsthistorische Vorträge aber und die Praxis, beim
Vortrag Wort und Anschauung zusammenwirken zu lassen, lernt
man noch viel schwerer. Das will in Jahre langer Arbeit erworben
sein, und mancher lernt es überhaupt nicht.

Und selbst wenn das Gymnasium eine Anzahl von Photo=
graphien nach bedeutenden Kunstwerken besäße, von einem auch
nur einigermaßen genügenden Apparat, um die Geschichte der

Kunst zu veranschaulichen, würde doch nicht entfernt die Rede sein. Einen solchen besitzen selbst die meisten Universitäten nicht einmal. Man könnte im besten Fall einzelne Kunstwerke in Photographien vorlegen oder aushängen und an diese hin und wieder eine historische Belehrung anknüpfen.

Und was soll denn der Gymnasiast im Grunde mit der Kunstgeschichte? Das was er braucht, ist nicht Kunstgeschichte, sondern Kunst. Nicht Namen und Zahlen, nicht äußere trockene Daten sind es, die für ihn Bedeutung haben, sondern eine Einführung in das Wesen des künstlerischen Schaffens. Sein künstlerischer Trieb soll weitergebildet, seine ästhetische Genußfähigkeit entwickelt werden. Ob er weiß, wann Raffael und Dürer geboren und gestorben sind, ist im Grunde gleichgiltig. Nichts ist bezeichnender für unsere unproduktive, nur auf das historische Erkennen gerichtete Kultur, daß man kunstgeschichtliche Unterweisung für ein Bedürfnis der Gymnasiasten hält, Kunstunterweisung aber, d. h. Zeichenunterricht im höheren künstlerischen Sinne, nicht.

Man verstehe mich nicht falsch. Ich will ja nicht sagen, daß der Schüler auf dem Gymnasium gar nichts von Kunstgeschichte erfahren solle. Man mag ihm immerhin die architektonischen Stilarten in ihrem historischen Verhältnis zu einander charakterisiren, die bedeutendsten Künstler vergangener Zeiten nennen und ihre Kunstwerke beschreiben. Aber das soll im Anschluß an die praktische Kunsterziehung, d. h. an den Zeichenunterricht geschehen, und diese Aufgabe soll dem Zeichenlehrer als dem einzigen Lehrer zufallen, der etwas von Kunst versteht oder wenigstens verstehen müßte. Kunstgeschichtliche Vorträge auf dem Gymnasium sind vom Übel, weil sie in unstatthafter Weise der Universität vorgreifen würden. Uns Kunsthistorikern sind Zuhörer, die zeichnen können, lieber als solche, die eine Anzahl kunsthistorischer Kenntnisse auf die Universität mitbringen. Die Kunstgeschichte hat auf dem Gymnasium ebensowenig zu thun, wie philosophische Propädentik, Logik, Psychologie und Poetik, Fächer, die man vor nicht gar langer Zeit auf vielen unserer Gymnasien vollkommen in der Weise des akademischen Vortrags behandelte. Hier hat man den Zopf ja nun glücklich abgeschnitten. Man lasse ihn nicht an einer anderen Stelle wieder wachsen.

6

Schlechterdings keine Bedeutung kann ich der ästhetischen Erziehung beimessen, die durch die Lektüre von Lessings Laokoon erreicht werden soll. Ja ich gehe sogar so weit, zu behaupten, daß diese so, wie sie in den meisten Fällen betrieben wird, die ästhetische Bildung der Primaner in ganz falsche Wege leitet.

Allerdings hat Lessing den wesentlichen Unterschied zwischen Poesie und bildender Kunst richtig erkannt und mit einer Klarheit und Schärfe auseinandergesetzt, daß sein Laokoon immerhin auch für Schüler manche nützliche Winke enthält. Aber fast alles, was er im einzelnen über bildende Kunst sagt, ist vom Standpunkte der modernen Kunstentwickelung, wie sie sich seit dem 15. Jahrhundert herausgebildet hat, unhaltbar.

Es ist bekannt, daß schon das Fundament der Lessingschen Beweisführung: „Der Laokoon schreit nicht" von vielen Seiten lebhaft angefochten worden ist. Es ist ferner bekannt, daß die Folgerung, die Lessing daraus zieht: „Der Laokoon darf nicht schreien, weil in der bildenden Kunst (im Gegensatz zur Poesie) das Schreien häßlich sein würde", sich angesichts zahlreicher berühmter Kunstwerke aller Zeiten nicht aufrecht erhalten läßt. Es unterliegt keinem Zweifel, daß die weitere daran angeknüpfte Behauptung, die griechischen Künstler hätten nur „das Schöne" dargestellt, sich mit den Thatsachen, wie sie uns gegenwärtig vorliegen, durchaus nicht verträgt. Wir wissen jetzt, daß man schon zur Zeit des Apelles den künstlerischen Wert eines Gemäldes nicht nach seiner „Schönheit", sondern nach seiner Naturwahrheit schätzte, und daß die ganze hellenistische Kunst das Häßliche als einen Teil des Charakteristischen geflissentlich dargestellt hat. Es ist ferner allgemein anerkannt, daß die Ausdehnung dieses Lessingschen Satzes auf die Kunst überhaupt erst recht verfehlt ist, da sie im schroffen Gegensatz zu den künstlerischen Grundsätzen der bedeutendsten Meister aller Zeiten (ich nenne nur Leonardo, Dürer, Rembrandt und Menzel) steht. Es ist ferner allgemein bekannt, daß Lessings übertriebenes Wertlegen auf den Inhalt des Kunstwerks im Gegensatz zur Form von der heutigen Ästhetik nicht gebilligt wird. Weder die im wesentlichen formale Kunst Michelangelos, noch die inhaltlich oft gleichgiltige aber malerisch vollendete Kunst der Holländer scheint sich damit zu vertragen. Kein Mensch wird ferner heut-

zutage bestreiten, daß Lessings Gleichgiltigkeit gegen die Treue der
Naturnachahmung sich nicht mit den Grundsätzen einer gesunden
Kunstentwickelung, zumal der modernen, vereinigen läßt. Man weiß
ferner jetzt, daß Lessings Verachtung gegen die Farbe, die ihn
sogar behaupten ließ, es wäre besser, wenn die Ölmalerei über=
haupt nie erfunden wäre, ein krasses Vorurteil war, daß sie zum
großen Teil Schuld an jenem Verfall des malerischen Könnens
gewesen ist, den wir in der deutschen Malerei seit Carstens beob=
achten. Es wird allgemein als ein fundamentaler Fehler der
Lessingschen Beweisführung anerkannt, daß er Malerei und Plastik
ohne jede Unterscheidung in einen Topf wirft, daß er unter Malerei
nichts anderes versteht als griechische Plastik. Und lediglich aus
diesem Irrtum ist weiterhin die gänzlich unhaltbare Forderung
hervorgegangen, daß die Kunst nicht das Transitorische darstellen
dürfe, eine Forderung, die schon durch die Gruppe des Laokoon
selbst, wie viel mehr erst durch andere plastische und malerische Werke
besonders der neueren Zeit widerlegt wird. Es ist endlich eine That=
sache, daß Lessings Kampf gegen die Allegorie — so viel Beifall
er auch gefunden hat und noch gegenwärtig findet — mit den
Grundsätzen der größten Künstler aller Zeiten (z. B. Leonardos,
Michelangelos, A. Menzels) nicht übereinstimmt.

Ich will dieses Register nicht fortsetzen, obwohl es mir leicht
werden würde, fast alle Behauptungen Lessings über die bildende
Kunst der Reihe nach als falsch nachzuweisen. Natürlich liegt es
mir fern, dem Verfasser des Laokoon persönlich hieraus einen Vorwurf
zu machen. Wer die Geschichte der Kunst und die Entwickelung
der ästhetischen Theorien kennt, der weiß, daß diese Anschauungen
von vielen Zeitgenossen Lessings geteilt wurden, daß sie auf jene
ganz beschränkte und einseitige Kunstauffassung zurückzuführen
sind, die in den Zeiten des Klassizismus, speziell des damals neu
erwachten hellenischen Klassizismus in Deutschland allgemein herrschte.
Im Hinblick auf die vorwiegend plastische Überlieferung der antiken
Kunst identifizierte man Kunst und Plastik. Im Hinblick auf die
Vollkommenheit der hellenischen Plastik identifizierte man ferner Plastik
mit hellenischer Plastik. Da man endlich nur einen geringen Teil
der hellenischen Plastik kannte, identifizierte man diesen zufällig
bekannten Teil mit der Kunst überhaupt. So erhielt man eine

6*

ganz kleine und ungenügende empirische Grundlage für die Ent=
wickelung ästhetischer Theorien.

Wenn aber diese Grundlage der Lessingschen Beweisführung
heutzutage nicht mehr zu Recht besteht, wenn wir heutzutage die
ganze Kunstentwickelung, vor allen Dingen auch die moderne, als
Grundlage für unsere ästhetischen Überzeugungen herbeiziehen, wenn
insbesondere diese moderne Kunst ganz andere Wege eingeschlagen
hat als jene idealistisch=formale Kunst, die dem Verfasser bei der
Niederschrift seines Laokoon vor Augen stand, was hat dann in aller
Welt die Lektüre des Laokoon in der Prima für einen ästhetischen
Zweck?

Ich will selbst den Fall setzen, daß der Lehrer, der sie
zu leiten hätte, eine gründliche kunsthistorische und ästhetische
Vorbildung besäße. Würde nicht seine ganze Belehrung aus einer
fortlaufenden negativen Kritik Lessings bestehen müssen? Würde
er nicht Lessings Behauptungen Satz für Satz widerlegen, ein
unendliches Material von Photographien mit in die Klasse bringen
müssen, um an einzelnen Kunstwerken, an einzelnen Meistern, an
ganzen Schulen und Epochen der Kunst nachzuweisen, daß Lessing
sich geirrt habe, daß seine ganze kunstvolle Beweisführung auf
Sand gebaut sei? Und vorausgesetzt selbst, daß ihm dieses Material
zur Verfügung stände — was meistens nicht der Fall ist —, was
für einen Zweck würde eine Klassiker=Lektüre haben, bei der der
Lehrer den Autor in den Augen seiner Schüler auf Schritt und
Tritt herabsetzen müßte? Was soll ein Unterprimaner mit dem
Widerspruch anfangen, daß einer unserer größten Geistesheroen,
den er wegen seiner Wahrheitsliebe und seiner dialektischen Gewandt=
heit zu verehren gewohnt ist, sich in seinen sachlichen Behauptungen
über bildende Kunst so oft geirrt hat?

Viel schlimmer aber steht es, wenn der Lehrer, was ja die
Regel ist, auf der Universität weder ästhetische noch kunsthistorische
Vorlesungen gehört, auch sonst keine Gelegenheit gehabt hat, sich
bestimmte ästhetische Anschauungen zu bilden. Allerdings wird
ja der Philologe wenigstens in den meisten Fällen eine gewisse
Kenntnis der Archäologie mitbringen. Aber Archäologie ist keine
Ästhetik und Kunstgeschichte. Und ein Lehrer, der den Laokoon
mit Erfolg interpretiren wollte, müßte mehr als blos die antike

Kunst aus eigener Anschauung kennen. Ja ich möchte sogar be=
haupten, daß sich derjenige Lehrer am besten dazu eignen würde,
der von antiker Kunst recht wenig, um so mehr aber von Dürer
und Rembrandt und von moderner Kunst wüßte.

In der That wird auch der Laokoon von Lehrern, denen
eine genügende künstlerische Vorbildung mangelt, in der Regel
lediglich nach der formalen, nicht nach der sachlichen Seite hin
interpretirt. Man begnügt sich, den Schülern das volle Ver=
ständnis dessen, was Lessing gewollt hat, zu erschließen, man läßt
sie den Gang der Beweisführung abschnittweise rekapituliren,
giebt ihnen auch wohl hie und da ein Aufsatzthema über irgend
einen von Lessings Sätzen, kurz, man faßt das Ganze als eine
lediglich methodische, dialektische Übung auf.

Ich will ja nicht läugnen, daß das in gewisser Beziehung
für den Schüler recht nützlich ist, wenn ich auch der Meinung bin,
daß der wissenschaftliche Geist durch ein übertriebenes Wertlegen
auf die Form der Beweisführung bei gleichzeitiger Vernachlässigung
des Inhalts nicht grade besonders gefördert werden kann. Aber
damit ist für die ästhetische Erziehung der Schüler nichts gewonnen.
Sie erhalten keine lebendigen greifbaren Vorstellungen von dem
Wesen der bildenden Kunst.

Der schlimmste Fall endlich wäre der, daß der Lehrer die
Verpflichtung fühlte, Lessings Behauptungen sich zu eigen zu machen,
seinen Schülern gegenüber zu verteidigen. Denn die Folge davon
wäre einfach die, daß der Schüler vollkommen verkehrte Ideen von
dem Wesen der Kunst erhielte, daß er gewaltsam der modernen
Kunst nicht nur, sondern allen großen Kunstepochen seit der
Renaissance entfremdet, daß er in seinem ästhetischen Empfinden
auf einen längst überwundenen, vergangenen und unhaltbaren
Standpunkt zurückgeschraubt würde. Das aber kann unmöglich
der Zweck der ästhetischen Erziehung auf dem Gymnasium sein.
Man kann es wohl begreiflich finden, daß in den 60er Jahren
oder zu Anfang der 70er, wo unsere Generation ihre Gymnasial=
bildung erhalten hat, der Laokoon in dieser apologetischen Weise
interpretirt wurde. Heutzutage ist das einfach unmöglich, wenn
man nicht der ganzen modernen Kunstentwickelung einen Schlag
ins Gesicht versetzen will.

Es läßt sich ja nicht läugnen, daß die Schüler durch die Lektüre des Laokoon, mag sie betrieben werden, wie sie wolle, abgesehen von der formalen Bildung ein gewisses Interesse für Fragen der Kunst bekommen. Und ich will zugeben, daß bei der bisherigen Vernachlässigung des Zeichenunterrichts diese Anregung bis zu einem gewissen Grade willkommen war. Aber es fragt sich doch, ob dieser Vorteil im Stande ist, die Nachteile, die ich erwähnt habe, vergessen zu machen. Wenn man dem Schüler durch Lektüre ein gewisses Interesse für bildende Kunst mitteilen will, warum wählt man dazu gerade eine Schrift, deren Inhalt im Lichte der modernen Kunstanschauungen zum großen Teil als verfehlt bezeichnet werden muß? Heißt das die Liebe und Verehrung für die Klassiker unserer Litteratur fördern, daß man von ihren Schriften gerade diejenigen lesen läßt, die einer sachlichen Kritik am wenigsten Stand halten? Lessings formale dialektische Vorzüge kann der Primaner auch an der Hamburgischen Dramaturgie genügend kennen lernen, und um ihn über die bildende Kunst zu belehren, giebt es andere neuere Bücher — ich nenne nur Fechners Vorschule der Ästhetik — die dazu geeigneter sind, wenn man es nun einmal für nötig halten will, daß er durch Bücher über eine Sache aufgeklärt werde, die er viel besser aus eigener praktischer Übung kennen lernen kann. Kunst lernt man nicht mit den Ohren, sondern mit den Augen, nicht durch lesen und hören, sondern durch sehen und schaffen. Wir wollen keine Abiturienten, die über Kunst schwatzen können, die eine Reihe von Zahlen und Namen aus der Kunstgeschichte auswendig wissen und bei jeder Gelegenheit Lessingsche Phrasen zitiren, sondern solche, die ein lebendiges Gefühl für Kunst haben, das Wesen des künstlerischen Schaffens aus eigener Praxis kennen.

Der Zeichenunterricht.

So bliebe denn als der eigentliche Kern des Kunstunterrichts auf dem Gymnasium das Zeichnen übrig. In der That fällt dem Zeichenunterricht die wichtigste Aufgabe bei der künstlerischen Erziehung der Jugend zu. Freilich nicht in der Form, in der er bisher betrieben wurde, sondern in einer neuen, wie sie sich erst nach einer gründlichen inneren und äußeren Reform dieses Unterrichtszweiges herausbilden kann.

Die Überzeugung, daß der Zeichenunterricht an unseren Gymnasien reformirt werden müsse, ist in weiten Kreisen lebendig, wenn man auch freilich über die Art und Weise, wie das zu geschehen habe, noch keineswegs einig ist. In Baden und Hessen hat man schon bemerkenswerte Versuche einer Reorganisation desselben gemacht, aber im übrigen Deutschland finden wir dazu kaum die ersten Anfänge. Das liegt daran, daß die entscheidenden Persönlichkeiten, deren Urteil für die Unterrichtsverwaltungen hauptsächlich maßgebend sein würde, Gymnasialdirektoren und Provinzialschulräte, in den meisten Fällen ihre Jugendbildung in einer Zeit erhalten haben, wo man dem Zeichenunterricht entweder gar keine Bedeutung beimaß oder ihn nach verkehrten Grundsätzen betrieb, daß sie sich folglich ein eigenes Urteil über den Wert dieses Unterrichtszweiges nicht bilden können.

Das hat sich recht deutlich auf der Dezemberkonferenz des Jahres 1890 gezeigt, deren Beratungen der neuen Schulreform zu Grunde gelegt worden sind. Obwohl es unter den Teilnehmern derselben nicht an Männern fehlte, die vom Standpunkt der Technik, der Naturwissenschaften und der Kunst, endlich auch der allgemeinen Pädagogik, eine bedeutende Vermehrung des Zeichenunterrichts verlangten, wurden sie doch überstimmt, weil die Mehrzahl der Versammelten diesem Unterrichtszweige ziemlich indifferent gegenüberstand. Und dieses Resultat erklärt sich um so eher, als selbst diejenigen, die dem Zeichnen prinzipiell gewogen waren, sich durch das Schreckgespenst der Überbürdung abhalten ließen, ihre als richtig erkannten Forderungen in vollem Maaße aufrecht zu erhalten. So ist denn thatsächlich die Reform, die man auf Grund dieser Konferenz erhoffte, in den Anfängen stecken geblieben. Man hat zwar die klassischen Sprachen etwas zurückgedrängt und dafür Deutsch und Turnen mehr in den Vordergrund geschoben, aber man hat dem Zeichnen den Aschenbrödel-Platz gelassen, den es seit undenklichen Zeiten einnimmt.

Ehe wir auf das Einzelne eingehen, wird es nötig sein, sich über den Zweck des Zeichenunterrichts auf dem Gymnasium zu verständigen. Dieser ergibt sich aus dem doppelten Zweck der Er-

ziehung überhaupt, nämlich den Menschen zu einem gleichzeitig
nützlichen und glücklichen Mitgliede der menschlichen Gesellschaft zu
machen. Danach muß auch der Zeichenunterricht einen doppelten
Zweck haben. Einmal muß er ein Bestandteil der berufsmäßigen
Ausbildung sein, insofern der Schüler in seinem späteren Leben
das Zeichnen braucht, dann aber muß er der allgemeinen Bildung
dienen, d. h. den Schüler zur ästhetischen Genußfähigkeit erziehen.

Ob das Gymnasium überhaupt eine berufsmäßige Ausbildung
für die Gebiete der Kunst und Technik zu geben habe, darüber
kann man ja streiten. Vom idealen Standpunkt hat man mit
einem gewissen Rechte gesagt, daß das Gymnasium keine Aller=
weltsschule sein könne, sondern seinen Charakter als Gelehrtenschule
wahren müsse. Aber mit den bestehenden Verhältnissen verträgt
sich dieses Ideal leider nicht. So lange wir mit der Thatsache zu
rechnen haben, daß es in Preußen über 150 Städte giebt, die
keine Bürgerschule, sondern nur ein Gymnasium haben, so lange
es statistisch nachgewiesen ist, daß ²/₃ unserer Gymnasiasten vor
Absolvirung des Gymnasiums in das gewerbliche oder künstlerische
Leben übertreten, so lange das humanistische Gymnasium unseren
technischen Hochschulen immer noch eine große Zahl von Abiturienten
zuführt, so lange unsere Künstler in ihrer Jugend zum großen Teil
eine wenn auch nur unvollständige Gymnasialbildung erhalten,
kann sich das Gymnasium der Aufgabe nicht entziehen, alle die=
jenigen elementaren Kenntnisse und Fertigkeiten in seinen Lehrplan
aufzunehmen, ohne die ein Schüler eine von den genannten Berufs=
arten schlechterdings nicht ergreifen kann. Da der Gymnasiast sich
frühestens in der Sekunda, der Regel nach aber erst in der Prima
für einen bestimmten Beruf entscheidet, ist es die unabweisbare
Pflicht des Gymnasiums, ihm durch eine möglichst allseitige Ent=
wicklung seiner Kräfte den Weg zu all den Berufsarten offen zu
halten, die er nach Lage der Verhältnisse überhaupt noch ergreifen
kann. Ob diese Schulgattung auf die Dauer eine so vielseitige Auf=
gabe zu erfüllen im Stande sein wird, haben wir hier nicht zu unter=
suchen. Genug daß sie sie gegenwärtig, d. h. so, wie die Verhält=
nisse augenblicklich liegen, thatsächlich erfüllen muß.

Nun ist aber doch klar, daß nicht nur für den Maler und
Bildhauer, sondern auch für den Architekten, den Ingenieur, den

Maschinentechniker eine von Jugend auf betriebene technische Übung im Zeichnen gradezu eine Existenzbedingung ist. Es ist doch wahrlich kein Übergriff in die sachliche Bildung, wenn das Gymnasium die Fertigkeit zu zeichnen, denn darum handelt es sich zunächst, dem Schüler durch Unterricht mitzuteilen sucht. Das übereinstimmende Urteil aller späteren Künstler und Techniker, die in ihrer Jugend Gymnasien besucht haben, geht nun aber dahin, daß der Zeichenunterricht, den ihnen das Gymnasium geboten hat, vollkommen ungenügend war, daß sie die Sprache der Kunst und Technik als Schüler nicht einmal in ihren Anfangsgründen genügend kennen gelernt haben. Wer vom Gymnasium auf eine Kunstakademie oder eine technische Hochschule übergeht, hat noch allemal vollständig umlernen müssen. Die einfachsten technischen Handgriffe, die Fähigkeit des künstlerischen Skizzirens, die klaren Begriffe vom Wesen der Kunst, alles das hatte ihm das Gymnasium nicht mitgeteilt. Ja die Sache liegt thatsächlich noch viel schlimmer. Knaben, welche die Absicht haben, Künstler oder Techniker zu werden, besuchen den Zeichenunterricht auf dem Gymnasium häufig gar nicht, um sich auf privatem Wege wenigstens eine einigermaßen angemessene technische Vorbildung für ihren Beruf anzueignen. Wie oft hört man von späteren Künstlern, daß sie als Schüler im Zeichnen vollkommen ungenügende Zeugnisse bekommen, daß ihre Lehrer ihnen jedes Talent abgesprochen, sie gradezu aus der Zeichenstunde herausgetrieben haben! Sind das Verhältnisse, die man auf die Dauer ertragen kann?

Nun wird ja mancher erwidern: Ein solcher Knabe gehe auf eine Realschule oder auf ein Realgymnasium. Aber es gibt deren nicht überall, und selbst wenn es sie gäbe, würde damit in den meisten Fällen wohl die Quantität, nicht aber die Qualität des Unterrichts eine andere sein.

Aber wir wollen selbst einmal den Fall setzen, das Gymnasium wäre thatsächlich, was es ursprünglich war, und was viele auch jetzt wieder aus ihm machen möchten, eine Gelehrtenschule. Würde dann das Zeichnen etwa weniger zur Berufsbildung der Schüler gehören? Man denke sich nur einen Mediziner oder Naturwissenschaftler oder einen Archäologen oder Kunsthistoriker, der nicht zeichnen kann! Ich werde in dem Abschnitt über die Universitäten

noch) ausführlicher darauf einzugehen haben, für welche Fächer des
Universitätsstudiums das Zeichnen gradezu unentbehrlich ist. Hier
will ich mich mit dem Hinweis auf die Urteile kompetenter Universitätsprofessoren begnügen, die der Ansicht sind, daß unsere
Gymnasialbildung bisher in dieser Beziehung eine klaffende Lücke
aufweist. So hat, um nur einige Beispiele anzuführen, der Mediziner Virchow auf der Dezemberkonferenz die Thatsache festgestellt,
„daß jede neue Generation von Studirenden weniger geschult ist,
ihre Sinne zu gebrauchen", daß „die Fähigkeit der Beobachtung,
welche dem natürlichen Menschen innewohnt, durch die gegenwärtige
Art des Unterrichts geschwächt wird". So hat der verstorbene
Anatom A. Ecker in Freiburg dem Geheimen Oberschulrat Wagner
in Karlsruhe versichert, daß die meisten Studirenden der Anatomie
die feineren Ansatzflächen der Knochen überhaupt nicht sehen, „da
ihr Auge durchaus ungeübt ist für feinere Anschauung". So besitzen wir eine briefliche Äußerung des Chirurgen Esmarch, wo-
nach „die ohne Zweifel zur allgemeinen Bildung gehörige Fähigkeit, seinen Gedanken auch durch den Zeichenstift einen einigermaßen
genügenden Ausdruck zu geben, den meisten Abiturienten der
Gymnasien zu fehlen scheint". So tadelt der Chemiker Lothar
Meyer an den Gymnasialabiturienten den „Mangel an Übung
in der sinnlichen Wahrnehmung und Auffassung von Dingen und
Erscheinungen".

Jeder Kunsthistoriker wird mit seinen Zuhörern ähnliche
Erfahrungen gemacht haben. Es fehlt nach meinen Beobachtungen
den meisten unserer Studenten nicht nur die Fähigkeit der genauen
Formenauffassung, sondern überhaupt der Wille, zu sehen, die
Dinge genau ins Auge zu fassen. Es ist unglaublich, welche Mühe
es kostet, Hörer kunsthistorischer Vorlesungen zu einem genauen
Betrachten der während des Vortrags vorgelegten Photographien
u. s. w. zu veranlassen. Sie wollen immer nur hören, immer
nur schreiben. Sie wenden den Blick nicht vom Hefte. Das Bedürfnis einer eingehenden Betrachtung der Kunstwerke, über die
geredet wird, ist ihnen vollkommen fremd. Lesen und Schreiben
sind die ihnen geläufigen Formen der geistigen Arbeit. Da sie
meistens von der Geschichte, Theologie oder Philologie herkommen,
ist ihnen überhaupt die Erkenntnis gar nicht aufgegangen, daß es

auch wissenschaftliche Thatsachen gibt, die man nur mit den Augen
ermitteln kann. Sie glauben, wie ein geistreicher Maler einmal
von den Berlinern gesagt hat, daß man Bilder mit den Ohren
betrachten könne. Und das sind immer noch diejenigen, die kunst=
historische Vorlesungen hören, also doch ein gewisses Interesse für
Kunst haben. Wie muß es da erst mit der großen Masse derer
stehen, bei denen das nicht der Fall ist?

Und was bringen erst die meisten Gymnasialabiturienten
von Vorkenntnissen und Begriffen von Kunst auf die Universität
mit? Ich antworte: Nichts oder so gut wie nichts. Sie können
keine gotische Kirche von einer romanischen, keinen Kupferstich von
einem Holzschnitt, kein Aquarell von einem Ölbild unterscheiden.
Und wenn sie es selbst können, so haben sie doch nicht die Vor=
kenntnisse, um den Unterschied in Worte zu fassen. Es fehlt ihnen
jeder klare Begriff von dem Wesen der Kunst. Sie sehen in den
Kunstwerken nicht das, worauf es ankommt, und die Fähigkeit,
sich in die Intentionen eines Künstlers zu versetzen, ist bei ihnen
meistens in sehr geringem Grade ausgebildet.

Man kann also wirklich, selbst als prinzipieller Freund der
Gymnasien, sich der Überzeugung nicht verschließen, daß diese
Schulgattung für die Ausbildung der Anschauung und zwar ins=
besondere der künstlerischen Anschauung bisher zu wenig gethan,
daß sie selbst als Gelehrtenschule ihre Aufgabe, auf das Univer=
sitätsstudium vorzubereiten, nur in ungenügender Weise erfüllt hat.

Aber das ist erst die eine Seite der Sache, nämlich die der
Erziehung zu einem bestimmten Berufe. Die andere Seite ist die
der allgemeinen Bildung. Wenn die Schule wirklich, wie wir ge=
sehen haben, den Zweck hat, die Menschen nicht nur tüchtig und
nützlich, sondern auch glücklich, auch genußfähig zu machen, so ist
die Kunst gradezu eines der ersten und wichtigsten Gebiete, die
sie zu kultiviren hat. Denn die Fähigkeit des künstlerischen Ge=
nusses, die dem Menschen schon von Kindheit auf eigen ist, bietet
ihm auch später die edelste und schönste Form der Erholung. Jeder
Kunstfreund wird das bestätigen, und grade in einer Zeit, wo die
materiellen Genüsse so verführerisch an unsere Jugend herantreten,
wo wir auf der einen Seite das Streben nach schrankenlosem Lebens=
genuß, auf der anderen einen öden und unfruchtbaren Pessimismus

finden, sollte man ein Genußmittel dieser Art der Jugend nicht
nur nicht vorenthalten, sondern gradezu mit Gewalt aufdrängen.

Man hat sich seit langer Zeit gewöhnt, in dem Kampfe
um die Gymnasialreform den Gegensatz zwischen humanistischen
und naturwissenschaftlichen Fächern in den Vordergrund zu stellen.
Das war auch bis vor kurzem berechtigt, weil man dabei von einem
fundamentalen Gegensatz unseres ganzen geistigen Lebens ausging.
Seit einiger Zeit aber ist zu diesen beiden Seiten unserer höheren
Bildung noch eine dritte getreten, und diese wird charakterisirt
durch die beiden Worte: Kunst und Können. In der That kann
man die auf dem Gymnasium vertretenen Lehrfächer am passend=
sten in drei Gruppen einteilen: humanistische Fächer (oder besser
Geisteswissenschaften) realistische Fächer (oder besser Naturwissen=
schaften und Mathematik) und Fächer der Kunst und des Könnens.
Zu den letzteren rechnen wir: Schreiben, Zeichnen, Singen, Turnen,
Turnspiele und in Zukunft auch Handarbeit. Die bisherige Ent=
wicklung lief darauf hinaus, den Naturwissenschaften eine größere
Pflege neben den Geisteswissenschaften zu gewähren. Die nächste
Reform wird darin bestehen, daß auch die Fächer der Kunst und
des Könnens in derselben Weise bedacht werden. Ein Anfang da=
zu liegt schon vor, indem das Turnen, das bisher nicht obliga=
torisch war, mit 3 wöchentlichen Stunden durch das ganze Gym=
nasium hindurch obligatorisch gemacht worden ist, indem der Zeichen=
unterricht eine wenn auch geringe Vermehrung erfahren hat. Damit
sind die Fächer des Könnens und der Kunst im ganzen auf eine
wöchentliche Stundenzahl von 43 durch das ganze Gymnasium
gebracht worden, während die beiden anderen Gruppen zusammen=
genommen eine Stundenzahl von 240 aufweisen. Noch immer ist
also hier von einem Ausgleich nicht die Rede, selbst wenn man
von einer vollen Gleichberechtigung, um die es sich ja nicht
handelt, ganz absieht. Aber es wird die Zeit kommen, wo dieser
Ausgleich stattfindet. Und er wird besonders stattfinden durch
weitere Vermehrung des Zeichenunterrichts und fakultative Ein=
führung des Handarbeitsunterrichts.

In Bezug auf das Maß, in welchem der Zeichenunterricht
auf dem Gymnasium zu pflegen sei, gehen die Meinungen so weit
auseinander, wie das bei ein und derselben Sache nur immer

möglich ist. Den extremsten Standpunkt in der Verneinung nimmt
wunderbarer Weise ein Anhänger der „neuen deutschen Schule",
Gymnasialdirektor Schmelzer in Hamm ein, der in seiner „Träumerei
über das Gymnasium des zwanzigsten Jahrhunderts" den Zeichen=
unterricht überhaupt, auch in den unteren Klassen, zum fakul=
tativen Unterricht degradiren will, weil sein Erfolg in Sexta, Quinta
und Quarta „mehr denn fragwürdig" sei. Auf dem entgegengesetzten
Flügel stehen z. B. die Direktoren Frick in Halle und Karl Böttcher
in Königsberg i Pr., die ihn mit zwei wöchentlichen Stunden in
allen Klassen des Gymnasiums obligatorisch machen möchten. Zwischen
diesen beiden Extremen ist jede nur denkbare Zwischenstufe vertreten.
Der eine empfiehlt den obligatorischen Unterricht bis zur Quarta,
der andere bis zur Tertia, der dritte bis zur Sekunda, der vierte
bis zur Unterprima. Alle diese Zwischenstufen waren auf der
Berliner Schulkonferenz zu finden, und es war ganz logisch und
ein einfaches Rechenexempel, wenn die Mehrheit derselben sich
schließlich dahin einigte, den Zeichenunterricht bis zur Untersekunda
einschließlich obligatorisch zu machen. Aber selbst dieser Vorschlag
schien dem Siebenerausschuß noch zu extrem, und so ist denn in
den neuen Lehrplänen der Abschluß des obligatorischen Zeichen=
unterrichts in die Obertertia verlegt worden.

Man fragt sich, was denn in aller Welt dazu geführt haben
kann, einen Unterrichtszweig, dessen Kenntnis fast für jeden Beruf
unentbehrlich ist, der einen notwendigen Bestandteil der allgemeinen
Bildung ausmacht, der für die Entwicklung des Gesichtssinnes und
vor allem der künstlerischen Genußfähigkeit so wichtig ist, nur bis
zum 14. Jahre obligatorisch zu machen, von da an aber dem Be=
lieben des Schülers oder seiner Eltern zu überlassen. Es sind
dafür, soviel ich sehe, nur zwei Gründe ins Feld geführt worden,
erstens die Gefahr der Überbürdung, zweitens die geringe künst=
lerische Begabung der meisten Schüler.

Was den ersten Grund betrifft, so konnte nach meiner Über=
zeugung von einer Überbürdung der Gymnasiasten bisher nur in=
sofern die Rede sein, als die Art und Weise der Arbeit, die ihnen
zugemutet wurde, eine zu einseitige war. Sowohl die humanisti=
schen als die realistischen Fächer des Gymnasiums erfordern eine
vorwiegend rezeptive Thätigkeit. Ein ausgedehnter Lernstoff ist

zu bewältigen, das Wissen von Thatsachen, Daten, Namen, Formeln
u. s. w. spielt eine wesentliche Rolle. Ich finde es durchaus in
der Ordnung, daß dieses allerdings unvermeidliche, aber doch in
der Übertreibung gefährliche Lernen durch die neuen Lehrpläne
mö lichst eingeschränkt worden ist, daß diejenigen Stunden, die
dieser Art der geistigen Thätigkeit gewidmet waren, möglichst an
Zahl vermindert worden sind.

Aber dieser Gesichtspunkt findet auf die Fächer des Könnens
und der Kunst keine Anwendung. Singen, Zeichnen, Turnen und
Handarbeit sind Unterrichtszweige, durch die in erster Linie die
Thatkraft und die schöpferische Produktion eine Ausbildung finden
sollen. Bei ihnen wird nicht in erster Linie rezipirt, gelernt, regi-
strirt, sondern gewirkt, ausgegeben, geschaffen. Sie bilden deshalb
die naturgemäße und für eine gesunde Entwicklung der Jugend
notwendige Ergänzung zu den Fächern des Wissens. Sie stehen
den beiden anderen Klassen der Unterrichtszweige als geschlossene
Gruppe gegenüber, die schlechterdings mit ihnen nicht in einen
Topf geworfen werden darf. Von Überbürdung kann doch nur
da die Rede sein, wo der Schüler in einer einseitigen Richtung über-
anstrengt wird. Fächer, die zu einem Ausgleich der geistigen Thätigkeit dienen, deren Pflege gleichsam eine Erholung und Erfrischung
nach der rezeptiven Arbeit bedeutet, kommen bei der Überbürdungs-
frage nicht in Betracht.

Freilich die Art und Weise, wie der Zeichenunterricht gegenwärtig in der Regel betrieben wird, scheint dieser Auffassung zu
widersprechen. In dem ganz verfehlten Streben, ihn den anderen
Gymnasialfächern gleichzustellen, ihm eine analoge Bedeutung wie
den gelehrten Fächern zu verleihen, haben seine Vertreter ihm vielfach gradezu einen gelehrten Charakter geben wollen. Man hat
sich bemüht, das Zeichnen möglichst der Mathematik anzunähern,
gradezu eine angewandte Mathematik daraus zu machen. Man
hat es dem Sprachunterricht möglichst gleich zu stellen gesucht.
Das Zeichnen soll eine „Sprache", eine „Grammatik" sein, die
vor allen Dingen gelernt, mit dem Verstande aufgefaßt werden
muß. Zeichnen ist in den Augen dieser Leute kein Können, sondern
ein Wissen. Im Schweiße seines Angesichts soll das Kind zeichnen

lernen. Wehe dem, der das Zeichnen als Fertigkeit oder als
technisches Fach bezeichnet!

Nun gut, die Unterrichtsverwaltung hat die Konsequenzen
aus diesen Theorien gezogen. Ein Fach, das sich selbst in eine Linie
mit den Fächern des Wissens stellt, das nach dem eigenen Ge=
ständnis seiner Vertreter nichts anderes will, als was diese wollen,
für das hat man bei der Fülle des auf dem Gymnasium zu be=
wältigenden Stoffes keine Zeit übrig. Es war darum selbstver=
ständlich, daß man auf der Konferenz die Furcht vor Über=
bürdung, wie sie vielfach bestand und besonders von der Militär=
verwaltung betont wurde, grade zum Schaden dieses Unterrichts=
zweiges geltend machte, der einerseits vollkommen zu den Fächern
des Wissens gerechnet, andererseits von seinen Verteidigern nur in
lauer Weise vertreten wurde. Hätten die Zeichenlehrer statt dessen
den künstlerischen Charakter ihres Faches mehr betont, seine sinn=
liche Eigenart, kurz seinen Gegensatz zu den gelehrten Fächern mehr
hervorgehoben, so würden sie vielleicht bei Gelegenheit dieser Reform
erreicht haben, worauf sie jetzt wieder Jahrzehnte lang werden
warten müssen.

Ganz anders hat man es mit dem Turnen gehalten. Die
Turnstunden wollte man von vorn herein vermehren. Und damit
man trotzdem bei der Abmessung der wöchentlichen Stundenzahl
nicht über ein gewisses Maß hinauskäme, erfand man einen sehr
einfachen Ausweg, man erklärte sie nämlich (ebenso wie die Sing=
stunden) für solche, „die als eigentliche Unterrichtsstunden nicht
zu rechnen sind". Es ist aber schlechterdings nicht abzusehen,
warum dasselbe nicht auch für die Zeichenstunden gelten soll.
Allerdings werden diese nicht im Freien, sondern in der Schulstube
zugebracht. Allerdings werden dabei nicht die Muskeln und die
Lunge, sondern Auge und Hand ausgebildet. Aber das ist doch nur
ein äußerlicher Unterschied. Ihrem inneren Wesen nach gehören sie
als Stunden des Könnens durchaus zu den Sing= und Turnstunden.
Sie sollen nicht den Verstand und das Gedächtnis, sondern die
sinnliche Wahrnehmung und als Gefühl ausbilden. Sie sollen nicht
das Wissen vermehren, sondern die manuelle Geschicklichkeit entwickeln.
Nicht der Gelehrsamkeit sollen sie dienen, sondern sie nach der
ästhetischen Seite hin ergänzen. Ich meinerseits habe als Gym=

nasiast in der Zeichenstunde immer das Gefühl gehabt, daß es sich
dabei nicht um eine Überbürdung, sondern nur um eine Erholung,
eine Abspannung von dem einseitig gelehrten Unterricht, um eine
Erneuerung und Erfrischung der geistigen Kräfte handele.

Der zweite Grund, den man gegen eine Vermehrung der
Zeichenstunden angeführt hat, ist der, daß die Begabung dafür
nur bei verhältnismäßig wenigen Schülern vorhanden sei, und daß
dementsprechend auch die Erfolge dieses Unterrichts im Durchschnitt
nur geringe sein könnten. Was es mit der Begabung auf sich hat,
haben wir gesehen. Wenn wirklich die künstlerische Phantasie einer
der wesentlichsten Triebe des kindlichen Seelenlebens ist, so kann
man nicht von einer mangelnden Kunstbegabung der meisten Menschen,
sondern höchstens von einer frühen Vernachlässigung des künst=
lerischen Triebes reden. Daß die Erfolge des jetzigen Zeichen=
unterrichts sehr gering sind, will ich durchaus nicht bestreiten.
Daraus folgt aber in meinen Augen nicht, daß derselbe überhaupt
nicht obligatorisch zu machen sei, sondern im Gegenteil, daß er
vermehrt und besonders energisch betrieben werden müsse. Vor
allen Dingen folgt daraus, daß die gegenwärtig herrschende oder
besser gesagt von sehr vielen Zeichenlehrern angewandte Methode
nicht die richtige ist. Aber freilich, dies zu beurteilen reichte wieder
die Kenntnis der Gegner des Zeichenunterrichtes nicht aus, und
so ist denn ohne Zögern das Verdammungsurteil über einen Unter=
richtszweig ausgesprochen worden, an dem man von Rechtswegen
nur den beschränkten und verkehrten Betrieb hätte tadeln sollen.

Und dabei nimmt Preußen in der Pflege des Zeichenunter=
richts unter den deutschen Staaten gegenwärtig immer noch eine
der ersten Stellen ein. Den wöchentlich 8 Stunden obligatorischen
Zeichenunterrichts in Preußen stehen zwar in den Großherzogtümern
Baden und Hessen 10 und 8, dagegen in Württemberg (seit 1891)
und Sachsen=Weimar nur 6, im Königreich Sachsen, in Bayern und
Elsaß=Lothringen gar nur 4 Stunden gegenüber. Bayern kannte
bis vor kurzem einen Zeichenunterricht am Gymnasium überhaupt
nicht, und in Württemberg, das sich um die Reform des gewerb=
lichen Zeichenunterrichts so verdient gemacht hat, gab es bis zum
Jahre 1891 überhaupt nur fakultativen Zeichenunterricht.

Über den Wert des fakultativen Zeichenunterrichts giebt sich

gewiß keine Unterrichtsverwaltung einer Täuschung hin. Sein
Besuch wird einfach von der Art und Weise abhängen, wie der
obligatorische Zeichenunterricht in den unteren Klassen betrieben
wird. Wenn der Schüler, wie es jetzt meistens der Fall ist, in
den unteren Klassen des Gymnasiums überhaupt nicht über die
Stufe der grad- und krummlinigen Figuren, der nichtssagenden
Flächenornamente hinauskommt, so wird er niemals so viel Freude
an diesem Unterrichtszweige haben, daß er sich entschlösse, ihn in
den mittleren und oberen Klassen freiwillig weiter zu besuchen.
Er ist ja bis zur eigentlichen Kunst überhaupt nicht vorgedrungen.
Was er gelernt hat, ist ja nur angewandte Raumlehre und etwas
Ornamentik gewesen. Wie soll ihn da sein künstlerisches Bedürfnis
treiben, einen solchen Unterricht später noch fortzusetzen?

Dazu kommt die Persönlichkeit des Lehrers. In vielen
Fällen ist der Zeichenlehrer ein Mann, der weder durch seine all-
gemeine Bildung noch durch seine pädagogischen Gaben besonders
imponiren kann. Was soll den Schüler veranlassen, sich seiner
Führung noch nach dem 15. Jahre anzuvertrauen?. In meiner
Zeit (Anfang der 70er Jahre) war es selbst an den Gymnasien,
wo die Möglichkeit, fakultativen Unterricht zu nehmen, bestand,
allgemein Sitte, das Zeichnen mit dem Schluß des obligatorischen
Unterrichts aufzugeben. Und wenn ein Schüler aus besonderen
Gründen das Bedürfnis fühlte, auch in der Sekunda und Prima
Zeichenunterricht zu nehmen, so ging er sicher nicht zu dem Zeichenlehrer des Gymnasiums, sondern zu einem Privatlehrer. Das
scheint auch jetzt noch, wenigstens in Norddeutschland, die Regel
zu sein. Mehrere meiner Zuhörer haben mich versichert, daß ihnen
überhaupt der Gedanke gar nicht gekommen wäre, den fakultativen
Unterricht in den oberen Klassen zu besuchen. Ihre Mitschüler
würden sie einfach ausgelacht haben, wenn sie sich der pedantischen
Quälerei, der sie in den unteren Klassen ausgesetzt gewesen wären,
auch später noch freiwillig hätten unterwerfen wollen. Man kann
also in den meisten Fällen den fakultativen Unterricht einfach als
nicht vorhanden ansehen.

Es besteht somit die Thatsache, daß selbst auf den in dieser
Beziehung am besten eingerichteten Gymnasien Deutschlands das
Zeichnen der Regel nach nur bis zum 15. Jahre betrieben wird.

7

Es fallen also dabei gerade diejenigen Jahre aus, die für die geistige Entwickelung des Knaben die wichtigsten sind, in denen sich vorzugsweise das höhere ästhetische Empfinden entwickelt, eine etwaige Gabe künstlerischer Produktion bemerkbar macht. Gewiß wird sich das Genie durch solche Hindernisse nicht in der Entwicke= lung aufhalten lassen. Unsere großen Maler haben ja selbst den Zeichenunterricht des Gymnasiums glücklich überstanden. Aber der durchschnittlich Begabte, dem das Zeichnen nur zur Steigerung seiner rezeptiven Genußfähigkeit, zur Ausbildung seiner Anschauung dienen sollte, muß notwendig ein Opfer solcher Einrichtungen werden.

Vor allen Dingen hat man sich bei dieser Einschränkung des Zeichenunterrichts eines nicht überlegt. Wenn wirklich das Zeichnen eine technische Fertigkeit ist, die fast Jeder im späteren Leben braucht, wenn wirklich scharfe und lebendige Auffassung, künstlerische Genuß= fähigkeit zur allgemeinen Bildung gehören, so muß doch offenbar ein solches Fach durch das ganze Gymnasium obligatorisch gemacht werden. Will man dagegen das Schlagwort: „Turnen und Singen läßt sich nicht zwingen" geltend machen, will man das Zeichnen wirklich für eine Gabe erklären, die nur wenigen ver= liehen sei, für eine Privatsache einiger besonders bevorzugter Individuen, wozu hat man es dann überhaupt in den Unterrichts= plan der Gymnasien aufgenommen? Was hat der Staat für ein Interesse daran, daß seine späteren Diener als Knaben irgend eine persönliche Liebhaberei pflegen? Fällt es uns denn etwa ein, unsere Knaben von Staatswegen Violine spielen oder Flöte blasen zu lehren? Gehört das Zeichnen wirklich zu diesen künstlerischen Liebhabereien, nun gut, dann weg damit vom Gymnasium. Denn für die private Ergötzung der Schüler hat eine Schule, an die so viele verschiedenartige Anforderungen wie an das Gymnasium ge= stellt werden, keinen Platz übrig.

Gewiß ist das Interesse und das Geschick für diesen Unter= richtszweig verschieden. Es giebt Knaben, die schon sehr früh eine gewisse zeichnerische Fertigkeit zu erlangen wissen, und solche, denen das erst verhältnismäßig spät gelingt. Ich will zugeben, daß nicht mangelhafte Jugenderziehung allein, sondern auch thatsächlich ver= schiedene Begabung die Schuld an solchen Fällen trägt. Aber ist denn diese Verschiedenheit der Begabung nicht in allen Fächern

vorhanden? Glaubt man denn im Ernst, daß ein Knabe mit
der Begabung, mathematische Gleichungen zweiten Grades zu lösen
oder die Feinheiten der griechischen Syntax zu verstehen, auf die
Welt käme? Ich behaupte kühnlich, daß die spezifisch mathematische
Begabung im ganzen sehr viel seltener anzutreffen ist als die
künstlerische. Der Unterschied ist nur der, daß in allen anderen
Fächern der Knabe langsam und stufenweise, lückenlos und streng
zum Verständnis der höheren Stufen erzogen wird, während man
beim Zeichnen immer wieder in das längst überwundene roman=
tische Vorurteil verfällt, daß alles, was mit Kunst zusammenhängt,
gleich von vorn herein, in Folge einer genialen Begabung, vor=
handen sein müsse.

Schlimmer noch als der zu frühe Schluß ist der zu späte
Anfang des Zeichenunterrichts. Wir haben oben S. 73 die Gründe
kennen gelernt, die es notwendig machen, den Zeichentrieb so früh
wie irgend möglich in bestimmte Wege zu leiten. Wir gingen
dabei zwar nicht so weit wie Fröbel, der schon Kinder von 3½
bis 4 Jahren zum Zeichnen anhalten wollte. Aber wir erklärten
es für selbstverständlich, daß der Zeichentrieb wenigstens vom ersten
Schuljahr an systematisch ausgebildet werden müsse. Und wie
steht es nun in Wirklichkeit damit an unseren Gymnasien? In
Preußen wurde bis zum Erscheinen der neuen Lehrpläne der Unter=
richt schon in der Serta begonnen, wenn er auch freilich nur bis
zur Quarta einschließlich fortgeführt wurde. Die neuen preußischen
Lehrpläne von 1891 dagegen haben ihn in der Serta gestrichen,
was „durch den erfahrungsmäßig geringen Erfolg dieses Unter=
richts auf dieser Stufe gerechtfertigt" wird. In Bayern, Sachsen
und Elsaß=Lothringen wird ebenfalls in der Serta, in Württem=
berg sogar in den beiden untersten Klassen kein Zeichenunterricht er=
teilt. Nur in Baden und Hessen wird schon in der Serta der
Anfang gemacht. In den Vorschulen wird der Regel nach gar
nicht gezeichnet.

Man mache sich einmal klar, was das bedeutet. Der Trieb,
allerlei Formen auf eine Fläche zu kritzeln, erwacht, wie wir ge=
sehen haben, meistens schon im dritten oder vierten Jahre. Er
nimmt in der Regel schon vor dem schulpflichtigen Alter eine be=
stimmte Richtung auf die Gegenstände der Umgebung an und

7*

verbindet sich mit einem künstlerischen Illusionsspiel. Dieser Trieb
wird nun aber nicht nur zu der Zeit, wo er auftritt, nicht be=
nutzt, sondern er muß sogar volle 5—7 Jahre, d. h. bis zum 12.
oder 13. Jahre brach liegen. Und dann wundert man sich darüber,
daß er keine Früchte trägt, daß die Erfolge des Zeichenunterrichts
in den unteren Klassen fragwürdiger Art sind. Man mache es
nur mit dem Lesen und Schreiben ebenso, und man wird genau die=
selben Resultate erzielen.

Im Grunde sind an dieser Maßregel der Unterrichtsverwal=
tung wiederum die Zeichenlehrer schuld. Sie sind nicht müde ge=
worden, immer und immer wieder den frühen Anfang des Zeichnens,
zu bekämpfen, den Beginn frühestens im 9., spätestens im 12. Jahre
als das richtige hinzustellen. Sie haben vor allen Dingen, und
das ist noch wichtiger, eine Methode ausgebildet, die allerdings den
Erfolg in den unteren Klassen vollkommen in Frage stellen
mußte. Wie mag man auch einem Knaben von 6—12 Jahren
zumuten, jahrelang nichtssagende geometrische Figuren aufs Papier
zu stümpern! Wie mag man in einer Zeit, wo die Auffassung
für die Natur so lebhaft entwickelt ist, wie in diesem Alter, dem
Schüler die Idee beibringen, daß Zeichnen, d. h. Kunst, gar nichts
mit der Natur zu thun habe! Wenn man durch die neuen Lehr=
pläne den Sextaner von dieser Plage befreien wollte, so that man
damit ein gutes Werk. Aber es giebt glücklicherweise noch Methoden,
die selbst für Knaben dieses Alters einen Unterrichtsstoff bieten,
der ihrem Verständnis und Interesse angemessen ist.

Es wäre zu wünschen, daß man sobald wie möglich wieder
zu dem alten, in Hessen und Baden bewährten System des An=
fangs in der Sexta zurückkehren, ja den obligatorischen Zeichenunter=
richt auch in den Vorschulen allgemein einführen wollte. Wird
doch sogar in den preußischen Volksschulen mit dem Zeichnen schon
im ersten Schuljahre begonnen, und der Geheimerat Lüders,
gewiß der kompetenteste Beurteiler in Dingen der künstlerischen
Erziehung des Handwerkerstandes, hat auf der Schulkonferenz aus=
drücklich bezeugt, daß man damit gute Erfahrungen gemacht habe.
Wenn es aber dem Sohne eines Bauern oder Handwerkers mög=
lich ist, schon mit 6 oder 7 Jahren die Anfangsgründe des Zeich=
nens zu lernen, so wird doch der Sohn eines Beamten oder Kauf=

manns nicht so dumm und ungeschickt sein, daß er damit bis zum
zwölften warten müßte. Dem einen Kinde eine Wohlthat der
Erziehung vorzuenthalten, die man dem anderen zu Teil werden
läßt, das wird sich doch schwerlich durch pädagogische Gründe recht=
fertigen lassen.

Wir fordern also den obligatorischen Zeichenunterricht durch
das ganze Gymnasium hindurch. Wie viele Stunden ihm wöchent=
lich zuzuweisen sind, und auf welche Tageszeit sie gelegt werden
müssen, mögen die Fachmänner entscheiden. Das Ideal würde
jedenfalls sein, wöchentlich drei Stunden, zweimal 1½, zu erlangen.
Da das aber vorläufig unmöglich sein wird, kann man sich auch
mit zweien begnügen.

Es ist lehrreich, den Verhältnissen, die auf den deutschen
Gymnasien herrschen, diejenigen gegenüberzustellen, die sich seit Durch=
führung der Reform des Zeichenunterrichts in Frankreich herausge=
bildet haben. Die Reform der künstlerischen Erziehung in Frank=
reich geht ihren Anfängen nach auf das Jahr 1851, das Jahr der
Londoner Weltausstellung, zurück. Damals war es besonders der
Graf Léon de Laborde, der den Kampf für eine vollkommene Reu=
organisation des Zeichenunterrichts aufnahm. Diese Bestrebungen
wurden in den 60er und 70er Jahren besonders von dem Bild=
hauer Eugène Guillaume fortgesetzt, der als Direktor der schönen
Künste im Unterrichtsministerium sich die größten Verdienste um
die künstlerische Erziehung des französischen Volkes erworben
hat. Aber erst seit 1879 etwa sind diese Ideen in die Wirklich=
keit übersetzt worden. Seitdem wurden in Frankreich die ener=
gischsten Anstrengungen gemacht, auch in den höheren Schulen den
Zeichenunterricht emporzubringen. Es wurden 17 Zeicheninspektoren
ernannt, denen die Aufgabe gestellt wurde, die Verhältnisse des
Zeichenunterrichts in den einzelnen Departements zu inspizieren
und über das Resultat an das Unterrichtsministerium zu berichten.
Die Berichte fielen zum großen Teil sehr ungünstig aus. „Die
Disziplin fehlte vollständig, und auf 40 Schüler einer Klasse kamen
ohne Übertreibung kaum 5 oder 6, welche zeichneten. Die anderen
thaten absolut nichts, sie arbeiteten während der Stunden an ihren
wissenschaftlichen Schulaufgaben, schliefen oder machten Lärm. Der
Zeichenunterricht war eine Art Unterricht in der Disziplinlosigkeit.

Diese schlechten Gewohnheiten haben so lange Jahre gedauert, daß man noch heutzutage Mühe hat, sie vollkommen auszurotten. Einige Gymnasialdirektoren (directeurs d'établissements d'enseignement secondaire), die allerdings immer seltener werden, waren, offenbar in Erinnerung an den Zeichenunterricht ihrer Schulzeit, in Sachen des Zeichenunterrichts skeptisch geblieben und thaten nicht das, was nötig gewesen wäre, um ihn zu einem fruchtbaren Unterricht zu machen .... Der Unterricht war in vielen Schulen fakultativ, besonders in den Collèges (die etwa unseren Gymnasien entsprechen). Wir haben große Mühe gehabt, ihn obligatorisch zu machen. Vor drei Jahren (1886) war er in dem Gymnasium von Sédan (350 Schüler) noch fakultativ. Gegenwärtig ist das kleine Gymnasium von Étain (Meuse) das einzige, bei dem dies der Fall ist." Diese Worte sind dem Bericht des Zeicheninspektors, M. Pillet, entnommen und beziehen sich auf die Verhältnisse des zweiten Bezirks. Es geht aus ihnen hervor, daß in Frankreich der obligatorische Zeichenunterricht für das Gymnasium im Prinzip längst anerkannt ist und daß man mit aller Kraft daran arbeitet, ihn auch thatsächlich überall einzuführen. Allerdings will ich gleich erwähnen, daß auch in Frankreich neuerdings durch einen Erlaß des Conseil supérieur de l'instruction publique der Zeichenunterricht von der Sekunda an (15. Jahr) fakultativ gemacht worden ist, weil — die Beteiligung in den höheren Klassen erfahrungsmäßig eine geringe sei. Aber ihn erst mit dem 11. Jahre beginnen zu lassen, ist in Frankreich bisher, soviel ich weiß, niemandem eingefallen. Nach dem Bericht, den Paul Colins bei Gelegenheit der Pariser Weltausstellung von 1889 über den Zeichenunterricht publiziert hat, wird in den französischen Lyceen und Collegien das Zeichnen schon in der Classe préparatoire, also mit 8 Jahren, begonnen und es werden ihm wöchentlich zwei Stunden gewidmet. Wir werden auch bei anderen Gelegenheiten auf die Superiorität Frankreichs in Dingen des Zeichenunterrichts hinzuweisen haben.

Ich komme zu dem wichtigsten Kapitel dieser Schrift, dem über die Methode des Zeichenunterrichts. Wenn schon die Meinungen über seinen Beginn und Abschluß so weit auseinander

gehen, wie das gegenwärtig der Fall ist, so hat man über seine
Methode bisher noch viel weniger eine Einigung erzielt. Über=
blickt man die verschiedenen Vorschläge, die allein in Deutschland
während unseres Jahrhunderts in dieser Beziehung gemacht worden
sind, so erhält man den Eindruck eines gewissen planlosen Hin=
und Hertastens, bei dem nicht jeder das Bedürfnis fühlt, sich mit
seinen Vorgängern in korrekter Weise auseinanderzusetzen und ver=
mittelnd an das Gegebene anzuknüpfen. Die größten Gegensätze
platzen schroff aufeinander, und man kann es dem gegenüber nur
für richtig halten, daß die Schulverwaltungen sich um diese teil=
weise einander vollkommen entgegengesetzten Ansichten im ganzen
wenig gekümmert, sondern die Methode langsam und von Stufe
zu Stufe weiter entwickelt haben. Aber freilich ist das Richtige
auch damit noch lange nicht erreicht worden, und es bedarf einer
erneuten Kritik der wichtigeren unter den gegenwärtig herrschenden
oder in literarischer Form vorliegenden Methoden, um aus ihnen
dasjenige herauszuschälen, was gleichzeitig der geistigen Entwicklung
des Kindes angemessen ist und unserer Kunst zum Nutzen gereichen
kann.

Ich möchte mich dabei von vorn herein gegen den Vorwurf
verwahren, als ob meine Polemik sich gegen einzelne bedeutende
Zeichenpädagogen oder Korporationen von solchen richtete. Ich
weiß sehr wohl, daß z. B. in größeren Vereinen sehr viele ver=
schiedene Ansichten vertreten sein können und speziell in diesem
Falle vertreten sind. Und deshalb vermeide ich es absichtlich,
Methoden, die von solchen Vereinen vertreten werden, in allen
Einzelheiten einer genauen Analyse zu unterziehen und in Bausch
und Bogen zu verwerfen. Jede Methode, hat irgend eine gute
Seite, und es wäre sehr verkehrt, wenn man ihre schwachen Seiten
zum Vorwand nehmen wollte, um auch jene mit zu verdammen.
Aber noch verkehrter wäre es, diese Schwächen zu verheimlichen
und dadurch die Zukunft unseres Zeichenunterrichts und unserer
Kunst zu gefährden.

Als ich und meine Altersgenossen auf das Gymnasium gingen,
war der Zeichenunterricht in einer gewissen liebenswürdig=naiven
Weise organisirt. Man fing mit graden senkrechten und wag=
rechten Strichen an, und ging dann möglichst bald dazu über,

„Bildchen" zu machen. Jedes Gymnasium besaß eine Sammlung lithographischer Vorlagen, die etwa aus der Mitte dieses Jahrhunderts stammten, Zeichnungen in Umriß und mit Schattirung, nach geometrischen Körpern, Gegenständen aus dem gewöhnlichen Leben, Bäumen, Häusern, Landschaften, Gliedern des menschlichen Körpers, antiken oder gothischen Säulenkapitellen, endlich auch — wenn es hoch kam — antiken Köpfen.

Diese Vorlagen wurden in der ungefähren Reihenfolge ihrer Schwierigkeit an die Schüler verteilt, wobei man deren Wünschen in ausgedehntester Weise entgegenkam. Wer gern Landschaften zeichnete, bekam Landschaftsvorlagen, wer an Köpfen eine größere Freude hatte, dem wurden Zeichnungen nach Köpfen gegeben. Von einem strengen systematischen Lehrgang war nicht die Rede, Projektion, darstellende Geometrie, Perspektive, Schattenlehre waren unbekannte Dinge. Man begnügte sich mit dem sorgfältigen Nachstricheln dessen, was auf der Vorlage vorgestrichelt war, bediente sich dabei zum Abmessen der Linien des Zirkels, des Papierstreifens u. s. w., legte auf glatte und hübsche Ausführung den Hauptwert. Kurz, man trieb das Zeichnen nicht, um etwas gründliches zu lernen, sondern um sich zu amüsiren, und hübsche Bilder herzustellen, mit denen man den Eltern zu Weihnachten oder zum Geburtstag eine Freude machen konnte.

Gegen diese Methode hat sich, in Deutschland sowohl wie in Frankreich, seit den 70er Jahren etwa, eine sehr heftige Agitation erhoben. Es ist besonders das Verdienst der Zeichenlehrer selbst, die Schwächen derselben nach allen Richtungen hin beleuchtet, mit allen Mitteln der Kritik bekämpft zu haben. Aber man ist dabei, wie ich glaube, zu weit gegangen. Man hat das Kind mit dem Bade ausgeschüttet. Über dem Kampf gegen die einseitig künstlerische Auffassung des Zeichenunterrichts verfiel man in das entgegengesetzte Extrem. Man löste das Zeichnen überhaupt von der Kunst los. Man drängte die wissenschaftliche Seite dieses Unterrichts in ungebührlicher Weise in den Vordergrund und machte aus der Kunst gradezu eine Wissenschaft.

Und die Folge davon? Der Zeichenunterricht ist gegenwärtig den meisten Kindern keine Freude, sondern eine Plage. Sie quälen sich ein paar Jahre mit größter Mühe durch die obligatorische

Stufe hindurch, um ihn dann, sobald diese überwunden ist, gänzlich fallen zu lassen. Sie gehen vom Gymnasium ab, ohne eine
lebendige Anschauung der Natur, ohne ein Verständnis für Kunst
erworben zu haben. Die Resultate liegen vor. Sie sind enthalten
in den Urteilen bedeutender Universitätsprofessoren über die mangelhafte sinnliche Ausbildung der Abiturienten, in den schrankenlosen
Angriffen großer Volksklassen auf das Gymnasium, in dem fortwährend zunehmenden Aussterben der dilettantischen Kunstbildung.
Sollte es nicht an der Zeit sein, das Übel an der Wurzel anzu-
fassen und, wenn es nötig ist, das ganze System auszurotten?

Ich stelle voran, was an der neuen Zeichenmethode gut und
berechtigt ist. Das ist zunächst der Kampf gegen die mechanischen
Hilfsmittel. Allerdings soll der Schüler auf dem Gymnasium
auch mit Zirkel und Lineal umgehen lernen. Aber die Benutzung
dieser Instrumente ist auf das gebundene Zeichnen zu beschränken.
Beim freihändigen Zeichnen darf er sich keiner mechanischen Hilfsmittel bedienen. Hier kommt es ja gerade darauf an, daß sein
Augenmaß geübt werde. Er soll aus freier Hand, nur mit Hilfe
seiner Augen, die Richtung und Länge der Linien, die Verhältnisse
der Formen u. s. w. bestimmen und auf das Papier übertragen.
Selbst eine nachträgliche Verwendung des Zirkels oder Papierstreifens wäre vom Übel, da sie den Schüler zur Bequemlichkeit
und Nachlässigkeit verführen würde. Es ist darum nicht ausgeschlossen, daß er sich beim Nachzeichnen durch Visiren mit dem
Bleistift, wie das jeder Künstler thut, die Sache erleichtert.
Nur die direkte Anwendung mechanischer Hilfsmittel auf dem Papier
ist verboten.

Durchaus verwerflich ist ferner, wie schon oben (S. 71) ausgeführt, das Netzzeichnen. Mag man dieses nun mit Fröbel in
philosophischer Weise durch einen Hinweis auf das „Bewußtwerden
der rechtwinkligen Beziehung der Formen zu einander", oder, den
Neueren folgend, mit der praktischen Bequemlichkeit für den Anfang
begründen, es ist nicht nur vom hygienischen Standpunkt zu verwerfen, sondern auch aus methodischen Gründen nicht zu billigen.
Das mechanische Nachfahren vorgezeichneter Linien fördert nicht das
Formenverständnis, sondern gewöhnt das Kind nur an eine äußer-
liche und mechanische Auffassung des Zeichnens.

Nicht so unbedingt möchte ich das sogenannte stigmographische Zeichnen verwerfen. Man versteht darunter die Methode, entweder über die ganze Zeichenfläche in gleichem Abstand Punkte zu verteilen, die das Kind zeichnend miteinander zu verbinden hat, oder bestimmte nachzubildende Figuren durch Angabe der wichtigeren Punkte ihres Umrisses vorzubilden und dem Kinde dadurch das Ziehen der Umrisse zu erleichtern. Das stigmographische Zeichnen ist zuerst von Harnisch (1815), dann von Platz (1818) und Hillardt (1839) ausgebildet worden. Man ließ auf den Schiefertafeln der Kinder Punkte eingraben, die diese nach Wandtafel-Vorlagen mit einander verbinden mußten. Allmählich ließ man die Punkte weg und die Figuren wurden nach dem Augenmaß gezeichnet. Hygienische Bedenken werden sich gegen diese Methode schwerlich vorbringen lassen, und ich sehe nicht ein, warum man einem Kinde auf der ersten Stufe, wo ihm das Hervorbringen des Striches an sich noch so viel Schwierigkeiten macht, das Finden der Richtung nicht in dieser Weise erleichtern soll. Allerdings wird man gut thun, dies nicht zu lange fortzusetzen, sondern, sobald die Schüler über die ersten technischen Schwierigkeiten hinaus sind, ihr Augenmaß möglichst selbständig auszubilden.

Einen ebenso gesunden Kern hat der Kampf gegen die Vorlagen. Man kann sich in der That nichts geistloseres denken, als das sorgfältige Nachstricheln dieser zum größten Teil mechanisch und unkünstlerisch ausgeführten Lithographien. Das Wesen der Malerei besteht in der Nachbildung runder Formen in der Fläche. Wenn man nun dem Knaben statt einer runden Form ein flächenhaftes Bild zum zeichnen vorgelegt, so ist klar, daß ihm dabei gerade der schwierigste und interessanteste Teil der Aufgabe vorweggenommen wird. Er braucht sich nicht durch eigene Überlegung klar zu machen, wie er die Umrisse des Körpers auf der Fläche nachzubilden hat, sondern er findet sie schon nachgebildet vor. Er braucht nicht in der Natur zu beobachten, wie die Schatten in ihrem Umriß verlaufen, in ihrer Stärke sich zu einander verhalten, sondern er braucht nur mechanisch diejenigen, die schon auf dem Papier stehen, nachzuzeichnen. Wie nahe liegt da die Gefahr, daß er überhaupt in eine bequeme nachlässige Art des Zeichnens verfällt, daß er überhaupt verlernt, die Natur richtig zu beobachten!

Dazu kommt, daß diese Vorlagen keineswegs selbst immer
die Natur richtig wiedergeben. Es giebt allerdings, besonders in
Frankreich, sehr gute Vorlagenwerke, sowohl für Landschaften wie
für Köpfe. Aber weitaus die meisten, die gegenwärtig in Deutsch=
land verbreitet sind, gehören zu jener glatten mechanischen charakter=
losen Art, wie sie sich bei der Übertragung von Zeichnungen in
die Lithographie nur zu leicht ausbildet. Wie ich höre, sind noch
sehr viele Gymnasien im Besitz solcher unkünstlerischen Vorlagen=
werke, die von Generation auf Generation vererbt und von älteren
Zeichenlehrern immer wieder dem Unterricht zu Grunde gelegt
werden. Von ihnen kann jeder wahre Freund des Zeichenunterrichts
nur das eine sagen: Ins Feuer damit!

Aber die Agitation gegen die Vorlagen hat leider über das
Ziel hinausgeschossen. So verkehrt es war, wenn man früher den
ganzen Zeichenunterricht auf dem Vorlagensystem aufbaute, so un=
entbehrlich sind Vorlagen, wenn es gilt, dem Schüler die Hilfs=
mittel der Technik und die konventionellen, künstlerisch erprobten
Mittel der Darstellung vor Augen zu führen. Es ist ja leicht
gesagt, daß man sich beim Zeichnen immer nur an die Natur
halten solle. Aber weiß denn ein Kind, wie es die Natur auf
der Fläche wiederzugeben hat, damit sie einen plastischen Eindruck
macht? Kennt es die Art und Weise, wie man mit Bleistift,
Kreide, Feder, Pinsel u. s. w. Schatten darstellt? Hat es einen
Begriff von der unendlichen Fülle verschiedener Techniken, die sich
aus der Verschiedenheit des Zeichenmateriales sowohl wie der dar=
zustellenden Stoffe ergeben? Alles das kann man doch nur an
gezeichneten Vorlagen kennen lernen, und dem Schüler diese ganz
zu entziehen, hieße ihm überhaupt die Technik als etwas gleich=
giltiges, der Erlernung nicht wertes hinzustellen. Welcher Lehrer
möchte das aber heutzutage mit seinem Gewissen vereinigen, wo
grade die technischen Formen der Darstellung in der Kunst —
und zwar mit Recht — eine so große Rolle spielen?

Man glaube auch nicht, daß in den großen Epochen der
Kunst die gezeichnete Vorlage im Kunstunterricht ausgeschlossen
gewesen wäre. Im Gegenteil, sie stand geradezu an erster Stelle.
Schon Cennino Cennini (Anfang des 15. Jahrhunderts) schreibt
den Beginn des Studiums folgendermaßen vor: „Nimm einen

Silberstift und beginne nach einem Vorbilde leichte Sachen zu entwerfen", und was er damit für ein Vorbild meint, geht aus einer anderen Stelle seines Traktates über die Malerei hervor, wo er vom Nachahmen der besten Sachen, „die man von den Händen großer Meister finden kann", spricht. Und Leonardo da Vinci, dem doch gewiß Niemand vorwerfen wird, daß er gedankenlos den Traditionen der früheren Kunst gefolgt sei, sagt: „Der Maler soll zuerst die Hand gewöhnen, indem er Zeichnungen von der Hand guter Meister kopirt. Und hat er sich diese Gewöhnung unter seines Lehrers Anleitung angeeignet, so soll er sich nachher im Abzeichnen guter runder und erhabener Dinge üben". Auch Dürer giebt als erste Regel für die Erziehung der Malerlehrlinge folgende: „Item er muß von guter Werkleut Kunst erstlich viel abmachen, bis er eine freie Hand erlangt". Und wenn wir die Jugendentwickelung der bedeutendsten Künstler des 15., 16. und 17. Jahrhunderts ins Auge fassen, so finden wir, daß sie alle ohne Ausnahme ihre erste Ausbildung durch Kopiren fremder Zeichnungen erhalten haben. Wie viele Zeichnungen derart sind uns noch erhalten, ja ganze Skizzenbücher, welche die Spuren der Benutzung durch kopirende Schüler an sich tragen! Was jetzt die Vorlagensammlungen sind, waren eben damals die zu Bänden gehefteten Handzeichnungen, welche sich im Laufe der Zeit in den einzelnen Malerateliers angesammelt hatten und hier von Hand zu Hand gehend jedem neu eintretenden Lehrling als Studienmaterial vorgelegt wurden.

Was in den großen Zeiten der Kunst von Nutzen war, wird wohl auch heutzutage nicht vom Übel sein. Wir richten also unsere Angriffe nicht gegen die Vorlagen überhaupt, sondern nur gegen diejenigen Vorlagen, die bisher meistens auf den Gymnasien gebräuchlich waren. Wir richten sie vor allen Dingen gegen eine kritiklose und übertriebene Anwendung der Vorlagenmethode. Wo es immer geht, wollen wir den Kindern die realen Gegenstände oder Modelle derselben in die Hand geben, aber wir haben nichts dagegen, daß man ihnen Zeichnungen daneben lege, damit sie daraus eine Anschauung derjenigen Technik gewinnen können, die für die Darstellung des betreffenden Gegenstandes die geeignetste ist. Natürlich wird man solche Vorlagen heutzutage nicht in Litho=

graphie herstellen lassen, sondern in Lichtdruck, und zwar nach den Handzeichnungen bedeutender Künstler; denn nur auf diese Weise geht von der charakteristischen Zeichnung der Originale nichts verloren. Wir besitzen schon mehrere wertvolle Publikationen dieser Art. Es kommt nur darauf an, das Prinzip auch auf die früheren Stufen anzuwenden und mehrere Sammlungen solcher Zeichnungen in aufsteigender Schwierigkeit nach pädagogischen Grundsätzen anzufertigen. Für jüngere Künstler, die tüchtige Zeichner sind, wäre dies ein sehr dankenswertes und gewiß auch gewinnbringendes Unternehmen.

Wenn also die Vertreter der modernen Methode in dieser Beziehung entschieden zu weit gegangen sind, so kann ich ihnen in einem andern Punkte vollkommen zustimmen. Früher war es Sitte, daß der Lehrer selbst an den Zeichnungen der Schüler verbesserte, so daß man schließlich, wenn ein „Bild" fertig war, kaum mehr unterscheiden konnte, was der Schüler und was der Lehrer daran gemacht hatte. Dies wird jetzt mit vollem Recht für unstatthaft erklärt. Der Lehrer soll dem Schüler wohl zeigen, was er falsch gemacht hat, aber er soll ihm selbst überlassen, es besser zu machen. Er soll seine Korrekturen nicht in, sondern neben der Zeichnung des Schülers anbringen. Nur so wird dieser zur Selbstthätigkeit und Selbstkritik erzogen. Auf das Herstellen schöner präsentabler Bildchen wird gar kein Wert mehr gelegt, man will die Jugend mehr in den Kern als in die äußere Schale einführen.

Ein besonderes Steckenpferd der neueren Methodiker ist der Massenunterricht. Die Aufgabe, die Disziplin aufrecht zu erhalten, ist ja beim Zeichenunterricht besonders schwer. Wenn der Lehrer in einer Klasse von 30—40 Schülern jeden einzeln vornehmen soll, so kann er bei einigermaßen sorgfältiger Korrektur in einer Doppelstunde kaum mit allen fertig werden. Während er die Zeichnung des einen korrigirt, werden die andern, besonders die entfernter Sitzenden, der Versuchung, nichts zu thun oder Lärm zu machen, zuweilen nicht widerstehen können, und es gehört schon eine ganz besondere Autorität dazu, unter solchen Verhältnissen Ruhe und Aufmerksamkeit zu schaffen. So ist man auf den Gedanken verfallen, den Unterricht nicht nur in den Volksschulen, sondern auch in den unteren Klassen der Gymnasien als Massen-

unterricht auszubilden. Es wird nach Zeichnungen des Lehrers
an der Tafel oder nach Wandtafeln oder großen Modellen gearbeitet, und jeder Schüler zeichnet zur selben Zeit dieselbe Figur.
Ja, man geht sogar — in Anknüpfung an eine Idee Fröbels — so weit,
geradezu nach Diktat zeichnen zu lassen, d. h. so daß alle Schüler
gleichzeitig denselben Strich machen müssen. In dieser Weise können
ganze geometrische Figuren, Blätter, Ornamente u. s. w. auf einmal und in derselben Geschwindigkeit von der ganzen Klasse ausgeführt werden. Der Lehrer kann bei jeder Figur eine für alle
Schüler bestimmte Erklärung vorausschicken und auch bei der Korrektur sich häufig an die ganze Klasse wenden, indem er die wichtigeren Fehler, die gemacht worden sind, an der Tafel auseinandersetzt.

Ich will durchaus nicht läugnen, daß dies möglich und vom
Standpunkt der Disziplin auch ganz nützlich ist. Nur möchte ich
davor warnen, das Prinzip zu übertreiben. Sobald ein Kind
über die ersten Anfangsgründe hinaus ist und nach Modellen oder
Vorlagen zeichnet, kann man seine Thätigkeit so wie so nicht mehr
in das Schema des Massenunterrichts einzwängen. Selbst der
Gruppenunterricht wird da in den meisten Fällen nicht mehr möglich sein. Aber auch beim Zeichnen nach geometrischen Figuren
und Ornamenten wird man gut thun, auf die individuellen Eigen-
tümlichkeiten der Kinder möglichste Rücksicht zu nehmen. So wenig
auch bezweifelt werden kann, daß die künstlerische und technische
Begabung etwas allgemein menschliches ist, was durch richtige
Erziehung bei jedem Kinde sich entwickeln muß, so sehr möchte ich
doch andererseits betonen, daß das Maß dieser Begabung ein verschiedenes ist und daß folglich auch die Resultate des Unterrichts
meistens verschiedene sein werden. Gerade beim Kunstunterricht
vermeide man womöglich alles Uniformiren. Ein Gymnasium
ist keine Kompagnie Rekruten, ein Zeichensaal kein Exerzierplatz.
Zeichnen kann nicht durch Zwang und Drillen, sodann nur durch
Erweckung des Interesses und durch Anpassen an die persönliche
Begabung gelehrt werden. Will man in den unteren Klassen aus
Gründen der Disziplin den Massenunterricht einführen, so ist da-
gegen nichts einzuwenden. Aber man betrachte ihn nicht als das
Ideal des Zeichenunterrichtes überhaupt, sondern als ein notwendiges
Übel. Und aus den mittleren und höheren Klassen verbanne man

ihn wo möglich ganz. Uniformirt wird in unseren Schulen so wie so schon zur Genüge. Man lasse wenigstens in der Kunst dem individuellen Triebe und der individuellen Begabung möglichst freien Spielraum.

Überhaupt will es mir scheinen, als ob die neueren Methodiker in allen äußeren Fragen des Zeichenunterrichts eine übertriebene Pedanterie an den Tag legten. Auf die Art und Weise, wie das Kind sitzen soll, wie es den Bleistift halten, das Buch legen soll, wird bei weitem mehr Wert gelegt als notwendig wäre. Ob der untere Rand des Zeichenbuchs dem Rande des Tisches parallel liegt oder nicht, scheint mir ziemlich gleichgiltig zu sein, ebenso ob das Kind den Bleistift mehr oben oder mehr unten faßt. Alle diese Dinge haben wohl für den Schreibunterricht, wo es vor allen Dingen darauf ankommt, gleichmäßige Striche zu machen, einen Sinn. Für den Zeichenunterricht sind sie ganz wertlos. Im Gegenteil, man sollte dem Kinde von vorn herein die Überzeugung beibringen, daß beim Zeichnen in allen diesen Dingen je nach den Umständen, je nach der Art des Vorbildes u. s. w. die größte Mannichfaltigkeit herrschen muß. Man sollte es dazu erziehen, für jeden einzelnen Fall gerade diejenige Art und Weise selbständig zu finden, die für diesen betreffenden Fall die geeignetste ist. Damit würde man ihm mehr nützen als durch rekrutenmäßiges Eindrillen bestimmter Stellungen und Haltungen.

Ferner habe ich aus den Lehrbüchern der modernen Systematiker den Eindruck gewonnen, als ob neuerdings der mündlichen Belehrung ein viel zu großer Raum gewährt würde. Es ist ja natürlich, daß bei der Einführung in die darstellende Geometrie, die Perspektive u. s. w. eine gewisse mündliche Belehrung vorhergehen muß, ehe das Kind zur Ausführung der betreffenden Zeichnungen angehalten werden kann. Aber diese Belehrung sollte niemals den Charakter eines zusammenhängenden über ganze oder halbe Stunden ausgedehnten Vortrags annehmen. Sie sollte sich vielmehr immer eng an das praktische Zeichnen, an die Korrektur, anschließen. Ebenso wie Bilder nicht mit den Ohren, sondern mit den Augen gesehen werden müssen, so kann auch das Zeichnen nicht mit den Ohren, sondern nur mit den Augen und der Hand gelernt werden. Nur auf der Praxis beruht das Wesen dieses

Unterrichts und auch die Theorie sollte sich immer eng an die Praxis anschließen.

Aus diesem Grunde halte ich es auch für verkehrt, zusammen=hängende Vorträge über Kunstgeschichte an den Zeichenunterricht anzuknüpfen. Vielmehr sollten die mündlichen Belehrungen immer durch ein bestimmtes Objekt, ein Säulenkapitell, eine Statue, die Photographie eines Bildes u. s. w. hervorgerufen werden. Was der Knabe in dieser Weise zeichnend nebenbei über sein Vorbild lernt, sitzt viel fester, als was man ihm in einem größeren zusammen=hängenden Vortrage mitteilt.

Im Grunde beruht diese Übertreibung des mündlichen Vor=trags nur auf einem unberechtigten Streben der Zeichenlehrer, ihr Fach den übrigen Unterrichtsfächern seinem Charakter nach möglichst gleichzusetzen. Es soll mit aller Gewalt der verstandesmäßige theoretische Teil des Zeichnens in den Vordergrund gestellt werden, damit nur ja Niemand sagen könne, das Zeichnen sei eine technische Fertigkeit, ein Fach zweiten Ranges. Und man geht in diesem Streben sogar so weit, daß man vorschlägt, die Schüler schriftliche Übungen machen zu lassen, in denen sie bestimmte Figuren mit Worten zu beschreiben haben. Was dabei herauskommen soll, ist mir schlechterdings unverständlich. Wenn ich an einem Gymnasium Lehrer des Deutschen wäre und ein seminaristisch gebildeter Zeichen=lehrer nähme sich heraus, meine Schüler deutsche Aufsätze über geometrische Figuren, Ornamente und andere Kunstwerke machen zu lassen, so würde ich energisch darauf bestehen, daß der Direktor ihm ein „Schuster, bleib bei deinem Leisten" zuriefe. Daß man eine Figur verstanden hat, zeigt man dadurch, daß man sie richtig nachzeichnet. Ob man außerdem noch mehr oder weniger wohl=gesetzte Worte darüber machen kann, ist vollkommen gleichgiltig.

Soviel über die allgemeinen Grundsätze. Ich wende mich jetzt zu den einzelnen Stufen des Unterrichts. Der Lehrstoff des Zeichenunterrichts, so wie er jetzt betrieben wird, besteht aus folgenden Elementen: Grade und krumme Linien, grad= und krummlinige Figuren, Flächenornamente, Blätter, Drahtmodelle und Vollmodelle stereometrischer Körper, Gipsornamente, archi=tektonische Modelle, daneben Körperprojektion, Perspektive und Schattenlehre, technisches Zeichnen mit Zirkel und Lineal (Grund=

risse und Aufrisse von Gebäuden u. dgl.). Es fehlen fast vollständig — in den jetzt herrschenden Lehrplänen —: schematische
Lebensformen, Gegenstände des Gebrauches oder Modelle von
solchen und Handzeichnungen bedeutender Künstler. Von vielen
Zeichenpädagogen werden auch menschliche Köpfe und Figuren,
Blumen, Tiere und Landschaften als unstatthaft vom Zeichenunterricht ausgeschlossen.

Ich bin nun der Ansicht, daß gerade die zuletzt genannten
bisher vernachlässigten Lehrstoffe den Kern des Zeichenunterrichts
bilden oder besser — um nicht zu viel zu sagen — neben den Natur-
blättern und Gipsornamenten bilden sollten, während die gegenwärtig
im Mittelpunkt stehenden Stoffe vielmehr zum größten Teil sehr
zurückgedrängt werden müßten. Um das zu beweisen, gehe ich den
üblichen Kursus der Reihe nach durch.

Wenn ich mich erinnere, mit welcher Begeisterung meine
Schulkameraden und ich uns dem Zeichnen widmeten, wie wir uns
auf diesen im Grunde doch ziemlich unmethodisch betriebenen Unterricht freuten, wie wir dann als Primaner auf eigene Hand in
der Umgegend der Stadt umherstreiften, um nach der Natur zu
skizziren, dann überschleicht mich immer ein gewisses Gefühl der
Wehmut beim Anblick der Früchte des gegenwärtigen Zeichenunterrichtes. Es ist ja richtig, viel gelernt haben wir damals nicht,
und die meisten von uns haben wohl später, wenn sie Techniker
oder Künstler wurden, ganz wieder umlernen müssen. Aber wir
hatten doch Lust und Liebe zur Sache, wir erfreuten mit unserer
Hände Arbeit uns und andere, und schließlich ist uns ja auch die
Kunst ein wenig aus Herz gewachsen.

Nicht so heutzutage. Leergebrannt ist die Stätte, wo früher
das jugendliche Feuer künstlerischer Begeisterung loderte. Öde und
gelangweilt schleppt sich die jüngere Generation durch die obligatorische Stufe des Zeichenunterrichts. Das Zeichnen gilt ihr nicht
mehr als Freude, sondern als Qual, nicht als ein Gegenstand
lebhaften Interesses, sondern als der Inbegriff aller Langeweile.
Ich habe mich in vielen Familien umgesehen, in vielen verschiedenen
Städten erkundigt: Überall dieselbe Beobachtung, die ich bei meinen
Verwandten und Bekannten gemacht hatte, überall die Klage, daß
die Kinder gar keine Lust und Liebe zu einer Sache haben, die

8

doch die Eltern in ihrer Jugend so eifrig betrieben hatten. Ich habe mich nach den Gründen erkundigt. Man erwiderte mir ein= stimmig: Der Unterricht verdirbt die Kinder. Er ist zu geist= tötend, zu langweilig, zu mathematisch. Nicht wenige pflegten dies sogar so zu formuliren: Ich muß meinen Sohn von der Zeichen= stunde dispensiren lassen, weil er gar zu viel Lust zum Zeichnen hat und doch etwas ordentliches lernen möchte.

Erstaunt und im höchsten Grade betroffen frug ich mich, worauf denn das wohl beruhen könne. Ich las die Lehr= bücher des Zeichenunterrichts, die seit der Mitte der 70er Jahre etwa erschienen sind, besuchte die jährlichen Schülerausstellungen und zog bei zahlreichen Gymnasiasten und Schülerinnen genaue Erkundigungen ein. Da fiel es mir wie Schuppen von den Augen: Der Grund für den Verfall des Zeichenunterrichts auf dem Gym= nasium und den Mädchenschulen liegt in dem gewaltsamen Zurück= drängen alles Künstlerischen, in der übertriebenen Betonung des Mathematischen, wie es die neue Methode fordert. Was diese neuen Methodiker Zeichenunterricht nennen, hat mit der Kunst nichts zu thun. Es ist Wissenschaft, wenn man will, mathematische Wissenschaft oder Wissenschaft der Anschauung. Es ist eine an= gewandte Geometrie, die sich von der wirklichen Geometrie nur dadurch unterscheidet, daß die Linien der Figuren statt mit dem Lineal vielmehr aus freier Hand gezogen werden, und daß die eigentlichen Beweise dabei wegfallen.

Zunächst muß das Kind grade Linien, senkrechte und wag= rechte, parallel nebeneinander zeichnen, natürlich aus freier Hand. Für einen Knaben, der bis zum zehnten oder elften Jahre niemals einen Bleistift in der Hand oder wenigstens zum Zeichnen in der Hand gehabt hat, ist das durchaus keine Kleinigkeit. Die Schwierig= keit wächst dadurch, daß eine möglichst glatte tadellose Ausführung als das Ideal angesehen wird. Sauber und peinlich sollen die Linien auf dem Papier stehen. Die Folge davon ist die, daß der Schüler oft Stunden, Wochen, ja Monate braucht, bis er es dem Lehrer recht macht.

Daß man das Zeichnen mit Strichen anfangen muß, kann wohl als selbstverständlich angesehen werden. Aber ebenso selbst= verständlich ist es, daß man lebhaften Knaben im Alter von 10 bis 11 Jahren, die vor allen Dingen Interesse am Unterricht haben wollen, nicht zumuten darf, ganze Wochen mit graden Strichen zuzubringen. Und selbstverständlich sollte es auch sein, daß der grade pedantisch gezogene Strich durchaus nicht als Ideal für den Anfang des Zeichenunterrichtes gelten kann. Jeder Maler weiß, was es mit der graden Linie auf sich hat. Es giebt keine graden Linien in der Natur. Es giebt selbst nicht einmal grade Linien an denjenigen Gegenständen unserer Umgebung, die von Menschenhand gemacht sind, wenigstens nicht im malerischen Sinne. Das beruht auf einer sehr einfachen Thatsache, nämlich darauf, daß wir die Gegenstände unserer Umgebung nicht mit einem, sondern mit zwei Augen sehen. Dieses zweiäugige Sehen verschafft uns streng genommen zwei Bilder von allen Gegenständen, auf jeder Netzhaut eines. Erst vermöge der Gewohnheit schmelzen wir beide beim Sehen zu einem zusammen. Eine grade Kante sehen wir also thatsächlich nicht als scharfe Linie, sondern als zwei ein= ander sehr nahe stehende Linien oder wenigstens als eine sehr un= sichere hin= und herschwankende Linie. Wenn also ein Maler, der den Eindruck der Natur wirklich treu wiedergeben will, eine solche Kante malt, so darf er sie nicht als mit dem Lineal gezogene Linie, sondern zitterig oder verschwimmend malen. Da nun Zeichnen in erster Linie Darstellung der Natur ist, sollte schon beim Zeichen= unterricht das Einpauken vollkommen grader Linien möglichst ver= mieden werden. Man braucht ja nicht so weit zu gehen, wie der Verfasser eines kürzlich in Zürich erschienenen Lehrbüchleins des Zeichnens nach der Natur, in welchem alle Zeichnungen mit über= trieben zittrigen gradezu zickzackartigen Linien ausgeführt sind. Aber künstlerisch ist das immer noch berechtigter als jene graden wie mit dem Lineal gezogenen Linien, die nachher beim Zeichnen jede malerische Wirkung zerstören. Ohne Zweifel beruht der un= künstlerische Eindruck der meisten Dilettantenzeichnungen auf der pedantischen und harten Linienführung, wie man sie sich durch solchen Unterricht nur zu leicht angewöhnt.

Aber man wird einwenden: Die graden Linien, welche die Kinder in den ersten Stunden zeichnen sollen, haben gar nicht den Zweck, irgend etwas in der Natur darzustellen, sondern nur den, die Handfertigkeit zu üben. Gut, dann ist aber die grade Linie

8*

erst recht bedenklich, denn sie widerspricht dem natürlichen Bau
des Armes und der Hand. Mag der Zeichner nun den Ellbogen
oder die Handwurzel oder den Ansatz des kleinen Fingers beim
Zeichnen als Stützpunkt benutzen, immer wird die natürliche Bewegung des Stiftes die einer segmentförmigen Linie sein, deren
Mittelpunkt der erwähnte Stützpunkt ist. Eine grade Linie zu
zeichnen, erfordert geradezu eine besondere Anstrengung, eine Überwindung natürlicher Hindernisse. Man sollte sie also erst nach
der krummen üben lassen. Ist doch die letztere auch schon deshalb
leichter zu ziehen, weil sie einen größeren Spielraum der Ab-
weichung gestattet, während die grade eben immer nur eine ist,
die genau so und nicht anders ausfallen muß. Auch fängt ja
ein Kind, wenn man ihm zum ersten Mal einen Stift in die
Hand giebt, niemals zuerst mit der graden Linie an.

Dieser Thatsache, die z. B. auch Fröbel in seinen späteren
Jahren gefühlt zu haben scheint, ist neuerdings besonders in dem
für die badischen Gymnasien vorgeschriebenen Lehrplan des Zeichnens Rechnung getragen worden. Herr Geh. Oberschulrat Wagner,
der Organisator des Gymnasialzeichnens im Großherzogtum Baden,
mit dem ich vor anderthalb Jahren die Freude hatte, meine Ansichten über Zeichenmethode auszutauschen, schreibt darüber folgendes: „Man hat bisher durch pedantisch langweilige Auswahl und
Anordnung des Lehrstoffes gleich von vorn herein die Schüler ab-
geschreckt, indem man sie erst die grade Linie nach allen Richtungen
ziehen ließ und sie häufig ein ganzes Jahr mit gradlinigen Gebilden hinzuhalten pflegte, um dann zur Kreislinie aus freier Hand
überzugehen und nun erst das Zeichnen anderer krummliniger
Formen zu gestatten. Es lag dem das Mißverständnis zu Grunde,
daß, weil die grade Linie und der Kreis am leichtesten zu erfassen
seien, auch deren Zeichnung die geringste Mühe machen müsse,
während erfahrungsmäßig gerade der gebogene Linienzug dem
Schüler leichter in der Hand zu liegen pflegt und sein wahr-
scheinlicher Einwand nicht ganz der Begründung entbehrt, daß ja
eine schöne grade Linie viel besser mit dem Lineal und ein Kreis
leichter und schöner mit dem Zirkel herzustellen sind. Nach dem
(badischen) Lehrplan benutzt man einige erste Stunden, um die
Schüler erst an das Mechanische ihrer Arbeit, an richtige Haltung

von Hand und Bleistift und an einen gleichmäßigen feineren oder
kräftigeren Zug dadurch zu gewöhnen, daß man sie auf beliebiges
Papier, selbst Packpapier, rasche Folgen von gehörig langen Linien,
hier allerdings graden und krummen, durch einander und übereinander ziehen läßt, ohne aber noch auf deren Reinheit
oder Schönheit besonderes Gewicht zu legen. Solche
Übungsblätter werden, wenn sie voll sind, weggeworfen, und man
beginnt die Aufgabe, auf einem Normalzeichenblatt eine erste einfache Form (Weidenblatt, also eine krummlinige Figur) in thun-
licher Vollendung zur Darstellung zu bringen". Ich kann mich
mit diesen Grundsätzen, was das Verhältnis der graden und krummen
Linie betrifft, nur vollkommen einverstanden erklären.

Verfolgen wir die geometrische Lehrmethode weiter. Nachdem das Kind, entsprechend seiner Geschicklichkeit, längere oder
kürzere Zeit grade Linien gezeichnet hat, darf es zu gradlinigen
Figuren übergehen. Es wird also nicht etwa, wie man denken
sollte, nach der graden Linie die krumme geübt, sondern zunächst
die grade Linie auf geometrische Figuren angewendet. Man beginnt mit dem Dreieck und Quadrat. Das Wesen der senkrechten,
wagrechten und schiefen Linie, der Begriff des Winkels wird erläutert. Es werden Diagonalen und Teilungs-Linien gezogen.
Dann folgen Übungen des Augenmaßes. Eine Linie von bestimmter
Länge wird in 2, 4 und 8, in 3, 6, 12 und 9, in 5 und 10
Teile geteilt. Mit Hilfe dieser Teilungen werden Figuren in das
Viereck eingezeichnet. Bei dieser Gelegenheit kommen gradlinige
Ornamentmotive, Mäander, Borden, Einrahmungen, Verschlin-
gungen u. dgl. zur Anschauung und Nachbildung. Dann werden
die Teilungen des rechten Winkels in 2, 4 und 8 gleiche Teile geübt und mit ihrer Hilfe allerlei regelmäßige Figuren, z. B. ein
achtstrahliger Stern entwickelt. Es folgt das regelmäßige Achteck
und dessen Verwendung zu eurythmischen und symmetrischen Figuren.
Die Übungen werden immer schwieriger und komplizirter, Kombinationen von Quadraten, Dreiecken, Fünfecken, Sechsecken, Acht-
ecken u. s. w. bilden den Schluß.

Das ist das Pensum für die Sexta, also nach den neuen
preußischen Lehrplänen, die das Zeichnen in der Sexta streichen,
für die Quinta. Man erlaube mir die Bemerkung, daß das kein

Zeichnen, sondern Geometrie ist. Ich will durchaus nicht läugnen, daß alle diese Dinge schön und nützlich sind, und daß ihre Reihen= folge sinnig erdacht ist. Aber sie gehören nicht in die Zeichenstunde, sondern in den Anfang der Geometrie. Der erste Unterricht in der Planimetrie fällt in die Quarta. Hier wird in wöchentlich zwei Stunden die Lehre von den Graden, Winkeln und Dreiecken abgehandelt. In der Tertia schließen sich die Parallelogramme, Kreise, gradlinigen Figuren an. Was hat es nun für einen Zweck, dieses ganze Pensum, angewendet auf das freihändige Zeichnen, schon in der Serta oder Quinta vorwegzunehmen? Kann es ein Lehrer der Mathematik dulden, daß ihm der Zeichenlehrer in dieser Weise ins Handwerk pfuscht? Kann er damit einverstanden sein, daß nicht er, sondern der Zeichenlehrer den Kindern die ersten Be= griffe von der graden Linie, vom Winkel, vom Dreieck und Quadrat beibringt? Und wenn das einmal geschehen ist, wozu dann dieses ganze Pensum noch in der Quarta wiederholen? Die Mathematiker werden wohl wissen, warum sie die Lehre von den ebenflächigen Figuren erst in der Quarta beginnen lassen. Ist es ein erträg= licher Zustand, daß der Zeichenlehrer auf eigene Hand diesen An= fang um ein oder zwei Jahre zurückverlegt? Was hat die Zeichen= stunde für einen Zweck, wenn sie nichts anders will als die Mathe= matik? Überbürden wir die Kinder deshalb mit Unterrichtsstunden, damit sie in zwei Fächern ganz dasselbe lernen, damit ihnen diese Lehre durch die fortwährende sinnlose Wiederholung zum Ekel wird?

Man wende nicht ein, daß es in der Zeichenstunde vor allen Dingen auf die freihändige Zeichnung der geometrischen Figuren ankommt, die ja in der Mathematik wegfällt. Freihändiges Zeichnen kann man auch an anderen Dingen als an geometrischen Figuren lernen. Selbst für die grade Linie — wenn es nun einmal diese sein soll — giebt es andere interessantere Vorbilder.

Nachdem das Kind ein volles Jahr lang mit solchen grad= linigen Figuren gequält worden ist, darf es sich zu den krumm= linigen wenden. Es beginnt — nicht etwa, wie es die Natur der Sache forderte, mit der segmentförmigen Linie, sondern mit dem Kreis. Denn das Segment ist ja ein Teil des Kreises und man kann doch den Teil nicht verstehen, ohne das Ganze vorher verstanden zu haben. Verstehen, verstehen, als ob es in der Zeichenstunde immer nur auf das Verstehen ankäme! Das Können ist das Entscheidende, die Schwierigkeit der Ausführung gibt den Maßstab für die Reihenfolge der Übungen. Und da ist das Segment ohne Zweifel leichter als der Kreis, also muß mit ihm begonnen werden. Man sehe sich nur die Kreise, die in diesem Alter ge= zeichnet werden, auf unseren Schülerausstellungen an. Das sind keine Kreise, das sind Segmente, die kümmerlich von einem Teilpunkt zum anderen gezogen sind und eckig an einander stoßen, statt in einander überzugehen. Ist man denn blind gegen die Thatsachen, die vor Jedermanns Augen stehen?

Wiederum wird nun ein volles Jahr mit krummlinigen Figuren hingebracht. Der Kreis wird in 2, 4, 8 und 16, in 6, 12 und 9, in 5 und 10 gleiche Teile geteilt. Aus diesen Teilungen werden die Vielecke, soweit sie bis dahin noch nicht geübt worden sind, entwickelt. Immer komplizirter werden die Motive, immer reicher verschlingen sich die Figuren. In demselben Jahre wird dann noch zur Parabel und Ellipse, dem Oval, der Spirale, der Schnecken= linie übergegangen. Daneben werden die gradlinigen Figuren weiter geübt, die einfacheren gradlinigen und krummlinigen Orna= mente, Zickzack, Mäander und Flechtornament gezeichnet.

Damit ist zunächst das geometrische Flächenzeichnen abge= schlossen. Wenn man den Verfechtern dieser Methode Glauben schenken wollte, so wäre der Erfolg derselben der, daß die Schüler das „Ge= setzmäßige" in allem Sichtbaren erkennen lernten, das Verständnis für „schöne" Gebilde, die Fähigkeit, allerlei grad= und krummlinige Figuren aus freier Hand zu zeichnen, sich erwürben. Wenn man dagegen die thatsächlichen Erfolge zu Rate zieht, so sind es die, daß das Kind eine unüberwindliche Abneigung gegen alles Zeichnen bekommt und diesen Unterricht so früh fallen läßt, wie es die Vor= schriften nur immer gestatten.

Was ist für ein Kind von 6—10 Jahren eine grade Linie, ein Dreieck, ein Viereck? Nichts, eine leere Abstraktion, ein Schemen, eine mathematische Formel. Das Kind aber will nicht das Tote, sondern das Lebendige. Es will nicht Form, sondern Inhalt, nicht Formel, sondern Wesen. Es will Dinge vor sich sehen, unter denen es sich etwas denken kann, nicht Formen, die erst aus den Dingen abstrahirt worden sind.

Die Zeichenlehrer, die diese Methode ausgebildet haben, leben
in der sanguinischen Überzeugung, daß die immer größere Aner=
kennung, die sich der Zeichenunterricht erwirbt, in erster Linie auf
die Vortrefflichkeit dieser von ihnen ausgebildeten Methode zu=
rückzuführen sei. Genau das Gegenteil ist der Fall. Die neuer=
dings entstandene Bewegung für den Zeichenunterricht beruht auf
einer allgemeinen Richtung unserer Kultur. Diese Bewegung würde
noch viel größere Erfolge aufzuweisen haben, wenn nicht die lang=
weilige geometrische Methode und die durch sie bewirkten negativen Re=
sultate die Freunde des Zeichenunterrichts wieder irre gemacht und
die ganze Agitation in den Augen des Publikums diskreditirt
hätten. Und das ist vollständig in der Ordnung. Ich möchte das
Kind sehen, das nach einer zweijährigen Übung dieser Art noch
Lust zum Zeichnen hätte. Ich möchte den 13 jährigen Knaben kennen
lernen, der, nachdem man ihn zwei Jahre lang mit solchem Kram
gelangweilt hat, noch wüßte, was Kunst ist, noch Freude an der
Natur, an dem Spiel der künstlerischen Illusion hätte. Nicht genug,
daß man den natürlichen Trieb des Kindes, seine hoch entwickelte
künstlerische Illusionsfähigkeit, Jahre lang unbenutzt liegen läßt, man
giebt diesen Eigenschaften schließlich noch den Rest, indem man dem
Kinde sagt: Kunst ist nicht Kunst, sondern Mathematik. Kunst
besteht nicht in der Nachformung des Sichtbaren, der Übertragung
des Körperlichen in die Fläche, sondern in der gesetzmäßigen Eintei=
lung des Raumes, in dem Regelmäßigen, Schematischen, Abstrakten.

Nachdem ich mich von der vollkommenen Verwerflichkeit dieser
Methode überzeugt hatte, legte ich mir die Frage vor: Wie in
aller Welt sind die neueren Zeichenpädagogen wohl darauf verfallen?
Ich bin der Sache historisch nachgegangen und habe Folgendes
gefunden.

Den Zeiten der hohen Kunstblüte, dem 15., 16. und 17. Jahrhun=
dert ist ein künstlerischer Unterricht dieser Art durchaus fremd. Daß
die Geometrie einem Künstler bekannt sein müsse, daß er sich nach den
Elementen des Euklid oder neueren Lehrbüchern eine Anschauung
der geometrischen Formen und eine Kenntnis der wichtigsten geo=
metrischen Sätze verschafft haben müsse, ist allerdings eine Über=
zeugung, die in Deutschland und Italien seit dem Mittelalter voll=
kommen gäng und gebe war; aus dieser Überzeugung, die besonders in

den Bauhütten und Werkstätten gepflegt wurde, ist z. B. der Lehr=
gang hervorgegangen, den L. B. Alberti, der große italienische
Theoretiker, dem ersten Buche seines Traktates über die Malerei vom
Jahre 1435 zu Grunde legt. Hier gibt er zunächst, nach dem
Vorbilde des Euklid, die Elemente der Raumlehre. Der Begriff
des Punktes, der Linie, der Fläche, des Kreises wird entwickelt und
daran die im strengen Sinne künstlerischen Vorschriften (über Perspek=
tive u. dgl.) angeknüpft. Auch Leonardo da Vinci hält es für
notwendig, daß der Lehrling zunächst Perspektive und die „Maße
aller Dinge" lerne. Aus derselben Erwägung ist A. Dürers „Unter=
weisung der Messung mit dem Zirkel und Richtscheit in Linien,
Ebenen und ganzen Korporen" (1525) hervorgegangen. Nach Dürers
Ansicht muß jeder, der malen lernen will, zuvor in der Kunst der
„Messung" wohl unterrichtet sein. So will er denn in diesem
Buche nicht nur für Goldschmiede, Bildhauer, Steinmetzen, Schreiner,
sondern auch insbesondere für junge Maler eine Einführung in die
Geometrie und Stereometrie, Projektionslehre und Perspektive, mit
besonderer Anwendung auf die praktischen Bedürfnisse des Hand=
werks und der Kunst geben.

Aus diesen Anschauungen kann sich die neuere Zeichenmethode
unmöglich entwickelt haben. Denn weder Alberti, noch Leonardo, noch
Dürer geben diese Vorschriften in dem Sinne, daß sie dem angehenden
Künstler eine mehrjährige Übung im freihändigen Zeichnen geo=
metrischer Figuren zumuteten. Im Gegenteil, sie stellen wie gesagt
übereinstimmend an den Anfang des künstlerischen Unterrichts das
Kopiren nach Vorbildern, d. h. Handzeichnungen berühmter Meister.
Ihre Geometrie ist nicht eine praktische Anweisung für die ersten
Übungen des Lehrlings, sondern eine Wissenschaft, die dieser entweder
nebenbei theoretisch lernen oder zur Erleichterung der Konstruktionen
u. s. w. praktisch auf sein Handwerk anwenden soll. Die Beschäf=
tigung mit der Geometrie soll neben dem Zeichnen nach Vorlagen
und nach der Natur hergehen, nicht ein integrirender Bestandteil des
Unterrichts selbst sein. Nirgends wird auch nur ein Wort von
Übungen im freihändigen geometrischen Zeichnen gesagt. Wo Dürer
dem Lehrling geometrische Konstruktionen vormacht, setzt er voraus,
daß dieser sie mit dem Lineal und Zirkel nachmache. Überall sind
die geometrischen Figuren nur Mittel zum Zweck, nicht Selbstzweck.

Von ihrer pädagogischen Verwertung im Kunstunterricht ist nicht die Rede.

Auch in den Malerakademien des 16. und 17. Jahrhunderts war ein längerer Unterricht im geometrischen Freihandzeichnen nicht gebräuchlich. Es wird wohl hie und da hervorgehoben, daß dem jungen Künstler Kenntnis der Geometrie nötig sei. Zuweilen werden auch ein paar geometrische Figuren an den Anfang des Unterrichtskursus gestellt. Aber nicht zum Zweck einer Jahre langen Übung, sondern nur zur Veranschaulichung der geometrischen Grundbegriffe. In den meisten Fällen ist davon überhaupt nicht die Rede, z. B. in Goerees Anweisung zur allgemeinen Reis- und Zeichenkunst (deutsche Übersetzung 1669) und in Sandrarts Teutscher Mahlerakademie (1679), wo es heißt, der Anfang sei zu machen „nach guten Kupferstichen und Handzeichnungen, ferner nach erhabenen runden und stillstehenden Bildern oder Statuen von Marmel, Gyps, und folgends nach dem Leben selbst, sowohl der nackenden als bekleideten Leiber."

Der erste, der, soviel ich weiß, die Geometrie auch praktisch zu einem integrirenden Bestandteil des ersten Zeichenunterrichts gemacht hat, war der Amsterdamer Maler Gérard Lairesse. In seinem großen Malerbuch (1707) heißt es (S. 15 der deutschen Ausgabe von 1728/29):

„Die Grundlegung der Zeichenkunst bestehet in einem kurzen und sicheren Weg, auf welchem man vermittelst der Geometrie zur vollkommenen Erlernung der Zeichenkunst gelangen kann. Die Geometrie ist das ABC zur Zeichenkunst, ohne welche man darinnen so wenig merklich fortkommen kann als möglich es ist, ohne Erlernung des ABC im Lesen und anderen Studiis zuzunehmen. Denn durch die Geometrie lernet man die lange, breite, grade, krumme, quere, schiefe, runde, ovale, vier-, sechs- oder achteckige, in- und auswendig gebogene, ja allerhand erdenkliche Figuren nur durch Mittel einiger Linien machen. Weil denn nun nichts cörperliches zu finden, das nicht von einer oder mehr der obbenannten Linien beschlossen ist, so gebe man denn erstlich der Jugend die erstermeldten Linien auf, daß sie dieselbigen so lange nachmachen, bis sie in ihrem Gedächtnis fest eingeprägt seynd".

Die Vertreter der neuen Methode können also wenigstens

nicht behaupten, daß das geometrische Zeichnen eine Errungenschaft der Neuzeit sei. Im Gegenteil, es erfreut sich, wie dieses Zitat beweist, eines recht ehrwürdigen Alters, und es ist eigentümlicher Weise der große Lairesse, der Urvater der Rococo= und Zopfmalerei, der hochverehrte Lehrmeister aller Maler des 18. Jahrhunderts, der es eingeführt hat. Aber selbst dieser Mann, den heutzutage gewiß Niemand als Vorbild und Muster für künstlerische Erziehung empfehlen wird, war nicht so pedantisch, seine Schüler zwei volle Jahre mit mathematischen Formen zu quälen, und fügte den „Erkenntnisformen", wie Fröbel sagen würde, schon sehr früh die „Lebensformen" hinzu.

Es würde zu weit führen, und es fehlt mir dazu auch gegen= wärtig an den nötigen Hilfsmitteln, diese Methode in den Lehr= büchern jener Zeit weiter zu verfolgen. Genug, daß sie vor dieser Zeit nicht nachzuweisen ist, und daß sie für das 18. Jahrhundert, das Jahrhundert des „Zopfes und der Unnatur" als charakteristisch gelten kann.

Eine Einführung dieses Lehrganges in die allgemein bildenden Schulen scheint während des 18. Jahrhunderts nicht versucht worden zu sein. Einerseits lag der Zeichenunterricht damals an den deutschen Schulen sehr danieder, andererseits waren die naturalistischen Be= strebungen eines Diderot und Rousseau, die dann auch von den Philanthropen aufgenommen wurden, gerade dieser Methode am wenigsten günstig.

Der erste, der das von Lairesse empfohlene ABC der An= schauung pädagogisch durchbildete und in die Volkschule einführte, war kein geringerer als der Schöpfer der letzteren, Pestalozzi. Dieser seltsame Mann, der, ohne etwas von der Kunst zu verstehen, doch, gewissermaßen in Folge seines pädagogischen Instinktes, das Zeichnen und die Anschauung in den Mittelpunkt des ganzen Elementarunterrichtes stellte, hat das Werk des Lairesse schwerlich aus eigener Anschauung gekannt. Aber die Übereinstimmung seines „ABC" mit dem ABC des Lairesse scheint doch die Vermutung nahe zu legen, er sei hierbei wenigstens mittelbar durch den berühmten und damals noch allgemein geschätzten Akademiker angeregt worden.

Erst seit seinem Aufenthalt in Burgdorf (1799) scheint dem großen Pädagogen die Überzeugung von der hohen Bedeutung des

Zeichenunterrichts für die Bildung der Anschauung aufgegangen
zu sein. Damals fing er an, die seiner Obhut anvertrauten Kinder
auf der Schiefertafel Linien, Winkel, Vierecke, Bögen u. s. w. zeichnen
zu lassen. Dabei sah er bald, daß es darauf ankomme, die un-
ermeßlich vielen Sinneseindrücke, die sich dem Kinde aufdrängten,
möglichst früh zu ordnen, die Mannichfaltigkeit der Umrisse auf
einfache geometrische Formen zurückzuführen. Die Technik des
Zeichnens machte ihm dabei nicht die mindeste Schwierigkeit. Er
war überzeugt, daß Kinder früher zeichnen als schreiben lernen
könnten, daß sie „mehrere Jahre früher zur Kenntnis der Pro-
portionen und zur Führung des Griffels geschickt seien als zur
Führung der Feder und Verfertigung kleiner Buchstaben". Diese
Ansichten nahmen bei ihm bald so feste Gestalt an, daß er die
Anschauung geradezu für den wichtigsten Teil der Erziehung erklärte.
Da er selbst keinen Strich zeichnen konnte, bediente er sich bei seinem
Unterricht eines Gehilfen. Auch dieser, ein gewisser Buß, war
ohne jede künstlerische Vorbildung. Er hatte es vergeblich mit
der Kunst versucht, seine Begabung hatte für den Besuch einer
Kunstschule nicht ausgereicht. Jetzt kam er nach Burgdorf und
sollte dort Pestalozzi bei der Ausführung seiner Ideen an die Hand
gehen. Anfangs verstand er gar nicht, was Pestalozzi mit seinen
Linien, Winkeln und Bögen wollte. Aber allmählich fand er
sich herein, und als er sah, wie weit die Kinder auf diesem Wege
kamen, wie rasch und sicher sie diese Formen zeichnen lernten,
da erfaßte er den Gedanken mit Begeisterung und in ein paar
Tagen war das berühmte ABC der Anschauung fertig.

Aus diesem ABC der Anschauung ist nun die moderne
geometrische Zeichenmethode hervorgegangen. Sie ist daraus
hervorgegangen durch ein völliges Mißverstehen der
ganzen pestalozzischen Idee. Zunächst hat Pestalozzi dieses
ABC nicht für Knaben von 10—12 Jahren, sondern für Kinder
von 4—6 Jahren bestimmt. Was einem Knaben von 10—12
Jahren langweilig, kindisch, geistlos erscheint, kann einem 4—6jährigen
Kinde sehr interessant erscheinen. Wenn ein Kind, das mit der
mechanischen Ausbildung seines Körpers noch so viel zu thun hat,
am Zeichnen oder Kritzeln nichtssagender Striche Freude empfindet,
so ist darum noch nicht gesagt, daß dies auch bei einem Knaben

der Fall sein müsse, der schon höhere geistige Ansprüche stellt, durch andere Fächer inhaltlich angeregt wird.

Ferner: Pestalozzis Kinderklasse war kein Gymnasium. Es war eine Volksschule, eine einklassige Volksschule. Der Lehrer mußte alle seine Schüler auf einmal unterrichten, und nur eine hochgradige Konzentration der Unterrichtsfächer konnte dabei zu einem Resultat führen. So bildete also Pestalozzi einen Massen= unterricht aus, bei dem Anschauung, Geometrie, Zeichnen, Rechnen, ja sogar Sprechen und Singen gleichzeitig betrieben wurden. Denn während die Kinder ihre einfachen geometrischen Figuren auf die Tafel zeichneten, mußten sie die Elemente der vier Spezies aus den gezeichneten Figuren (durch Teilung u. s. w.) entwickeln, mußten sie laut und unisono bestimmte Sätze sprechen oder singen, die sich auf das Gezeichnete bezogen.

Man sieht also leicht, daß das, was Pestalozzi wollte, kein Zeichnen im eigentlichen Sinne war, sondern nur eine Ausbildung der manuellen Fertigkeit und der räumlichen Anschauung auf Grund der primitiven Mittel, wie sie ihm in einer einklassigen Volksschule zur Verfügung standen. Pestalozzis Kinder hatten ja außer dem ABC der Anschauung keinen geometrischen Unterricht, dieser mußte also mit dem Zeichnen verbunden, ihm organisch ein= verleibt werden. Eine Übertragung dieses ABC der Anschauung aufs Gymnasium ist also eine vollkommene Verkennung dessen, was Pestalozzi wollte, und dessen, was das Gymnasium will und bietet.

Endlich, und das ist die Hauptsache: Pestalozzi dachte nicht entfernt daran, dieses ABC Jahre lang mit Beschränkung auf die geometrischen Formen zu üben. Wir wissen vielmehr ganz genau, daß er eine Ergänzung dieser Anschauungsformen durch Natur= formen plante. „Bewahre mich Gott, um dieser Linien willen den menschlichen Geist zu verschlingen und gegen die Anschauung der Natur zu verhärten, wie Götzenpriester ihn mit abergläubischen Lehren verschlingen und gegen die Anschauung der Natur ver= härten . . . . . Die Natur giebt dem Kinde keine Linien. Sie giebt ihm nur Sachen, und die Linien müssen ihm nur da= rum gegeben werden, damit es die Sachen richtig anschaue. Aber die Sachen müssen ihm nicht genommen werden, damit es die Linien allein sehe". Während unsere modernen Methodiker zwei

volle Jahre lang geometrische Formen, ohne jede Beziehung zur
Natur, zeichnen lassen, wollte Pestalozzi den Kindern schon von
der Wiege an eine doppelte Reihe von Figuren vorlegen, erstens
die geometrischen Figuren, die das ABC der Anschauung bilden,
zweitens die natürlichen Abbildungen der Gegenstände,
die den Inhalt eines von ihm geplanten aber leider nicht zur
Ausführung gekommenen „Buches der Kindheit" bilden sollten.
Pestalozzi hat also schon die später von Fröbel durchgebildete
Unterscheidung von „Erkenntnisformen" und „Lebensformen" gekannt, und es ist lediglich Zufall, daß uns sein genialer Gedanke,
die geometrischen Grundformen aus den Gegenständen der Natur
zu entwickeln und zur Erziehung der Anschauung zu verwenden,
nicht schon von seiner Hand schriftstellerisch abgeschlossen vorliegt.

Aber freilich, dieser Pestalozzische Gedanke ist schon von seinem
Gehilfen Buß mißverstanden worden. Dieser sagt einmal: „Ich
wußte vorher nicht, daß die Kunst nur aus Linien bestehe. Jetzt
stand plötzlich alles, was ich sah, zwischen Linien, die seinen Umriß
bestimmten . . . So wie ich im Anfang nur Gegenstände sah, sah
ich jetzt nur Linien, und glaubte, diese müßten mit den Kindern
unbedingt und bis ans Ende ihres ganzen Umfanges zur Vollendung geübt werden, ehe man ihm wirkliche Gegenstände zur Nachahmung oder auch nur zur Einsicht vorlegen dürfe." Armer
Pestalozzi, wie hast du dich verändert! kann man da sagen.
Und dieser Buß, der so wenig in den Geist seines Lehrers einzudringen wußte, ist der Stammvater eines großen Geschlechts geworden, das von dem Erbe Pestalozzis zu zehren glaubt, während
es in Wirklichkeit nur von einer Verballhornung seiner Ideen lebt.

Über die weitere Entwicklung dieses Prinzips durch Herbart,
Fröbel und die neueren Zeichenpädagogen will ich schweigen. Es
ist keine erfreuliche Aufgabe, die Geschichte eines Irrtums zu schreiben.

An die negative Kritik des geometrischen Zeichnens schließe
ich sogleich die positive Ermittelung dessen an, was aus dieser
Methode als gut und nützlich beibehalten werden kann. Natürlich
habe ich bei meiner Schilderung des geometrischen Lehrganges das
Extrem dieser Methode zu Grunde gelegt, soweit es mir aus der
Litteratur bekannt ist. Selbstverständlich ist diese Übertreibung
nicht die Regel. Es mag viele tüchtige Zeichenlehrer geben, die

das Prinzip im allgemeinen anerkennen, aber bei weitem nicht in der einseitigen Weise, wie ich sie geschildert habe, ihrem Unterricht zu Grunde legen. Und ich will durchaus nicht läugnen, daß die geometrischen Formen in maßvoller Weise verwendet und mit anderem Lehrstoff gemischt einen gewissen Nutzen stiften können. In diesem Sinne ist es wohl auch gemeint, wenn in den neuen Lehrplänen für die Gymnasien an den Beginn des verbindlichen Unterrichtes gestellt wird: „Zeichnen ebner, gradliniger und krumm= liniger Gebilde im Klassen= und Abteilungsunterricht nach großen Wandvorlagen (Wandtafeln), erläutert durch Zeichnungen des Lehrers an der Schultafel, zugleich mit Abänderung der gegebenen Formen". Nur hätte ich gewünscht, daß hier eine bestimmte Warnung davor ausgesprochen worden wäre, diese Übungen über ganze Jahre hinaus fortzusetzen. Daß krumme und grade Linien eine gewisse Zeit geübt werden müssen, ist ja natürlich. Aber diese Übung auf einen großen Zeitraum auszudehnen und während dieser Zeit nichts anderes üben zu lassen, ist pädagogisch so verkehrt wie möglich. Viel richtiger wäre es, die mechanische Übung grader und krummer Linien zwischendurch während des ganzen Zeichenunterrichtes fortzusetzen, in jeder Stunde etwa 10 Minuten lang grade oder krumme Linien üben zu lassen. Nulla dies sine linea, diese Regel des Apelles sollte auch im Unterricht festgehalten werden.

Auch will ich die geometrischen Figuren durchaus nicht ganz aus dem Zeichenunterricht gestrichen wissen. Sie haben ihren guten Sinn, wenn sie nur dem Kinde nicht um ihrer selbst willen, nicht als mathematische Formen, sondern als die Grundformen der in seiner Umgebung vorhandenen Gegenstände mitgeteilt werden. Die mathematische Natur der geometrischen Formen zu erläutern, ist Sache des Mathematiklehrers, der Schauplatz dafür der Unter= richt in der Raumlehre. Beim Zeichnen sollte man dagegen den Zusammenhang mit der Natur von vorn herein möglichst stark be= tonen. Wie viele Gegenstände in unserer Umgebung haben eine regelmäßige geometrische Form! Nehmen wir nur den Kreis. Er findet sich wieder am Teller, am Ball, am Glas, an der Tasse, an der Flasche, am Apfel, am Ringe, am Reifen, an der Sonne und am Monde. Ist es nun nicht klar, daß ein Kind, dem man

einen dieser Gegenstände im Original oder in der Abbildung zum
Zeichnen vorlegt, ihn mit weit größerem Interesse kopiren wird
als einen Kreis? Der Kreis als solcher hat für das Kind nicht
das mindeste Interesse, der Reif dagegen und der Teller spielen
in seinem Leben eine so große Rolle, haben in seinen Augen einen
so großen Gefühlswert, daß sie sich schon dadurch viel besser zum
Unterrichtsstoff eignen. Man wird sagen: Das Kind wird durch
die plastische Form der Gegenstände verwirrt, es kann danach nicht
direkt zeichnen. Ich glaube das nicht, aber selbst wenn es richtig
wäre, kann man diese Gegenstände nicht auch in schematischen
Zeichnungen darstellen?

Wir haben in dem Abschnitt über das Stäbchen- und Fädchenlegen die Methode der schematischen Lebensformen kennen gelernt.
Ein Kind, das schon im vorschulpflichtigen Alter allerlei Gegenstände seiner Umgebung mit den körperlichen Linien der Stäbchen
oder Fädchen gelegt hat, wird nicht die mindeste Schwierigkeit
haben, solche Gegenstände nun auch als Zeichenvorlagen zu verstehen. Es wird mit einem bestimmten sachlichen Interesse an sie
herantreten, und die mechanische Arbeit, die ihm das Nachzeichnen
verursacht, wird ihm dadurch bedeutend leichter werden. Für seine
technische Übung aber ist es vollkommen gleichgiltig, ob es einen
Kreis als Kreis zeichnet, oder ob es dabei die Illusion hat, einen
Teller oder einen Reifen zu zeichnen. Es soll dabei gar nicht
ausgeschlossen sein, daß dem Kinde gleichzeitig gesagt wird: Das
ist ein Kreis. Oder: der Reif bildet einen Kreis. Nur soll ihm
die Form nicht als mathematische Form, sondern an dem realen
Gegenstande nahe treten. Und es sollen dabei alle mathematischen
Auseinandersetzungen über das Wesen des Kreises vermieden oder
wenigstens auf das notwendigste beschränkt werden.

Es verhält sich ja hiermit ebenso wie in der Sprache mit
den grammatischen Regeln. Wir sind wohl einig darüber, daß
ein Schüler eine Sprache, die nicht seine Muttersprache ist,
nicht ohne bestimmt formulirte Regeln erlernen kann. Aber diese
Regeln ohne Beispiele zu lehren, Jahre lang gar keine Lektüre,
sondern nur Grammatik zu treiben, fällt uns doch heutzutage nicht
mehr ein. Im Gegenteil, es wird sogar neuerdings mehr und
mehr verlangt, daß die Regeln aus der Lektüre abstrahirt werden,

daß man den Kindern Sätze vorlegt und sie veranlaßt, die Regeln aus ihnen zu entwickeln. Genau so soll es mit dem Zeichnen gemacht werden. Wir wollen die geometrische Form nicht ganz entbehren, aber wir wollen sie aus der Lebensform entwickeln, dem Kinde an der Lebensform erläutern.

Auf diesen Erwägungen baut sich die Methode der sche= matischen Lebensformen auf, die ich als den Kern des Zeichenunterrichtes für die ersten drei Schuljahre vorschlagen möchte. Ich würde rathen, diesen Kursus mit dem ersten Schul= jahr, also mit sechs Jahren, zu beginnen. Die allgemeinen päda= gogischen Gründe dafür habe ich schon wiederholt auseinandergesetzt. Hier will ich nur die Erfahrungsthatsache mitteilen, daß Kinder in diesem Alter wirklich schon einfache grad= und krummlinige Figuren zeichnen können. Den Beweis hat zuerst Pestalozzi geliefert. Er sagt auf Grund seiner gewiß ausgedehnten Erfahrung: „Die Neigung zum Zeichnen und die Fertigkeit zu messen entwickeln sich beim Kinde leichter und freier als das Lesen und Schreiben." Und Herbart, der in Burgdorf eine Probelektion unter Pestalozzis Leitung mitgemacht hatte, bezeugt: „Noch jetzt, so oft ich bei ma= thematischer Beschäftigung Figuren auf die Tafel hinwerfe, schelte ich meine Hand, daß sie nicht so feste grade Linien, so richtige Perpendikel, so genau runde Zirkel zeichnen kann als jene sechs= jährigen Kinder. Und noch weit mehr als wegen ihrer erworbenen Fertigkeit schätze ich dieselben wegen der energischen Stetigkeit des Geistes so glücklich, die sie gewinnen, indem sie die Vorstellung der Rundung so lange ohne Wanken festhalten, bis das hingespannte zielende Auge und die gehorchende Hand, ganz langsam aber sicher, in Einem fehlerlosen Zuge den Kreis vollendet haben." Was den Kindern in Burgdorf möglich war, die aus der Hefe des Volkes stammten, das wird wohl unseren künftigen Gymnasiasten auch möglich sein. Oder ist die technische Fähigkeit der Hand und die Sicherheit des Augenmaßes bei unserer künstlerisch so sehr herunter= gekommenen Generation schon derart degenerirt, daß unsere heutigen Lehrer mit dem besten Willen nicht mehr leisten können, was Pestalozzi leistete?

An den Beginn des Unterrichts möchte ich, entsprechend dem badischen Lehrplan, eine Übung im raschen und flüchtigen Aus=

9

führen verschiedener Striche setzen, die nur den Zweck hat, die Hand
mit dem Instrument und dem Zeichengrund bekannt zu machen
und ihr eine gewisse Gelenkigkeit und Sicherheit zu geben. Diese
Übung müßte auf schlechtem Papier und ohne jedes Wertlegen
auf pedantische Ausführung, in Form von graden und krummen,
kreuz und quer gezogenen Strichen bestehen.

Nachdem man das höchstens zwei Stunden fortgesetzt hat, lasse
man zunächst wiederum zwei Stunden regelmäßige krumme und grade
Striche ziehen. Um dem Kinde die Sache zu erleichtern, gebe man
die Endpunkte der Linien, bezw. die Punkte, welche den Krümmungs-
grad bestimmen, auf dem Papier an und lasse dieselben mit
einander verbinden. Man beginne mit kurzen Linien und gehe
allmählich zu längeren über. Dem Bau der Hand und des Armes
entsprechend stelle man die segmentförmige Linie an den Anfang
und lasse erst auf diese die grade folgen. Bei den Graden beginne man nicht mit der senkrechten und wagrechten, sondern mit
der schiefen. Denn diese wird anfangs dem Kinde viel leichter werden,
jene dagegen stellt schon höhere Anforderungen an das Augenmaß.

Sodann wende man sich sofort zu den Lebensformen. Der
Unterricht in den Lebensformen kann unmittelbar an die Legespiele
des vorschulpflichtigen Alters angeknüpft werden; die wichtige Regel
der Pädagogik, bei jeder neuen Stufe an die vorhergehende anzuknüpfen, spricht dafür. Der Unterricht auf dieser Stufe wird aus
pädagogischen Gründen am besten die Form des Massenunterrichts
erhalten. Große Wandtafeln werden aufgehängt, doch so, daß die
Schultafel für die Zeichnungen des Lehrers frei bleibt. Auf den
Wandtafeln sind die Gegenstände, die gezeichnet werden sollen, in
bunten und bis zu einem gewissen Grade realistisch ausgeführten
Bildern dargestellt. Um das Verständnis der Bilder zu erleichtern,
können die Gegenstände, die dargestellt sind, auch noch entweder
im Original oder in kleinen Modellen vorgezeigt werden. Aus
dem bunten Bilde der Wandtafel entwickelt nun der Lehrer an
der Schultafel die schematische Umrißzeichnung vor den Augen der
Schüler. Er vereinfacht dabei das Original, kürzt die Einzelheiten und Zufälligkeiten des Bildes ab, hebt das wesentliche besonders hervor, kurz er stilisirt das Vorbild in der Weise, wie wir
sie schon bei den Legespielen und den Bilderbüchern als charak-

tistisch für den Kinderstil geschildert haben. Diese schematische Zeichnung bilden die Kinder strichweise, wie der Lehrer sie aufzeichnet, nach. In wie weit das a tempo möglich ist, muß die Erfahrung und der einzelne Fall lehren, jedenfalls braucht man auf die vollkommen gleich rasche Ausführung keinen Werth zu legen.

Bei der Reihenfolge der zu zeichnenden Figuren ist der einzig maßgebende Gesichtspunkt die Schwierigkeit der Ausführung. Für die ersten Figuren wird es sich vielleicht empfehlen, die wichtigeren Punkte des Umrisses auf dem Zeichenblatt vordrucken zu lassen, so daß das Kind sie nur mit einander zu verbinden braucht. Daß das in mechanischer Weise geschehe, kann der Lehrer schon verhindern, und die Gefahr der Verwöhnung wird dadurch vermieden, daß dieses Hilfsmittel nur so lange gestattet wird, bis die Hand eine gewisse Sicherheit erlangt hat, so daß nun mit der Ausbildung des Augenmaßes begonnen werden kann. Bei der Ausführung der Zeichnungen lege man wie gesagt keinen Wert auf besonders glatte und exakte Herstellung der Striche. Wenn auch die Hand des Kindes anfangs zittert und die Linien unsauber werden, so begnüge man sich mit dem guten Willen, zumal dieser ja doch der Natur näher kommt als die pedantische Regelmäßigkeit.

Nachdem die schematische Lebensform gezeichnet ist, kann der Lehrer daneben auch noch die geometrische Form, die ihr zu Grunde liegt, vorzeichnen und vom Kinde nachzeichnen lassen. Nur soll diese letztere nie die Hauptsache, sondern immer die Nebensache sein, den Charakter einer nachträglichen Abstraktion haben. Da man vorläufig bei den meisten Kindern eine Übung in Fröbelschen Kinderspielen nicht voraussetzen kann, wird es vielleicht notwendig sein, dem Zeichnen einige Spiele mit dem Stäbchen- und Fädchenlegen vorangehen zu lassen. Ob es sich empfiehlt, die drei Stufen: Realistische bunte Zeichnung, schematische Umrißzeichnung und mathematische Grundform schon auf der Wandtafel darzustellen, oder ob es, was ich glauben möchte, pädagogisch richtiger ist, die beiden letzteren Formen durch den Lehrer an der Schultafel entwickeln zu lassen, mögen die Pädagogen entscheiden.

Natürlich ist bei der realistischen Zeichnung Anfangs jede perspektivische Verkürzung zu vermeiden, da diese ja doch vom Kinde nicht verstanden, geschweige denn richtig nachgezeichnet werden würde.

9*

Später kann dann der Deutlichkeit wegen auch die Seitenansicht
der Gegenstände hinzugefügt werden, wenn auch der Lehrer diese
bei der Entwickelung der schematischen Zeichnung natürlich weg=
lassen muß. Es soll eben auf dieser Stufe der Unterricht streng
als Flächenzeichnen behandelt werden.

Die Auswahl der Gegenstände, die als Vorbilder für das
schematische Zeichnen der Lebensformen dienen können, wird im
wesentlichen dieselbe sein, wie bei den Legespielen des vorschul=
pflichtigen Alters. Unter den gradlinigen Figuren werden zum
Beispiel folgende in Betracht kommen: Zur Ableitung des Qua=
drates: Tisch, Kommode, Kissen, Buch; des Rechtecks: Schiefertafel,
Thür, Fenster, Bank, Ofen, Leiter; des Dreiecks: Zelt, Trichter,
Dach; des Trapezes: Wassereimer, Glas, Bierkrug, Kanne u. s. w.
Kombinationen senkrechter und wagrechter Linien wird man durch
den Leuchter, die Wage, das Winkelmaß, den Wegweiser, die Treppe
verdeutlichen können, Kombinationen von Quadraten und Recht=
ecken durch das Kreuz, die Mauer; Kombinationen grader und
schiefer Linien durch das Pult, den Stuhl, die Mütze, die Brücke,
das Bett; Kombinationen von Dreiecken und Quadraten oder
Rechtecken durch das Haus, die Kirche, die Flasche u. s. w.

Unter den krummlinigen Figuren werden Sense und Messer
das Segment, Sichel und Hut den Halbkreis, Ball, Apfel, Teller,
Reif u. s. w. den Kreis, Ei und Spiegel das Oval veranschaulichen
können. Aus Verbindungen grader und krummer Linien ent=
stehen Lebensformen wie der Schirm, das Schiff, der Kessel, die
Schüssel u. s. w.

Man würde ohne Zweifel eine unendlich große Reihe solcher
Gegenstände, die sich zu flächenhaft schematischer Wiedergabe eignen,
zusammenbringen können, wenn man allein die Ansätze zu dieser
Methode, die bisher schon gemacht sind, alle berücksichtigen und
ausbeuten wollte. Daß die Methode nicht vollkommen neu ist,
geht schon aus dem, was ich bisher über Pestalozzi und Fröbel
gesagt habe, hervor. Wenn auch Pestalozzi nicht mehr dazu kam,
die von ihm geplanten Lebensformen zu publizieren, so enthalten
doch die Schriften Fröbels und der Fröbelianer, sowohl in den
Erörterungen über das Zeichnen wie über die Legespiele eine Fülle
von einschlägigem Material. Gleichzeitig etwa mit Fröbel haben

der Franzose Lamotte und vor allen Dingen Soldau, Lehrer der
Mathematik und Naturwissenschaften am Landesschullehrerseminar
von Friedberg in Hessen, Methoden vorgeschlagen, die auf diesem
Prinzip beruhen. Auch neuerdings ist man zuweilen darauf zurück=
gekommen. So erinnere ich mich, daß die „Sechzehn Wandtafeln
mit gradlinigen Figuren" von Klein und Blied eine außerordent=
lich wertvolle Sammlung solcher „Zeichenhieroglyphen", wie ich
sie nennen möchte, enthalten. Wenn nicht die verfehlte Anwendung
des Netzes den Wert dieses Vorlagenwerkes schmälerte, so würde ich
nicht anstehen, es als die beste Sammlung von Vorlageblättern
für die erste Stufe zu empfehlen. Ebenso beruht der Leitfaden
für die Volksschulen, den Thiele neuerdings herausgegeben hat,
teilweise auf einem ähnlichen Prinzip. Auch die Methode des
Dr. Matthaei, Gymnasiallehrers in Gießen, berührt sich wenigstens
in sofern mit meinen Vorschlägen, als er die geometrischen Formen
ebenfalls nicht als abstrakte Schemata lehren, sondern aus den
Gegenständen ableiten will. Nur sind ihm die Lebensformen
in Gestalt schematischer Flächenfiguren wie es scheint unbekannt,
wie sie überhaupt fast in allen neuerdings erschiene=
nen Leitfäden, Lehrbüchern und Tafelwerken fehlen.

Diesen Lehrstoff möchte ich nun während der ersten drei
Schuljahre als den eigentlichen Kern des ganzen Unterrichtes be=
trachtet wissen. Man wende dagegen nicht ein, daß er dazu nicht
ausgiebig genug sein würde. Die Menge der möglichen Lebens=
formen ist so groß und sie lassen sich in so zahlreiche Abstufungen
der Schwierigkeit gliedern, daß es gewiß leicht sein würde, mehrere
Jahreskurse mit ihnen zu füllen. Man kann ja dabei allmählich
auch zu einer realistischeren und detaillirteren Darstellungsweise
übergehen. Ja man kann sogar die Anfangsgründe der Farben=
lehre mit diesem Kursus verbinden.

Da 6—10jährige Knaben notorisch an dem bunten An=
tuschen von Bilderbogen Freude haben, so steht durchaus nichts
entgegen, etwa im letzten Jahre dieses Kursus, also im dritten
Schuljahre, solche schematische Lebensformen entsprechend den natür=
lichen Farben der Gegenstände koloriren zu lassen. Ob sich hier=
zu besser der Buntstift oder der Pinsel eignet, ob man erst den
Buntstift, dann den Pinsel benutzen lassen will, ist eine technisch=

pädagogische Frage, die hier nicht entschieden zu werden braucht.
Derartige Dinge müssen sich aus der Praxis heraus entwickeln.
Wenn auch das Antuschen vorgedruckter Figuren, wie es bei den
bekannten Bilderbogen oder Malbüchern vorausgesetzt wird, in
der häuslichen Kunstthätigkeit der Schüler eine große Rolle spielen
mag, so ist es doch noch etwas anderes, wenn der Schüler nun die
von ihm selbst gezeichneten Figuren auch koloriren darf und gezwungen wird, unter Aufsicht des Lehrers die richtigen Farbentöne
auszuwählen und zu mischen. Selbstverständlich hat auf dieser
Stufe jede theoretische Auseinandersetzung über das Wesen der
Farbe zu unterbleiben. Nur auf das praktische Erkennen und
Unterscheiden der Nüancen kommt es an. Zur Vorübung können
die Magnusschen Tafeln zur Erziehung des Farbensinnes herbeigezogen werden.

Dieser elementare Lehrgang dürfte vor allen anderen den
Vorzug haben, daß er einerseits den Forderungen des Flächenzeichnens streng entspricht, andererseits die Illusionsfähigkeit, d. h.
also die spezifisch künstlerische Fähigkeit des Kindes ausbildet.
Außerdem wird der Zusammenhang mit der Natur streng gewahrt.
Daß der Lehrstoff der ersten Jahre dem Flächenzeichnen entnommen
sein muß, ergiebt sich schon aus der früher besprochenen Thatsache, daß das Kind die Gegenstände der Natur zum Teil wenigstens
noch flächenhaft sieht, auf keinen Fall im Stande ist, perspektivische Verkürzungen im Bilde zu verstehen und künstlerisch
wiederzugeben. Daher kommt es wohl, daß fast alle Zeichenpädagogen darin übereinstimmen, das flächenhafte Zeichnen an die Spitze
des Unterrichtsganges zu stellen. Der Fehler, den sie dabei machen,
ist nur der, daß sie für dieses Flächenzeichnen die dem Kinde
uninteressanten geometrischen Formen wählen. Die Gefahr der
letzteren liegt nicht nur darin, daß sie langweilig sind, also dem
Kinde die Lust am Zeichnen rauben, sondern vor allem darin, daß
bei ihnen die künstlerische Illusion vollkommen wegfällt. Wenn
man bedenkt, wie sehr sich die künstlerische Phantasie, die ästhetische
Symbolik schon in der Kinderstube, besonders in den Spielen der Kinder
äußert, so muß man doch zugeben, daß ein Lehrgang des Zeichnens,
der diese Gabe vollkommen unberücksichtigt läßt, nicht richtig sein
kann. Grade die Gabe des Kindes, sich etwas bestimmtes unter

einer Form vorzustellen, im Bilde bestimmte Dinge seiner Um=
gebung wiederzuerkennen, ist ja doch die künstlerische Seite des
kindlichen Seelenlebens, eine Garantie für die spätere Entwicklung
des ästhetischen Gefühls. Diese Gabe zu unterdrücken oder, was
dasselbe heißt, nicht weiterzubilden, kann doch einem gewissenhaften
Pädagogen unmöglich einfallen. Das schematische Zeichnen von
Lebensformen ist also für die ersten Schuljahre nicht nur möglich
und nützlich, sondern es ist auch der einzige Lehrstoff, der gerade
zu dieser Zeit unbedingt dargeboten werden muß. Er ist unent=
behrlich, wenn das Spiel allmählich in Ernst übergeführt werden
soll. Das Kind soll schon in diesem Alter das Gefühl haben:
Zeichnen ist die Kunst, Gegenstände der Natur auf der Fläche
darzustellen. Bietet man ihm einen Lehrstoff, der gar nichts mit
der Natur zu thun hat, so wird es schon beim Beginn seiner
künstlerischen Thätigkeit den Zusammenhang mit der Natur ver=
lieren. Das kann aber nicht die Absicht einer künstlerischen Er=
ziehung sein, die den Anspruch macht, in Übereinstimmung mit
den Grundsätzen der modernen Kunstentwicklung zu stehen.

Ob und in welcher Weise das Zeichnen schon auf dieser Stufe
mit anderen Unterrichtsfächern in Beziehung gesetzt werden kann,
könnte ich den Pädagogen zur Entscheidung überlassen. Aber ich
möchte doch wenigstens meine Ansichten darüber kurz äußern. Be=
kanntlich spielt das Streben der „Konzentration" in gewissen Kreisen
der Pädagogik eine sehr bedeutende Rolle. In diesen ersten Schul=
jahren könnte davon wohl nur in dem Sinne die Rede sein, daß
man das Zeichnen mit dem Anschauungsunterricht in eine bestimmte
Verbindung brächte. Ich zweifle indessen, ob das möglich ist. Der
Lehrgang des Anschauungsunterrichts wird doch durch andere Ge=
sichtspunkte bestimmt als der des Zeichenunterrichts. Bei letzterem
kommt es lediglich auf die richtig gewählte Reihenfolge der in
ihrer Schwierigkeit sich steigernden Vorlagen an, bei ersterem spielen
sachliche Gesichtspunkte die Hauptrolle. Daß beides zusammenfallen
kann, ist ja nicht ausgeschlossen, doch im ganzen wohl nur in Aus=
nahmefällen vorauszusetzen. Wohl mag der Lehrer, der den An=
schauungsunterricht erteilt, sich dazu der Wandtafeln mit den
schematischen Lebensformen bedienen. Aber eine vollkommen parallel

laufende, d. h. eben konzentrirte Art des beiderseitigen Unterrichts dürfte sich schwerlich ermöglichen lassen.

Ebenso ist es eine rein technische Frage, wie der Lehrer beim Massenunterricht mit den Lebensformen diejenigen Schüler beschäftigen soll, die früher als die anderen mit einer Zeichnung fertig werden. Man hat für solche Fälle das System der sog. „Episoden" eingeführt, d. h. für die begabteren und weiter vorgerückten Schüler besondere Ausführungen oder Variationen der einzelnen Aufgaben empfohlen. Das könnte hier sehr leicht in der Form geschehen, daß man einem solchen Schüler früher als den andern das Koloriren erlaubte oder ihn stufenweise vom schematischen Zeichnen zum realistischeren und detaillirteren hinüberführte. Der richtige Weg würde sich schon aus der Praxis ergeben. Auch die Frage nach dem für den Anfang geeignetsten Zeichenmaterial kann hier nicht behandelt werden, wenn ich auch glaube, daß auf der ersten Stufe schon aus Reinlichkeitsgründen sich der Bleistift am meisten empfehlen würde.

Ich bin übrigens nicht der Ansicht, daß das Zeichnen schematischer Lebensformen die ersten Schuljahre vollkommen ausfüllen sollte. Im Gegenteil, ich würde es sogar für sehr wünschenswert halten, wenn man einen Lehrstoff anderen Charakters fände, der stundenweise in jenen hineingeschoben werden könnte und geeignet wäre, eine gewisse Abwechselung hervorzubringen. Um einen solchen brauchen wir denn auch nicht verlegen zu sein. Ehe wir ihn aber bezeichnen, wird es sich empfehlen, einen anderen Stoff kritisch zu besprechen, der ebenfalls wie ich glaube, bisher auf den Gymnasien in etwas zu einseitiger Weise gepflegt worden ist. Ich meine das Flachornament.

Fast in allen Unterrichtskursen, die auf deutschen Gymnasien eingeführt sind oder von Vereinen bezw. einzelnen Zeichenlehrern empfohlen werden, spielt das Flachornament eine ganz unverhältnismäßig große Rolle. Es schließt sich der Regel nach unmittelbar an die geometrischen Formen an, mit denen es sogar teilweise, soweit es geometrischen Charakter hat, zusammenfällt. In Baden ist wie gesagt die erste Umrißfigur, die überhaupt gezeichnet wird, ein stilisirtes Weidenblatt. Weitaus die meisten Vorlagenwerke, die in den letzten 15 Jahren erschienen sind und fortwährend noch

erscheinen, beziehen sich auf Flächenornamente. Es wird dabei
gewöhnlich mit den gradlinigen Ornamenten begonnen, die ent=
weder aus der altgriechischen Ornamentik (Mäander, Zickzack u. s. w.)
oder aus der maurischen (Flechtornament u. s. w.) entlehnt werden.
Daneben werden dann diejenigen mit gebogenen Linien geübt, die
teilweise aus dem griechischen Ornamentenschatz (Flechtband, Wellen=
ornament, Eierstab), teilweise aus den verschlungenen Bandmustern
des maurischen Stils, der deutschen und italienischen Intarsia u. s. w.
entnommen sind. Die nächste Gruppe umfaßt dann das vegetabilische
Ornament, zunächst einfache stilisirte Blätter, dann Zweige, Ranken,
Füllungen u. s. w. Die Quelle hierfür bietet die antike, mittel=
alterliche und Renaissanceornamentik. An diesen Kursus flächen=
hafter nur im Umriß gezeichneter Ornamente schließt sich der Kursus
des plastischen schattirten Ornaments an, mit dem wir es vor=
läufig nicht zu thun haben.

Daß diese geometrischen und vegetabilischen Ornamente im
modernen Zeichenunterricht eine so große Rolle spielen, hat einen
sehr einfachen Grund. Die Reform unseres Zeichenunterrichts ist
von kunstgewerblichen Gesichtspunkten ausgegangen. Sie sollte von
vorn herein dazu dienen, unser Kunstgewerbe zu heben. Dement=
sprechend erstreckte sie sich in erster Linie auf die Kunstgewerbe=
schulen, in zweiter auf die Fortbildungsschulen und Volksschulen.
Auf diesen Lehranstalten hatte der Zeichenunterricht einen vor=
wiegend praktischen Zweck. Es galt, den Handwerker oder den
künftigen Handwerker auf ein gewisses künstlerisches Niveau zu heben.
Er sollte nicht nur technisch das Zeichnen als ein unentbehrliches
Hilfsmittel seines Handwerks lernen, sondern bei dieser Ge=
legenheit auch mit den Kunstformen früherer Zeiten, mit den ver=
schiedenen Stilarten der Vergangenheit bekannt gemacht werden.
Und zwar sollte er dies, damit er sie selber in der Praxis an=
wenden könnte. Hat sich doch unser ganzes Kunstgewerbe bis
auf die unmittelbare Vergangenheit in dieser Richtung bewegt.
Der rückschauende Zug, die Nachahmung vergangener Stilarten
hat ihm den Stempel aufgedrückt. Es war also durchaus natür=
lich, daß auch das Unterrichtswesen auf den Vorbereitungsschulen
für das Handwerk und Kunsthandwerk diesen Charakter annahm.

Es war begreiflich, daß der größte Teil des Unterrichtes sich auf Ornamentik bezog.

Diese Verhältnisse finden indessen auf das Gymnasium keine Anwendung. Die ästhetischen Ziele des Gymnasiums sind vollkommen verschieden von denen der erwähnten Schularten. Auf den Gymnasien soll der Zeichenunterricht nicht in erster Linie die Vorbereitung für eine praktische Thätigkeit sein, sondern die Vorbereitung für das Kunstverständnis überhaupt. Mögen auch manche Gymnasiasten später in solche Gebiete der Technik oder des Gewerbes übertreten, wo sie vor allem eine genaue Kenntnis der ornamentalen Stilformen brauchen: Für sie ist doch der Zeichenunterricht nicht in erster Linie da. Die große Masse der übrigen Schüler aber, besonders die der mittleren und höheren Klassen, haben am Kunstgewerbe und den architektonischen und ornamentalen Stilarten nur insofern Interesse, als ihre Kenntnis einen Teil des allgemeinen Kunstverständnisses ausmacht. Bildende Kunst besteht aber nicht nur aus Architektur und Kunstgewerbe, sondern auch aus Plastik und Malerei. Und da die beiden letzteren Künste für die allgemeine Bildung und für die Erziehung zur ästhetischen Genußfähigkeit ohne Zweifel noch wichtiger sind als die beiden ersteren, so geht daraus hervor, daß auch der Zeichenunterricht im ganzen mehr auf sie als auf jene Rücksicht nehmen sollte.

Hieraus ergiebt sich schon zur Genüge, wie verkehrt es ist, ganze Jahre hindurch, wie das jetzt vielfach geschieht, nur Ornamente zeichnen zu lassen. Ebenso wie bei der geometrischen Figur fehlt auch beim Ornament, wenigstens beim Flachornament, vollständig das Moment der Illusion, d. h. derjenigen Illusion, die dem Kinde zugänglich ist und ihm Freude bereitet. Die höhere feinere Illusion, die dem Ornament innewohnt, und die sich als Aufhebung der Schwere, organische Belebung der Materie u. s. w. kundgiebt, ist dem Kinde vollkommen unzugänglich. Der Knabe sieht im Ornament nur ein äußerliches Spiel von Linien, die an sich ganz hübsch sind, aber in seinen Augen nichts bedeuten. Er stellt die Ornamente vollkommen auf eine Stufe mit den geometrischen Figuren. Und wie er sich vorher bei diesen gelangweilt hat, so langweilt er sich jetzt auch bei jenen. Ich habe noch keinen Knaben unter dem 15. Jahre kennen gelernt, der nicht alles andere lieber

als Ornamente gezeichnet hätte. Ihn nun gar Jahre lang damit
zu peinigen, heißt wiederum seinen Kunstsinn nicht fördern, sondern
gewaltsam zurückhalten oder gar vernichten.

Es fehlt ja freilich nicht an Gründen, die man auch hier
zu Gunsten des Ornaments anführt, und die grade für das Gym=
nasium eine gewisse Berechtigung zu haben scheinen. Man sagt:
der Gymnasiast soll durch den Zeichenunterricht hauptsächlich „ästhe=
tisch" gebildet, zur Empfindung für das „Schöne" angeleitet
werden. Ich will einmal vorläufig die allgemeine Gültigkeit
dieses Satzes zugeben. Dann ist aber die Zeit für diesen Unter=
richt nicht die Quinta und Quarta, wo er jetzt meistens geübt
wird, sondern frühestens die Obertertia. Denn erst mit 14 Jahren
etwa fängt ein Knabe an, die eigentliche Schönheit des Ornamentes
und das Wesen des historischen Stils vollkommen würdigen zu
können. Vorher zeichnet er wohl die Umrisse mechanisch nach,
freut sich auch vielleicht bis zu einem gewissen Grade an der Regel=
mäßigkeit der Figuren, am Schwung der Linien u. s. w., aber das
höhere Verständnis für das Ornament ist ihm nicht aufgegangen.

Aber ich halte den Satz, daß der Zeichenunterricht den Gym=
nasiasten vor allen Dingen zum Verständnis des „Schönen" zu
erziehen habe, in dieser Allgemeinheit gar nicht einmal für berechtigt.
Ich habe mich darüber schon bei Gelegenheit der Fröbelschen
„Schönheitsformen" (S. 61) ausgesprochen, muß aber hier noch ein=
mal darauf zurückkommen. Was wir „schön" nennen, ist etwas Kon=
ventionelles. Dieses konventionell Schöne hat sich allerdings historisch
entwickelt und hat in Folge dessen nicht nur eine Existenzberech=
tigung, sondern auch ein Anrecht darauf, als ein Bestandteil der
allgemeinen Bildung angesehen und dem Schüler dementsprechend
mitgeteilt zu werden. Es hat auch im Gymnasialunterricht ohne
Zweifel sehr viel mehr Berechtigung als in dem Unterricht des
vorschulpflichtigen Alters. Aber es ist doch sehr die Frage, ob wir
grade dieses konventionell Schöne zum Mittelpunkt des Zeichen=
unterrichts durch mehrere Klassen hindurch machen sollten.

Das Wesen des historischen Ornamentes der europäischen
Kulturvölker, soweit es sich bisher entwickelt hat, beruht auf der
Stilisierung, d. h. auf der Veränderung der Natur im Interesse
gewisser allgemeiner ästhetischer Gesetze. Diese Gesetze haben wir

kennen gelernt. Es sind in erster Linie die der Regelmäßigkeit, Symmetrie, Proportion u. s. w. Daß z. B. die ostasiatischen Völker ein vollkommen anderes Ornamentationsprinzip haben, ist ebenfalls schon erwähnt worden. Nun hat sich in neuerer Zeit, und zwar im Anschluß an die realistische Entwicklung unserer Plastik und Malerei, und unter gleichzeitiger Einwirkung japanischer Muster, auch in unserer Ornamentik ein ganz ausgesprochenes Streben geltend gemacht, wieder an die Formen der Natur anzuknüpfen. Jahrzehntelang haben wir uns damit begnügt, vergangene Stil= arten zu studiren. Wir haben den Weg vom klassisch hellenischen Kunstgewerbe zu dem der italienischen Renaissance, von diesem zu dem der deutschen Renaissance zurückgelegt, wir haben uns dem Barock und Rococo zugewendet, und wir stehen nun vor der Frage: Sollen wir den Kreislauf noch einmal von vorn anfangen oder sollen wir uns bemühen, endlich etwas Selbständiges, etwas aus dem Geiste unserer Zeit heraus Entstandenes zu schaffen?

Lange Zeit haben die Meinungen hierüber hin= und hergeschwankt. Man hat mit dem Aufwand allen Scharfsinns nachzuweisen versucht, daß die Schöpfung eines neuen Stiles überhaupt ein Ding der Un= möglichkeit sei, daß wir nichts besseres zu thun hätten, als von den Brosamen vergangener Kunstepochen zu leben, daß wir im besten Fall wagen könnten, die Kunstformen der Vergangenheit unseren modernen Bedürfnissen anzupassen. Auf der anderen Seite hat man hervorgehoben, daß jede kräftig empfindende Kunstepoche sich einen eigenen Stil schaffe, der zwar an das Alte anknüpfe, aber dieses Alte doch bewußt weiterbilde, daß dieser Stil be= sonders in der Ornamentik seinen Ausdruck finde, und daß das Kennzeichen desselben immer eine Erneuerung und Vertiefung des Naturstudiums sei. Man solle nur einmal anfangen, die heimische Flora zu studiren und aus der Natur heraus eine neue Art der Stilisirung oder besser gesagt der Naturnachahmung zu entwickeln. Unsere heimischen Pflanzenformen seien noch lange nicht genügend ausgebeutet und es komme nur drauf an, den Griechen und Römern abzulernen, wie diese ihre heimische Flora studirt hätten, um nach diesem Muster nun auch einen neuen nationalen Stil des Ornaments zu schaffen.

Diese letztere Ansicht, scheint, wenn nicht alle Anzeichen trügen,

den Sieg über die erstere davonzutragen. Es ist nur noch die
Frage, ob bei dieser Reform der Ornamentik auf nationaler Grund=
lage, die über kurz oder lang sicher bevorsteht, das Prinzip der
Stilisirung wirklich in dem Sinne der griechischen und römischen
Kunst festgehalten werden wird, oder ob unsere Künstler schon jetzt
die Kraft haben werden, eigene Gesetze der Stilisirung bezw. der
Naturnachahmung auszubilden.

Von diesem höheren, wenn man will, kunstphilosophischen
Standpunkt aus muß wie ich meine das Ornament als Lehrstoff
des Zeichenunterrichts beurteilt werden. Daß der Schüler die
historischen Stilarten und die konventionellen Formen der Stili=
sirung kennen lerne, und zwar durch eigene Übung kennen lerne,
ist durchaus zu wünschen. Besonders kann man dem Gymnasiasten,
solange einmal die klassische Bildung noch die Grundlage unserer
Gymnasialerziehung ist und sein muß, die Formen des klassischen
Ornaments nicht vorenthalten. Aber man soll sie ihm nicht als
den einzigen, ja nicht einmal als den wichtigsten Lehrstoff auf=
drängen. So wie wir auf dem Gymnasium die griechische und
lateinische Sprache nicht deshalb lernen, damit wir griechisch und
lateinisch sprechen oder schreiben können, sondern damit wir an
pädagogisch besonders wertvollen Idiomen in das Wesen der Sprache
überhaupt eingeführt werden, so wie wir uns in der griechischen
und römischen Geschichte nicht deshalb unterrichten lassen, damit
wir uns die Thatsachen der griechischen und römischen Geschichte
für unsere spätere Lebenszeit merken, sondern damit wir einmal
die Grundbegriffe des staatlichen und sittlichen Lebens, den Patrio=
tismus, die Gerechtigkeit, die Aufopferung u. s. w. an klassisch
überlieferten Beispielen erläutert bekommen, so sollen wir auch die
antiken Ornamentformen nicht deshalb zeichnen, damit wir den
Begriff erhalten, das griechische Ornament sei das einzig wahre,
einzig nachahmenswerte, sondern damit wir überhaupt an einem
pädagogisch besonders wertvollen Beispiele mit dem Wesen des
Ornaments bekannt gemacht werden. Wir sollen durch diesen
Unterricht nicht eine bestimmte Kunst, sondern das Wesen der
Kunst überhaupt verstehen lernen.

Jene Gesetze der Regelmäßigkeit, Einfachheit, Symmetrie,
Proportion u. s. w. finden ihre vorwiegende Anwendung nicht in

der Malerei und Plastik, sondern in der Architektur und dem Kunst=
gewerbe. Eine vorwiegende Betonung gerade dieses Lehrstoffes würde
also die pädagogische Gefahr in sich schließen, daß das Interesse
der Knaben zu einseitig auf diese Künste gerichtet, der Plastik
und Malerei entfremdet würde. Das kann aber nicht der
Zweck der Erziehung sein. Die künstlerische Erziehung hat die
Aufgabe, das Interesse für alle Künste gleichmäßig zu wecken, und
es ist sicher, daß der kindliche Trieb, wenn man ihn sich selbst
überließe, früher und energischer sich der Malerei und Plastik als der
Architektur und dem Kunstgewerbe zuwenden würde. Der angeborene
Trieb zur künstlerischen Illusion findet in den nachahmenden Künsten
eine für das Kind viel stärkere und lebhaftere Befriedigung als
in denjenigen Künsten, die gleichzeitig einem praktischen Zweck
dienen und die Natur nur als Analogie und in versteckter Weise
nachahmen. Es wird deshalb richtiger sein, das Zeichnen von
Ornament= und Architekturformen mehr auf die späteren Klassen
aufzusparen und insbesondere das Flachornament in den ersten
Schuljahren nur nebenbei, als Abwechslung gewissermaßen von
dem Illusionsspiel der Lebensformen, anzuwenden.

Ein Knabe, den man lange Zeit nur stilisirte Blattformen
oder Flächenornamente hat zeichnen lassen, und dem man immer
und immer wieder gesagt hat: „Die Schönheit" besteht in der
Regelmäßigkeit, in der Symmetrie, der Proportion u. s. w., dem
werden schließlich diese Begriffe so sehr in Fleisch und Blut über=
gehen, daß er sie auch auf die nachahmenden Künste, auf Plastik
und Malerei überträgt. Er wird gradezu verlernen, was er doch
als Kind ganz gut gewußt oder wenigstens gefühlt hat, daß „das
Schöne" in den nachahmenden Künsten nicht auf irgend einer
Eigenschaft des dargestellten Gegenstandes, sondern vielmehr auf der
lebensvollen Art der Darstellung im Kunstwerke beruht. Was
kann man vor einem Bilde Dürers oder gar Rembrandts mit den
Gesetzen der Regelmäßigkeit, Symmetrie, Proportion, des Schwungs
der Linien u. dgl. anfangen! Man erschwere dem Knaben nicht
das Verständnis solcher Meister, indem man seine ästhetischen Begriffe
vorzeitig durch einseitige Übertreibung eines bestimmten ästhetischen
Prinzips, das nicht einmal das wichtigste ist, verwirrt.

Die neue Richtung der Ästhetik, der ich hiermit Ausdruck

verliehen habe, spricht sich nun auch im Zeichenunterricht der neuesten
Zeit aus, und zwar in der immer stärkeren Betonung des Natur=
blattes gegenüber dem stilisirten Ornament. Man kann diese
Bewegung nur mit Freuden begrüßen, und ich möchte alle jüngeren
Zeichenlehrer, die sich dieses Lehrstoffes besonders angenommen haben,
zur möglichst energischen Weiterführung ihrer Bemühungen er=
muntern. In der That wüßte ich nicht, welches Vorbild für einen
Knaben im Alter von 6—10 Jahren, abgesehen von der schema=
tischen Lebensform, interessanter sein könnte, als das getrocknete und
gepreßte Naturblatt. Besitzt es doch für einen Knaben gerade das,
was dem stilisirten Blatt fehlt: ein bestimmtes inhaltliches Interesse,
einen bestimmten Gefühlswert. Kann er es doch selber im Walde
oder im Garten pflücken, selber pressen, selber und in eigener Samm=
lung aufbewahren. Vor allen Dingen aber kann er die Gesetze
der Stilisirung an ihm viel besser kennen lernen als an einer
schon stilisirten Blattform. Es ist ja nicht nötig, daß er beim
Abzeichnen alle Unregelmäßigkeiten des zufällig vor ihm liegenden
Exemplars mitmache. Der Lehrer kann ihn anleiten, sie abzu=
schleifen, die kleinen unwesentlichen Formen zu unterdrücken, die
durchgehenden und wesentlichen kräftiger herauszuheben. Er mag
dabei dem Schüler gleichzeitig eine stilisirte Blattform vorlegen
und ihm den Unterschied der beiden Formen klar machen. Be=
sonders lehrreich wird es für den Schüler sein, wenn er veranlaßt
wird, beide Formen nach einander zu zeichnen, die eine aus der
anderen zu entwickeln. Das wird ihm das Wesen der Stilisirung
viel klarer machen als wenn er immer nur stilisirte Formen sieht,
immer nur das fertige Produkt der menschlichen Kulturarbeit be=
wundern lernt. Wir wollen ja die Kinder vor allen Dingen zur
Selbständigkeit und produktiven Thätigkeit erziehen. Sie sollen
sich nicht gewöhnen, mechanisch dasjenige hinzunehmen, was andere
vor ihnen gedacht und geschaffen haben. Sie sollen vielmehr selber
denken, selber schaffen, selber Neues entwickeln lernen. Durch das
Zeichnen des Naturblatts wird der dreifache Vorteil erreicht, daß
der Knabe erstens das Gefühl hat, eine Naturform vor sich zu
haben, die seinen Illusionstrieb anregt, daß er zweitens auch hier
schon die Gesetze der Symmetrie, Proportion u. s. w. kennen lernen
kann, die er ja doch einmal kennen lernen muß, und daß er drittens

zur eignen Produktion angeleitet wird. Dabei bleibt dieser Lehr=
stoff streng in den Grenzen der Flächenzeichnung, die in diesem
Alter noch nicht überschritten werden dürfen. Daß er für die ersten
Stufen nicht zu schwierig ist, wird durch den badischen Lehrplan
bewiesen, der das stilisirte Weidenblatt sogar an die Spitze des
ganzen Elementarzeichnens stellt. Wenn ein Kind überhaupt erst ein=
mal grade und krumme Linien zeichnen kann, ist es auch im Stande,
ein gepreßtes Weidenblatt oder Ephenblatt zu zeichnen. Eine konzen=
trirende Verknüpfung dieses Blätterzeichnens mit dem botanischen
Unterricht halte ich aus denselben Gründen, die ich oben bei Er=
wähnung des Anschauungsunterrichts angeführt habe, für bedenk=
lich. Doch füge ich mich gern dem Urteil der Pädagogen, die
etwa in dieser Beziehung andere Erfahrungen gemacht haben.

An die Naturblätter mögen sich dann einfachere Flachorna=
mente geometrischen und vegetabilischen Charakters anschließen, doch
vermeide man, dem Knaben längere Zeit hindurch nur diese für
ihn wenig schmackhafte Kost zu verabreichen.

Es bedarf keines besonderen Hinweises darauf, daß meine
Warnung wegen des zu pedantischen Betriebes des Zeichenunter=
richts vor allen Dingen auf diese erste Stufe Anwendung findet.
Alle die schönen Redensarten von der Notwendigkeit früher Zucht,
von der Bedeutung des Zeichenunterrichts für die Erziehung zur
Sorgfalt, Reinlichkeit u. s. w., von der moralischen Einwirkung
dieses Unterrichts auf den Charakter, lasse man in diesem Alter
beiseite. Man halte sich nur an den einen großen Imperativ,
der jedem Erzieher stets vor Augen stehen sollte: „Interessire!“
Das ist die schwerste Aufgabe der Pädagogik und gleichzeitig die
wichtigste. Es ist gerade diejenige, welche die meisten jetzt herrschenden
Zeichenmethoden nicht erfüllen. Nirgends ist das persönliche In=
teresse, die Begeisterung für die Sache so wichtig wie in der Kunst.
Gelingt es, das Interesse des Kindes gleich in den ersten Jahren
zu erwecken, so ist das Ziel schon halb erreicht. Um das zu können,
muß man sich aber bemühen, das Zeichnen wenigstens im ersten
Jahre womöglich spielend zu betreiben. Es knüpft ja unmittelbar
an die Kinderspiele, an das Stäbchen= und Fädchenlegen an. Man
lasse dem Kinde den Übergang vom Spiel zur Arbeit nicht zu
schroff erscheinen.

Mit dem 10. oder 11. Jahre tritt der Knabe in das Gym=
nasium ein. Die Stufe des spielenden Lernens ist überwunden, der
Unterricht nimmt einen strengeren und ernsteren Charakter an. Damit
das Zeichnen in den drei unteren Gymnasialklassen bestimmte Ziele
verfolgen könne, ist es notwendig, daß die beiden Pensen des ele=
mentaren Zeichnens, die bisher besprochen sind, das Zeichnen schema=
tischer Lebensformen und gepreßter Blätter vorher absolvirt
seien. Das Flächenzeichnen, als beschränkte und unvollkommene
Art des Zeichnens, darf nur so lange geübt werden, wie es ein
notwendiges Übel, d. h. eine durch pädagogische Rücksichten diktirte
Vorstufe ist. Da das Wesen der Malerei auf der Übertragung
runder Formen in die Fläche beruht, und das Verständnis ihrer
Produkte sich in erster Linie auf eine phantasievolle Rückübersetzung
aus der Fläche in das Runde gründet, so muß der Zeichenunter=
richt, sobald es irgend möglich ist, hierzu übergehen, d. h. bei den
Kindern diese spezifisch malerische Fähigkeit auszubilden suchen.

Zu den größten Verdiensten des neueren Zeichenunterrichts
gehört die Pflege des körperlichen Zeichnens. Wenn man vom
Flachornament absieht, so ist kein Lehrstoff so gründlich und syste=
matisch nach allen Seiten durchgearbeitet worden, wird keiner so
lebhaft von allen neueren Methodikern empfohlen, wie die Modelle
und körperlichen Gegenstände. Selbst in der Volksschule sind sie
neuerdings eingeführt worden, und auch diejenigen, die das Flach=
ornament in übertriebener Weise in den Vordergrund stellen, sind doch
verständig genug, im Körperzeichnen eine wichtige Ergänzung desselben
zu erblicken. Wenn ich dennoch hier ausführlich darauf eingehe,
so geschieht es, weil ich glaube, daß die Art und Weise, wie es
bisher betrieben wurde, in vieler Beziehung nicht die richtige ist.

Schon über den Anfang des Körperzeichnens herrscht keine
volle Übereinstimmung. Wenn auch die größere Menge der Päda=
gogen der Ansicht ist, daß das Flächenzeichnen dem Körperzeichnen
vorangehen müsse, so fehlt es doch auch nicht an solchen, die den
Körper, das plastische Modell, an die Spitze des ganzen Unter=
richtes stellen. So wollte z. B. Peter Schmid, der in den 20 er
und 30er Jahren unseres Jahrhunderts in Berlin eine neue viel=
besprochene Zeichenmethode ausbildete, den Unterricht mit dem Körper=
zeichnen beginnen lassen. Als Lehrmittel benutzte er einen recht=

10

winkligen Pfeiler, eine Niſche und eine mühlſteinartige Scheibe.
Der Unterricht begann mit dem Pfeiler, der in mehrere Würfel,
Halbwürfel und Prismen zerfiel, und deſſen Teile von den Schülern
zuerſt in geometriſcher, dann in perſpektiviſcher Anſicht gezeichnet
wurden. Von da ging man zur Niſche und dann zum Mühlſtein
über. Ungefähr um dieſelbe Zeit bildeten in Paris die Gebrüder
Dupuis einen Kurſus des Körperzeichnens aus, zu dem ſie eine
Anzahl von Modellen aus Eiſendraht, Holz, Blech u. ſ. w. be=
nutzten. Dieſe Modelle zeigten einen ſtufenweiſen Fortſchritt von
der graden und krummen Linie zum Dreieck, Viereck, Vieleck, kom=
binirten geometriſchen Figuren, feſten Körpern, Prismen, Zylindern,
Pyramiden, endlich Möbeln, Gewölben, Pfeilern, Säulen u. dgl.

Aber bei beiden Methoden lag eigentlich nicht die Idee zu
Grunde, daß das Zeichnen überhaupt mit dem Körper beginnen
müſſe. Peter Schmid fing ſeinen Kurſus gar nicht mit dem
ſiebenten, ſondern erſt mit dem 10.--12. Jahre an, und er dachte
ſich dabei ein ſchon mehrere Jahre vorher betriebenes mehr ſpielen=
des Vorlagezeichnen als Vorbereitung. Auch die Methode der
Brüder Dupuis war offenbar in ihren Anfängen ſchon für reifere
Schüler berechnet und überdies, wie ſchon die Reihenfolge der Modelle
zeigt, faſt ebenſo ſehr Flächen= wie Körperzeichnen. Überhaupt
wurde bei beiden Methoden die perſpektiviſche Zeichnung erſt dann
geübt, nachdem vorher die geometriſche Anſicht der betr. Gegen=
ſtände gezeichnet war. Das weſentliche dabei war nur das, daß
die Flächenzeichnung aus dem Körper entwickelt wurde.

Ich will den Leſer mit der weiteren Geſchichte dieſer Methode
nicht aufhalten und nur erwähnen, daß ſie neuerdings beſonders
in Heſſen weiter ausgebildet worden iſt. Gymnaſial=Direktor
Schiller hat in ſeiner Pädagogik den Satz ausgeſprochen: "An
Körpern iſt das Sehen zu üben, und an Körpern iſt das Zeichnen
zu lernen. Jedenfalls können wir, ſolange wir dieſen Zeichen=
unterricht der Vor= und Volksſchulen noch nicht haben, doch wenig=
ſtens an der unterſten Klaſſe der höheren Lehranſtalten den=
ſelben nach rationeller Methode einrichten". Und Dr. Matthaei
hat dieſes Prinzip am Gießener Gymnaſium praktiſch zur Durch=
führung gebracht. Den Kern ſeines Lehrſtoffes bilden ca. 50 cm
hohe Modelle, teils geometriſche, teils ſolche nach Gegenſtänden des

antiken und modernen Lebens und vor allen Dingen nach Architek= turgliedern. An ihnen wird der Begriff der Linie und der Fläche entwickelt. Die senkrechte und wagrechte Linie wird vom Würfel (oder vom Fenster und von der Wandtafel), die schräge von der Pyramide abgezeichnet, schon in der Serta werden Vorderansichten einfacher Hausmodelle und ein Rad, in der Quinta Blätter zur Übung krummer Linien kopirt. Danebenher läuft dann freilich ein ausgebildetes geometrisches und Flachornamentzeichnen, doch wird dieses womöglich immer in Beziehung zu plastischen Modellen oder Ornamenten betrieben.

Ohne Zweifel ist diese Methode bedeutend besser als die des jahrelangen Zeichnens einfacher geometrischer und vegetabilischer Flächenornamente. Sie regt den Schüler weit mehr an und die Er= folge, die damit am Gießener Gymnasium erzielt worden sind, scheinen sehr bedeutend zu sein. Indessen zweifle ich doch, ob Dr. Matthaei nicht beim genaueren Einleben in die Methode der flächenhaften Lebens= formen zu der Überzeugung kommen würde, daß diese sich für den Anfang noch mehr empfehlen dürften. Da es ja in den ersten Jahren nur darauf ankommt, dem Illusionstrieb des Kindes, wie er schon in der Kinderstube ausgebildet ist, weitere Nahrung zu geben und den Schüler der Vorschule zur technischen Handhabung des Stiftes und zum freien Treffen der Richtungen und Verhältnisse der Linien anzuleiten, so scheint mir doch derjenige Stoff für den Anfang der geeignetste zu sein, der dem Kinde die Umrißformen rein und flächenhaft vor Augen führt, so daß es nicht noch einer weiteren Abstraktion bedarf, um sie darstellen zu können.

Ganz anders und prinzipiell davon verschieden ist die Art, wie die meisten neueren Methodiker das Körperzeichnen behandeln. Nachdem sie in der Serta und Quinta zwei volle Jahre grade und krumme Linien, grad= und krummlinige Flachornamente haben zeichnen lassen, verwenden sie den größten Teil der Zeit in der Quarta auf die Ergründung des stereometrischen Körpers. Die Unterweisung beginnt mit dem Drahtmodell eines Würfels und geht vom Drahtmodell zum Vollmodell über. Sie bewegt sich vor= wiegend in mathematischen Begriffsbestimmungen, die dann in die Zeichnung übertragen werden. Die einen wählen dazu große Modelle, die an der Wandtafel oder an einem von der Decke

hängenden Faden oder auf einem Stativ befestigt und in der Form
des Massenunterrichts von der ganzen Klasse kopirt werden. Die
anderen ziehen kleine Modelle vor, welche die Schüler einzeln oder
gruppenweise zugeteilt erhalten und aus größerer Nähe kopiren können.
Das Zeichnen beginnt zunächst mit der einen Seite des Würfels,
und zwar in geometrischer Ansicht, wobei das Wesen der geo=
metrischen Projektion auseinandergesetzt wird und die Kinder gleich=
zeitig angeleitet werden, den Körper zu messen und nach den Maßen
geometrisch aufzutragen. Dann wird das Modell gedreht, sodaß
seine eine Seitenansicht sich dem Blick darbietet, und an dieser
Stellung wird das Wesen der perspektivischen Verkürzung aus=
einandergesetzt. Dasselbe geschieht mit dem Prisma, der Pyramide,
dem Zylinder, der Kugel. Das Drahtmodell der ebenflächigen
Körper hat den Vorzug, daß man dabei durch den Körper hin=
durchsehen und die von letzterem eigentlich verdeckten Kanten
in ihrem Verlauf verfolgen kann. Es ist also durchaus logisch,
daß man mit dem Drahtmodell beginnt und erst von diesem zum
Vollmodell übergeht. Drahtmodelle sowohl wie Vollmodelle sind
der Deutlichkeit wegen angestrichen. Erst gegen den Schluß der
Quarta tritt — wenn dazu überhaupt noch Zeit bleibt — das
Zeichnen nach einfachen Geräten, Tischen, Stühlen, Schränken,
Vasen, Krügen, Kannen, zuletzt Architekturteilen auf.

Es läßt sich nicht läugnen, daß dieser Lehrgang in seinen
Einzelheiten sehr sorgfältig und logisch entwickelt ist. Was ich an
ihm auszusetzen habe, ist nur, daß er die Lebensformen mit den
Erkenntnisformen nicht in unmittelbare Verbindung bringt. Er ist
vorwiegend deduktiv, nicht analytisch, er konzentrirt die rein mathe=
matische Belehrung zu sehr auf den Anfang, statt die mathematischen
Begriffe an bestimmten Gegenständen zu erläutern oder noch besser
aus ihnen zu entwickeln. Ein stundenlanges Erörtern der mathe=
matischen Eigenschaften der Körper gehört nicht in die Zeichen=
sondern in die Mathematikstunde. Der Mathematiklehrer wird
auch hier wieder Einsprache dagegen erheben, daß ihm die Ent=
wicklung der stereometrischen Begriffe, und zwar längere Zeit vor
dem Unterricht in der Stereometrie, vom Zeichenlehrer vorwegge=
nommen wird. Natürlich muß der Zeichenlehrer dem Schüler
sagen, was ein Würfel und eine Pyramide ist. Aber er darf

diese Belehrung nicht in die Form längerer theoretischer Auseinander=
setzungen kleiden, sondern er muß sie auf kurze Definitionen be=
schränken, die er an das Zeichnen selbst, sei es an sein eigenes Vor=
zeichnen, sei es an die Korrektur der Schülerzeichnungen, anknüpft.
Er soll vor allen Dingen den Schüler zeichnen lassen und bei der
Korrektur sehen, ob er den Körper und das Wesen der Verkürzung
verstanden hat oder nicht. Ich zweifle nicht daran, daß bessere
Lehrer diese Regel von selbst beachten werden, aber ich fürchte, daß
eine zu sehr auf das mathematische gerichtete Methode die Gefahr
einer Übertreibung nach dieser Richtung schon in sich selber trägt.

Es sei mir darum gestattet, diesem Lehrgang einen anderen
entgegenzustellen, mit dem dieselben Resultate, aber in einer für
den Schüler interessanteren Weise zu erzielen sein dürften. Auch
hierbei halte ich das Prinzip fest, daß die Lebensformen an den
Anfang gestellt und die mathematischen erst aus ihnen entwickelt
werden müssen. Das würde sich praktisch etwa so gestalten:
Man wähle als erstes Modell das eines genau würfelförmigen
Hauses mit abnehmbarem pyramidalem oder sattelförmigem Dache.
Dieses Modell müßte natürlich realistisch ausgeführt, mit Ziegeln,
Fenstern u. s. w. versehen und in natürlichen Farben bemalt sein,
um das Interesse des Sextaners zu erwecken. Es wird dem Schüler
nicht erst mathematisch erklärt, sondern sogleich zum Zeichnen vor=
gelegt. Bisher hat der Knabe Häuser nur flächenhaft, als schema=
tische Lebensformen gezeichnet. Jetzt soll er zum ersten Mal ein
plastisches Original kopieren. Der Schritt, den er dabei zu machen
hat, ist ein großer und schwerer, und man wird gut thun, ihm
denselben möglichst zu erleichtern. Man wird ihn also zuerst
veranlassen, nur die Vorderseite des Hauses zu zeichnen. Dabei
ist jede Belehrung über geometrische Ansicht, Projektion u. s. w. zu
vermeiden, da der Sextaner dafür doch noch keinen Sinn hat.
Seine Zeichnung wird naturgemäß ebenso ausfallen wie die schema=
tische Flächenzeichnung des Hauses, die er früher nach der Wand=
tafel gemacht hatte.

Dann wird das Haus schief gestellt, und zwar zunächst so,
daß der Zeichner es genau übereck sieht. Es wird ihm, wiederum
ganz primitiv, erklärt, daß das Haus ja allerdings eigentlich vier
Seiten habe, daß man aber von diesen vieren nur zwei sehen könne,

weil die anderen beiden von jenen verdeckt seien. Auch hier kann die erste Zeichnung einfach geometrisch ausgeführt werden, was dem Knaben besonders dann gar keine Schwierigkeiten machen wird, wenn man ihm das Modell genau in Augenhöhe stellt.

Nun folgt der wichtige Schritt, der ihm das Wesen der Verkürzung klar machen soll. Die Verkürzung der Flächen kann er schon an der geometrischen Übereckansicht kennen lernen. Jetzt gilt es, durch Heben oder Senken des Modells über oder unter Augenhöhe, durch verschiedenes Drehen u. s. w. ihm auch die einfachsten Regeln von der Obersicht und Untersicht, vom Konvergiren der Linien, vom Horizont, vom Augenpunkt u. s. w. klar zu machen. Alles das hat ohne jede Übertreibung des mathematischen Elements, unter vorwiegender Betonung des Gefühls und Bezugnahme auf die unmittelbare Anschauung zu geschehen.

Hier wird nun der Platz sein, das Drahtmodell des Würfels, der Pyramide und des Prismas zu Hilfe zu nehmen. Nicht um nach ihnen zeichnen zu lassen, sondern um die perspektivische Verkürzung des Hauses und Daches an ihnen zu erläutern, die verdeckten Kanten u. s. w. zur Anschauung zu bringen. Diese verdeckten Kanten mag der Knabe bei seiner Zeichnung zuerst mitzeichnen, dann bei weiterer Ausführung wegwischen. Ein besonderes Kopiren des Drahtmodells wird daneben kaum nötig sein.

Daran schließt sich ebenso das Zeichnen eines viereckigen und achteckigen Thurmes mit entsprechendem Pyramidendach, eines zylindrischen Thurmes mit kegelförmigem Dach, wobei der Drahtkreis und die Vollmodelle des Zylinders und Kegels zur Vergleichung herbeigezogen werden müssen, ferner das Modell einer mit Halbkuppel überwölbten Nische, eines Tonnengewölbes, eines Kuppelgewölbes, einer Kugel. Nachdem an diesen Gegenständen die stereometrischen Hauptformen eingeübt worden sind, kann man zu zusammengesetzten Körpern übergehen, Kreuzen, Brückenmodellen, Postamenten, Grabdenkmälern, Gläsern, Tellern, Schalen, Kannen, Tintenfässern, Schachteln, Federkästen, Schiefertafeln, Büchern, Tornistern, endlich den zahllosen Holzmodellen, wie sie schon jetzt jeder Spielwaarenladen enthält und wie sie eine richtig geleitete Lehrmittelindustrie sehr bald in noch viel größerer Zahl herstellen würde: Tonnen, Bütten, Fässer, Karren, Schemel, Stühle, Bänke, Tische, Wägen, Betten, Schränke,

Eßen, Geräte, Handwerkszeug u. s. w. Die Übung jedes Modells wird man mit Demonstrationen an dem Draht= oder Vollmodell der ihm zu Grunde liegenden stereometrischen Form begleiten.

Daß ein Sertaner im Stande ist, nach sorgfältiger Vor=bereitung durch die schematischen Lebensformen und bei sachgemäßer Hilfe und Erklärung seitens des Lehrers die einfacheren dieser Modelle nach dem Runden leidlich richtig zu zeichnen, zweifle ich nicht. Nahmen doch auch Peter Schmid und die Brüder Dupuis schon Schüler von 10—12 Jahren in ihren ersten Kursus auf. Wo allerdings gar keine Vorbereitung durch Flächenzeichnen voran=gegangen ist, wird man dies schwerlich voraussetzen dürfen. In einem solchen Falle muß das Flächenzeichnen selbstverständlich nach=geholt werden, ehe man dem Kinde plastische Modelle in die Hand giebt. Vorläufig würde dieser Fall natürlich der gewöhnliche sein, und man müßte, wenn man etwa unter den gegenwärtigen Ver=hältnissen die hier vorgeschlagene Methode einführen wollte, selbst=verständlich den ganzen Kursus etwa um zwei Jahre zurückschieben. Prinzipiell aber wird man nicht behaupten können, daß ein zehn=jähriger Knabe noch unfähig sei, perspektivisch zu sehen und dem=gemäß auch perspektivisch zu zeichnen. So gering ich bei Kindern unter 7—8 Jahren die Fähigkeit der Tiefenanschauung in der Natur, geschweige denn im Bilde, anschlagen möchte, so entschieden muß ich doch, übereinstimmend mit den Urteilen kompetenter Päda=gogen, betonen, daß der Sertaner seinem Alter nach im Stande ist, eine perspektivische Verkürzung im Bilde zu verstehen und dem=entsprechend auch unter richtiger Anleitung graphisch wiederzugeben. Von selbst wird er es natürlicherweise nicht können, und es ist ja bekannt, daß es selbst vielen Erwachsenen, die keinen Zeichenunter=richt gehabt haben, schwer wird, einen verkürzten Arm von einem kurzen zu unterscheiden. Aber durch eine richtige Anleitung kann diese Gabe gewiß ausgebildet werden.

Die Auswahl dieser Modelle hat nach denselben Grundsätzen zu erfolgen wie die der ersten Kinderbilder und der Vorlagen für die Legespiele und die schematischen Lebensformen. Es sind be=sonders diejenigen Gegenstände zu bevorzugen, die für den Knaben ein inhaltliches Interesse haben, ihm also aus Haus und Hof und Garten, aus Küche und Keller, aus Werkstatt, Straße, Wald und

Feld bekannt sind. Was ihm bekannt und interessant ist, wird er auch am liebsten zeichnerisch darstellen. Die Kunst verläugnet ihren Zusammenhang mit der Natur schon in diesem Alter nicht. Und es soll dem Knaben schon auf dieser Stufe klar werden, daß Kunst in erster Linie Darstellung der Natur ist, und daß es vor allen Dingen die bekannte den Künstler täglich umgebende Natur ist, die er im Bilde darzustellen hat. Ich bin deshalb durchaus dagegen, schon in diesem Alter den Lehrstoff aus der antiken Architektur zu nehmen.

Architekturmodelle sind schon häufig als Vorbilder für den Zeichenunterricht des Gymnasiums empfohlen worden. So hat z. B. in Paris das Haus Quantin auf Anregung des Zeicheninspektors Guillaume vor einigen Jahren eine Sammlung von Modellen hergestellt, bei der ebenso wie in dem von mir vorgeschlagenen Lehrgang eine parallele Gruppirung stereometrischer Grundformen und daraus abgeleiteter Lebensformen das Prinzip bildet, nur daß diese Lebensformen fast durchweg architektonischer Art sind. So wird z. B. mit dem Würfel ein Kranzgesims mit Zahnschnitt, mit der Pyramide ein römisches Grabdenkmal in pyramidaler Form, mit der Walze und dem Kegel ein etrurisches Grabmal verbunden. Das mag für die mittleren und oberen Klassen richtig sein, für die unteren sicher nicht. Denn beim Sextaner kann man kein Interesse für Kranzgesimse, etrurische Denkmäler und die Pyramide des Cestius voraussetzen. Noch schärfer hat neuerdings Matthaei dieses Prinzip ausgebildet. Er schlägt folgende Modelle vor, die zum Teil schon am Gießener Gymnasium vorhanden sind, zum Teil noch weiter angeschafft werden sollen: einen griechischen Tempel, ein römisches Wohnhaus, eine Testudo, eine gotische Kirche, eine romanische Kirche, ein Renaissancewohnhaus. Ferner will er eine Anzahl Modelle aus dem Kriegswesen der Alten und den heimischen Gräberfunden entnommen sehen: Panzer, Helmhaube, fränkischen Langschild, Streitaxt, Pileus, Gladius u. s. w. Ich gebe gern zu, daß alle diese Modelle im Besitz eines Gymnasiums sein und den Kindern bei passender Gelegenheit gezeigt werden sollten. Aber ihren Nutzen für den Zeichenunterricht wenigstens der unteren Klassen möchte ich sehr gering anschlagen. Matthaei hat sich bei dieser Auswahl allzusehr durch

das Prinzip der Konzentration leiten lassen, indem er sich be=
mühte, die Vorlagen für den Zeichenunterricht womöglich aus
demselben Gebiete zu entnehmen, das auch der Geschichtstunde, der
Schriftstellerlektüre u. s. w. zu Grunde liegt. So sollen die Modelle
antiker Gebäude und Architekturglieder eine Ergänzung zum Unter=
richt in den klassischen Sprachen bilden, die Rüstungen und Waffen
sollen die Lektüre des Caesar beleben, das erste Kapitel der deutschen
Geschichte soll durch die fränkischen Gräberfunde eine Illustration
erhalten, und ein Würfelkapitell, eine romanische Basilika in die
Welt der sächsischen Kaiser einführen. Und der Zusammenhang
mit dem Zeichenunterricht wird dadurch hergestellt, daß jede dieser
Formen nach stereometrischen und geometrischen Gesetzen aufgefaßt
und gezeichnet wird. So soll zum Beispiel parallel neben einander
als geometrische Grundform das Quadrat, als stereometrische An=
wendung dieser Grundform der Würfel und als entsprechende Formen
aus dem sprachlich=historischen Gebiet der Mäander und die Front
eines römischen Wohnhauses besprochen und gezeichnet werden.

Man sieht, daß sich diese Methode in Bezug auf die künst=
lerische Anwendung der Modelle mit der meinigen berührt. Der
Unterschied ist nur der, daß Matthaei, der gleichzeitig den philo=
logischen Unterricht am Gymnasium erteilt, einen größeren Wert
auf die vom historisch=philologischen Standpunkt aus interessanten
Formen legt. Meines Erachtens genügt es vollständig, diese Formen
bei passender Gelegenheit, in der Geschichtstunde, bei der Klassiker=
lektüre u. s. w. den Schülern zur Ansicht vorzulegen. Sie zeichnen
zu lassen, hätte nur dann einen besonderen Zweck, wenn wir keine
anderen Formen aus unserer Umgebung hätten, die sich dafür
eigneten. Ohne Zweifel sind aber Gegenstände aus Haus und Hof
dem Schüler viel leichter zugänglich, und viel interessanter als
fränkische Langschilde oder Pfeilspitzen. Und wenn ich auch zugebe,
daß dieser Lehrgang in den Händen eines anregenden Lehrers, beson=
ders eines Lehrers, der auch in den entsprechenden anderen Fächern
unterrichtet, besonders günstige Resultate in Bezug auf den Besuch
und das Interesse der Schüler erzielen kann, so möchte ich doch
unter normalen Verhältnissen raten, das Prinzip der Konzentration
mit den humanistischen Lehrfächern nicht zu übertreiben. Statt
dessen dürfte es sich eher empfehlen, die Verbindung des Zeichen=

unterrichts mit der Natur, d. h. mit der täglichen Umgebung des
Schülers besonders zu betonen.

Den Lehrgang des Modellzeichnens in der oben ausgeführten
Weise würde ich im Ganzen über die drei unteren Gymnasialklassen
auszudehnen raten. Sowie die schematischen Lebensformen den Kern
des Unterrichtsstoffes für die Vorschule bilden sollten, so würde ich
vorschlagen, in der Serta, Quinta und Quarta vorzugsweise nach
Modellen zeichnen zu lassen. Der Lehrstoff ist so mannichfaltig,
die Zahl der möglichen Modelle so groß, daß diese drei Jahre
sehr leicht ausgefüllt werden könnten, ja, eher ein Zweifel entstehen
möchte, ob sie wohl wirklich dazu ausreichten. Und zwar dieses
um so mehr, als ich natürlich auch hier nicht der Ansicht bin, daß
die Kinder einseitig nur in dieser Richtung auszubilden seien. Denn
neben der Darstellung körperlicher Gegenstände in Umrissen wird
auch hier wieder die Aufgabe an den Lehrer herantreten, den
Farbensinn der Schüler weiterzubilden.

Das Nachzeichnen der Modelle läßt sich mit einer Übung
im Koloriren nicht gut verbinden, weil sich das Kind, selbst unter
Voraussetzung vollkommen naturalistischer Färbung der Modelle
doch in Folge ihrer viel größeren Nähe und der geschlossenen
Lichtführung des Zimmers an ganz andere Farbentöne gewöhnen
würde, als sie den entsprechenden Gegenständen in der Natur eigen
sind. Das gegebene Feld für die Ausbildung des Farbensinnes
ist vielmehr das Koloriren von Flächenornamenten. Hier handelt
es sich nicht wie in der Landschaft um Nachahmung feinerer Natur=
töne, deren Unterschiede das Kind selbst im reiferen Alter kaum
erkennen wird, sondern um das Treffen kräftiger vorgemalter Farben,
die mit anderen zusammen eine bestimmte ornamentale Wirkung
erzeugen.

Mein Vorschlag geht also dahin, auf dieser Stufe das früher
episodisch betriebene flächenhafte Blattzeichnen jetzt durch das Flach=
ornament fortsetzen zu lassen und dabei besonders auf eine immer
ausgedehntere Anwendung der Farbe hinzuarbeiten. Vorlagewerke
hierfür existiren in großer Zahl, und überhaupt ist dieser Lehrstoff
so vielseitig ausgebildet worden, daß es müßig wäre, ausführlicher
dabei zu verweilen. Nur möchte ich raten, womöglich gleich von
Anfang an kräftige und energische Farben zu wählen und nicht

jene matten und charakterlosen Farben, wie sie noch immer in solchen Vorlagewerten vielfach angewendet werden. Beruht doch das Geheimnis der Farbenzusammenstellung bei kunstgewerblichen Arbeiten viel weniger auf der möglichst zarten Mischung der einzelnen Farben als auf der geschickten Zusammenstellung leuchtender gesättigter Töne, die sich gegenseitig heben und doch wieder durch ihr Nebeneinander mäßigen und harmonisiren. So schließt sich an das naturalistisch=schematische Koloriren der Lebensformen eine andere Art von Kolorirung an, die anderen Zwecken dient und auch anderen Gesetzen unterworfen ist. Auf diese Weise wird das an sich langweilige Flächenornament für das Kind einen gewissen Reiz erhalten, und man sollte reich verschlungene Mäander, maurische Flechtornamente u. s. w. überhaupt nicht zeichnen lassen, ehe man sie auch gleichzeitig koloriren lassen kann. Jedenfalls darf das Flachornament auch auf dieser Stufe nur eine nebensächliche Rolle spielen, niemals das Modellzeichnen zurückdrängen.

Während das Zeichnen kolorirter Flächenornamente recht gut in der Form des Massenunterrichts betrieben werden kann, scheint für das Modellzeichnen die Form des Einzelunterrichts die geeignetere zu sein. Zwar wollen die meisten neueren Methodiker auch das Körperzeichnen noch in die Form des Massenunterrichts einzwängen, aber die Ansichten sind offenbar darüber geteilt, ob und in wie weit das selbst bei geometrischen Modellen möglich ist. Natürlich würde die Schwierigkeit bei stärkerer Betonung der Lebensformen noch wachsen. Aber an sich wäre es ja auch denkbar, daß man Häusermodelle u. s. w. in großem Maßstabe herstellte und gleichzeitig von der ganzen Klasse zeichnen ließe. Nur fürchte ich, daß der Schritt zum perspektivischen Verständnis doch zu schwierig ist und eines zu sorgfältigen Eingehens auf das persönliche Verständnis des Schülers bedarf, als daß er von der ganzen Klasse gemeinsam gethan werden könnte. Derartige Dinge müssen natürlich der Praxis überlassen bleiben, und es würde dem Nichtpraktiker kaum einfallen, darüber zu urteilen, wenn nicht die Fachmänner selbst in dieser Beziehung uneinig wären. Jedenfalls möge man bei der Entscheidung dieser Frage nicht von dem Gesichtspunkt der Disziplin ausgehen. Denn über die Disziplin wird man sich keine Sorge zu machen brauchen, sobald man den Kindern einen Lehrstoff bietet, der sie wirklich interessirt.

Mit der Untertertia beginnt ein neuer wichtiger Abschnitt. Bisher hat der Knabe die Modelle nur in Umrissen nachgezeichnet, jetzt lernt er diese Umrißzeichnungen schattiren. Es ist wohl nichts der Freude zu vergleichen, mit der ein Knabe, dessen künstlerische Illusionsfähigkeit bisher in richtiger Weise entwickelt worden ist, zum ersten Mal eine körperliche Umrißzeichnung schattirt. Erst jetzt ist die Illusion des Flächenbildes vollkommen, erst jetzt scheint der Gegenstand aus der Fläche herauszutreten, dem Vorbilde voll= kommen zu entsprechen. Die Unterweisung in diesem neuen Gebiete muß wiederum eine möglichst praktische sein, möglichst jeden mathe= matischen Charakter zu vermeiden suchen. Der Knabe soll im 14. Jahre nicht Schattenkonstruktion lernen, sondern gefühlsmäßige Schattirung. Er soll angeleitet werden, an der Natur selbst das Wesen des Schattens zu beobachten und das Beobachtete auf der Fläche nachzunahmen. Dazu gehört allerdings eine Belehrung über Formschatten, Kernschatten, Halbschatten, Schlagschatten und Reflex. Aber jede weitergehende Erörterung über die Konstruktion des Schattens wäre vom Übel. Das geeignetste Material für diese Belehrung bieten die Vollmodelle geometrischer Körper. Würfel, Pyramiden, Zylinder, Kegel, Prismen, Kugeln u. s. w. aus Holz oder Blech, weiß angestrichen oder auch aus weißem Karton, wie man sie jetzt herstellt, zeigen die Schatten am klarsten und sind am leichtesten nachzuzeichnen. Man fürchte nicht, daß die mathematischen Formen den Schüler auch jetzt langweilen werden. Der Reiz des Schattens wird ihm über jede Langeweile, die er über die Formen selbst empfinden könnte, weghelfen.

Daß der Schatten am Körper studirt werden müsse, wird von den neueren Zeichenpädagogen einstimmig anerkannt. Die künst= lerische Darstellung von Licht und Schatten, die plastische Wirkung, die durch diese Darstellung erzielt wird, kann vollständig nur an der plastischen Form, wie sie sich unter einer bestimmten Beleuch= tung darstellt, erkannt werden. Es ist deshalb durchaus verwerf= lich, körperliche Gegenstände, seien es mathematische Modelle, Gyps= ornamente oder Gypsköpfe, wie das früher so häufig geschah, nach lithographirten Vorlagen kopiren zu lassen. Der Schüler gewöhnt sich dabei an ein schematisches Nachstricheln der Schattenlinien, ohne inneres Verständnis für die Gründe, warum die Schatten so und nicht anders aussehen müssen. Es ist wiederum ein sehr wesent= liches Verdienst der neueren Schule, diesem oberflächlichen Treiben ein Ende gemacht zu haben.

Aber man ist dabei, wie ich schon früher andeutete, zu weit gegangen, indem man die gezeichnete Vorlage ganz verwarf. Wenn ein Schüler zum ersten Mal vor der Aufgabe steht, eine Fläche zu schattiren, so weiß er schlechterdings nicht, wie er das machen soll. Es fehlt ihm jeder Begriff von der Technik der Schattirung. Hier tritt nun zum ersten Mal das Bedürfnis ein, neben dem Modell noch eine von einem tüchtigen Künstler ausgeführte Zeich= nung nach einem ähnlichen Modell zur Hand zu haben. Es giebt unendlich viele verschiedene Techniken der Schattirung: Tönung mit dem Wischer, Schraffirung mit parallelen oder sich kreuzen= den Bleistiftlinien, tonige oder körnige Schattirung mit Kreide, Rötel oder Kohle, Schraffirung oder Strichelung mit der Feder, Lavirung mit dem Pinsel in Sepia oder Tusche. Die meisten dieser Darstellungsweisen sind mehr oder weniger konventionell. Sie entsprechen nicht genau der Natur, sondern suchen den Eindruck der Natur durch gewisse künstlerisch bewährte Mittel nachzuahmen. Von selbst kann der Schüler diese Mittel unmöglich kennen. Vor= machen kann der Lehrer sie ihm auch nicht (wenn er nicht eben die Zeichnung selber ausführen will), es bleibt also kein anderer Weg übrig, als daß man ihm Vorlagen mit Beispielen der ver= schiedenen Manieren neben das Modell legt. Diese Vorlagen soll er nicht direkt zum Kopiren benutzen, sondern er soll sich nur an ihnen ein Beispiel nehmen, wie er die in der Natur beobachteten Schatten auf dem Papier darzustellen hat. Natürlich werden sich als passende Vorlagen nur Lichtdruckvervielfältigungen von Zeich= nungen tüchtiger Meister verwenden lassen. Diese Vorlagen müssen möglichst mannichfaltiger Art sein, damit der Schüler sieht, es kommt nicht auf die Art der Technik an, sondern darauf, daß man mit der Technik eine bestimmte künstlerische Wirkung erziele.

Dies wird nun besonders wichtig, sobald der Schüler vom Schattiren der geometrischen Körper zum Schattiren der natürlichen Modelle oder Gegenstände aus dem gewöhnlichen Leben übergeht.

Hier tritt namentlich die Mannichfaltigkeit der Technik in enge Beziehung zu der Mannichfaltigkeit der Stoffe, aus denen die betr. Gegenstände bestehen. Bei dieser Gelegenheit muß der Schüler zum ersten Mal den hohen Wert und die eigenartige Bedeutung der Technik kennen lernen. Er muß erfahren, daß jede Technik an sich gleiche Berechtigung hat, daß aber für jeden einzelnen Fall diejenige Technik die beste ist, welche den natürlichen Eindruck des darzustellenden Körpers am treuesten wiedergiebt. Er muß auf die eigentümliche Beziehung achten lernen, die zwischen dem dargestellten Stoffe und der gewählten Technik besteht. Er ist in diesem Alter auch reif genug, die verschiedenen Techniken schon mit Erfolg anwenden zu können.

Auch neben dieser Übung kann das Zeichnen kolorirter Flächenornamente als Nebenübung fortgesetzt werden.

In der Obertertia schließt sich daran als neuer und wichtiger Lehrstoff das plastische Ornament an. Erst wenn der Knabe an regelmäßigen Körpern das Wesen von Licht und Schatten kennen gelernt hat, wird er im Stande sein, diese Kenntnis auf das Zeichnen von Gypsornamenten anzuwenden.

Das plastische Ornament bildet schon heutzutage neben den geometrischen Figuren und dem Flachornament den wichtigsten Lehrstoff des Gymnasiums und ich will ihm diese Stellung nicht streitig machen. Rein künstlerisch betrachtet hat es eine doppelte Bedeutung. Es erzieht den Knaben zum vollen Verständnis der plastischen Illusion in der Fläche und es bildet seinen Sinn für das Wesen des Ornamentes aus, soweit dieser noch nicht durch das Flachornament erweckt ist. Vor allen Dingen bietet es zusammen mit dem architektonischen Modell eine Gelegenheit, den Schüler in die verschiedenen Kunstepochen, die verschiedenen Stilarten der Vergangenheit einzuführen. Diese Gelegenheit wird sich der Lehrer natürlich nicht entgehen lassen. Er wird die Unterschiede des griechischen, römischen, romanischen, gotischen und Renaissance-Ornaments auseinandersetzen, und wenn er dabei auch wie gesagt ausführliche kunsthistorische Vorträge vermeiden muß, so kann er doch spielend und nebenbei viel für die künstlerische Bildung des Knaben thun. Nur möchte ich ihn warnen, sich nicht zu tief in Spekulationen über das Wesen und die Bedeutung des Ornamentes einzulassen.

Wenn man freilich unsere kunstgewerblichen Lehrbücher, unsere populären Leitfäden der Ornamentik oder Stillehre liest, so könnte es scheinen, als sei die Bedeutung der einzelnen Ornamentformen vollkommen klar. Da hört man von trennenden und verbindenden, stützenden und strebenden, zusammenfassenden und lastenden Ornamentmotiven, als stände es vollkommen fest, daß die Erfinder dieser Ornamentformen grade diese und keine anderen Gedanken mit der von ihnen erfundenen Form hätten aussprechen wollen. Und doch sind diese Fragen bisher so zweifelhaft und vom historischen Standpunkt aus so anfechtbar, daß es selbst Ketzer giebt, die sich einbilden, Bötticher's oder Semper's Theorien über diese Dinge könnten sich mit der Zeit als falsch erweisen oder wenigstens bedeutend modifiziren. Ich will mich darüber nicht weiter aussprechen, sondern nur das eine erwähnen, daß z. B. unsere Forschungen über die Entstehung eines so bekannten Motivs wie die Volute des ionischen Kapitells noch lange nicht bis zu dem Grade abgeschlossen sind, daß wir sagen könnten, was denn diese Form ursprünglich für eine Bedeutung hatte, und ob diese Bedeutung im Gefühl der hellenischen Baumeister allezeit dieselbe geblieben ist oder sich verändert hat. Auf jeden Fall wird der Zeichenlehrer besser thun, sich mit einem Hinweis auf die thatsächliche Wirkung des Ornaments, auf seinen schmückenden Charakter zu begnügen, anstatt sich in philosophische Spekulationen einzulassen, die teilweise wenigstens einen schwachen Boden unter den Füßen haben.

Daß neben dem vegetabilischen Ornament auch Modelle architektonischer Glieder, dorische, ionische, korinthische Kapitelle, romanische und gotische Säulenköpfe, Gesimse, Friese, Konsolen, Akroterien u. s. w. mit gezeichnet werden können, ist selbstverständlich. Rein nach ihrer Schwierigkeit betrachtet hätten sie ja wohl zum Teil auch schon unter den Modellen für das Umrißzeichnen einen Platz finden können, aber vor der Obertertia wird ein Interesse für diese Formen schwerlich beim Schüler vorauszusetzen sein.

Während bei den architektonischen Modellen Nachbildungen in Holz oder Gyps das Gegebene sind, entsteht bei den plastischen Ornamenten wieder die Frage, wie sie sich zum Naturblatt verhalten sollen. Das übliche Material für plastische Ornamente ist bekanntlich der Gyps. Die Modellserien von Ornamenten, die besonders von mehreren Berliner und Dresdener Firmen vertrieben werden, bestehen zum größten Teil aus stilisirten Blättern und Zweigen, die in Gyps abgeformt sind. Auch hier wird sich mit der Zeit mehr und mehr ein Streben geltend machen, das Natur= blatt an die Stelle des stilisirten zu setzen. Dies ist freilich nicht so leicht wie beim Flächenornament, wo das gepreßte Blatt in bequemer Weise den Zusammenhang mit der Natur herstellt. Aber schon längst hat man gelernt, Naturblätter auch mit treuer Bewahrung ihrer plastischen Form in Gyps zu gießen, ja man macht neuerdings Metallabgüsse davon, und sogar die Kunst, die Naturblätter selber frisch zu erhalten, ist schon erfunden. Wir gehen also hier offenbar einer technischen Entwicklung entgegen, die dem Naturblatt auch im plastischen Ornament wieder eine höhere Bedeutung sichern wird als bisher. Dann wird es leicht möglich sein, auch im Unterricht dasselbe lehrreiche Zusammenwirken von Naturform und stilisirter Form eintreten zu lassen, wie wir es schon für das Flachornament empfohlen haben. Auch hier wird dann also der Zusammenhang mit der Natur wieder hergestellt werden können, der im modernen Zeichenunterricht an so vielen Stellen unterbrochen ist.

Schon hieraus ergibt sich, daß wir eine einseitige Bevor= zugung des antiken Ornaments, wie sie vielfach für das Gym= nasium gefordert worden ist, auch bei diesen plastischen Modellen nicht billigen können. Es sollten vielmehr in erster Linie diejenigen Blattformen vertreten sein, für die man die Muster der heimischen Flora zur Vergleichung herbeiziehen kann. Den Anfang müssen natürlich die leichtesten Formen bilden, zu denen jedenfalls die gotischen Blätter eher gehören als Akanthus und Palmette. Beson= ders der Akanthus wird sich eher für die späteren Stufen eignen.

Wie viele unserer Gymnasien durchschnittlich im Besitze solcher Ornamentserien sind, weiß ich nicht, ebenso wenig, ob die Mehr= zahl von ihnen auch nur eines der von Matthaei empfohlenen Modelle nach Bauwerken verschiedener Stilarten besitzt. Ich kenne viele, bei denen davon nicht die Rede ist. Wenn man den Bericht über den französischen Zeichenunterricht liest, so sieht man, daß die Franzosen grade hierauf bedeutend mehr Wert legen als wir.

In unseren neuen Lehrplänen für die Gymnasien wird ja auch das Zeichnen nach plastischen Ornamenten erwähnt. Aber eine bestimmt vorgeschriebene Serie solcher Ornamente, die jedes Gymnasium haben müßte, ist soviel ich weiß bisher nicht aufgestellt worden. In Frankreich dagegen haben die Zeicheninspektoren der einzelnen Departements bei Gelegenheit ihrer Revisionen seit 1879 grade hierauf ihr besonderes Augenmerk gerichtet. Verwahrloste Sammlungen von Gypsen wurden wieder ans Tageslicht gezogen, neue angeschafft, die Zeichenlehrer zur Inventarisirung der Sammlungen veranlaßt, von Seiten des Ministeriums bestimmte Modelle empfohlen. Auch in dieser Beziehung können wir noch manches von den Franzosen lernen.

Neben diesem Kursus des plastischen Ornaments möchte ich für die Obertertia einen Kursus des gebundenen Zeichnens empfehlen. Das Zeichnen mit Reißschiene, Dreieck, Zirkel und Reißfeder gehört zu denjenigen Dingen, die nicht nur der Techniker, sondern jeder gebildete Mensch unter Umständen brauchen kann. Jedenfalls hat das Gymnasium die Pflicht, den vielen seiner Schüler, die später in die Technik übertreten, Gelegenheit zu geben, die Sprache der Technik wenigstens in ihren Elementen kennen zu lernen. Wenn es sich dabei nur um die äußere Handhabung der Instrumente handelte, so wäre es kaum nötig, darauf besondere Zeit zu verwenden. Ich habe selbst die Erfahrung gemacht, daß man das später im technischen Leben sehr leicht nachholt. Aber dieser Unterricht müßte sein Ziel weiter stecken. Er müßte gleichzeitig den Schüler befähigen, jeden beliebigen regelmäßigen Körper nach Grundriß, Aufriß und Durchschnitt darzustellen. Hier wäre nun Gelegenheit, das Wesen der Projektion, das früher nur kurz berührt werden konnte, ausführlicher darzustellen, den Unterschied der geometrischen und perspektivischen Darstellungsweise genauer zu begründen. Die Schüler müßten messend mit Zirkel und Maßstab aus dem Körper heraus die technischen Formen seiner Darstellung entwickeln lernen, die Tische und Bänke des Schulzimmers nach Grundriß und Durchschnitt aufnehmen, endlich eine größere Anzahl grad- und krummliniger Ornamente durch gebundene Zeichnung darstellen. Bei Gelegenheit des geometrischen Ornaments, das mit dem Zirkel konstruirt werden kann, müßte dann wieder die Farbe eine

11

Verwendung finden, wenn man nicht vorzöge, sie bei dem plasti=
schen Ornament in irgend einer Weise für den Unterricht nutzbar
zu machen. Jedenfalls würde bei dem letzteren schon die einfache
Lavirung mit Tusche oder Sepia als eine weitere Stufe in der
Handhabung des Pinsels und der Aquarelltechnik gelten können.
Der Lehrplan der badischen Gymnasien verlegt diesen technischen
Kursus in die Quarta, doch glaube ich, daß gerade für diese Art
der Unterweisung das Interesse in einem höheren Alter größer sein
würde. In Bezug auf die Durchbildung dieses Kursus der Pro=
jektionslehre kann ich auf diesen selben Lehrplan und auf zahlreiche
Leitfäden für den Zeichenunterricht in den Volks= und Fortbildungs=
schulen verweisen, wo gerade dieses Gebiet sehr ausführlich und
sachgemäß behandelt wird. Die wissenschaftliche Begründung der
Perspektive und Schattenlehre würde ich raten, an diesen Kursus
noch nicht anzuknüpfen. Jedenfalls scheint es mir richtiger, ihn
nur als Nebenkursus in den des plastischen Ornaments einzuschieben,
als ein ganzes Schuljahr nur mit dem gebundenen Zeichnen aus=
zufüllen. Denn hierdurch würde der Schüler, wie ich fürchte, Gefahr
laufen, der Natur und dem künstlerischen Illusionspiele zu lange
entfremdet zu werden.

Der Kursus des plastischen Ornaments wird mit einem
Jahre wahrscheinlich nicht gut zu absolviren sein, da die Ausführung
schattirter Zeichnungen mehr Zeit in Anspruch nimmt als diejenige
von Umrißzeichnungen. Man wird ihn also auch auf die Unter=
sekunda auszudehnen haben.

Damit wäre die Unterstufe des Gymnasiums abgeschlossen.
Für diejenigen, die nach Absolvirung der Untersekunda das Gym=
nasium verlassen, würde in dieser Weise wenigstens ein gewisser
Abschluß der künstlerischen Bildung gegeben sein, der sie befähigte,
als Künstler, Techniker, Kunsthandwerker ihren Weg weiter zu
verfolgen. Nur ein Element scheint in dieser Bildung zu fehlen,
nämlich die Anfangsgründe des Maschinenzeichnens. Es gibt in
der That Zeichenpädagogen, die allen Ernstes dem Gymnasium
zumuten wollen, vor dem Abschluß der Unterstufe den Schülern
eine Unterweisung im Maschinenzeichnen zu Teil werden zu lassen.
Da sollen die armen Tertianer und Untersekundaner nicht nur
allerlei Holzverbindungen und Verzapfungen und Mauerverbände,

sondern auch einfache Maschinenteile, Nieten, Schrauben, Röhren, Kuppelungen, Ventile, Hähne, Kolben u. s. w. zeichnen. Sie sollen also nicht nur eine genaue technische Belehrung über Architektur bekommen, sondern auch im rein handwerklichen Zeichnen ausführlich unterwiesen werden.

Wir können darin nur ein charakteristisches Beispiel für die maßlose Übertreibung der Anforderungen sehen, die man neuerdings an das Gymnasium stellt. Nicht allein, daß es Gelehrten- und Beamtenschule und Kaufmannsschule sein soll, es soll seine Schüler sogar für den Besuch einer Baugewerkschule oder einer Schlosserwerkstatt vorbereiten. Hiergegen kann nicht scharf genug Front gemacht werden. Ein Gymnasium ist keine Fortbildungsschule, auch keine Fachschule für Ingenieure und Maschinentechniker. Wer ein Gymnasium besucht, um sich den Einjährigenschein zu ersitzen und dann zur Technik überzugehen, der bilde sich, wenn ihm der Zeichenunterricht auf dem Gymnasium nicht genügt, nebenbei auf einer Fortbildungsschule weiter. Auf der Vorbereitungsschule für die Universität haben diese Dinge nichts zu thun. Auch auf dem Realgymnasium sind sie vom Übel. Ein Gymnasium soll wohl die Kräfte der Schüler für jeden späteren Beruf ausbilden, nicht aber den Lehrstoff der einzelnen Berufsarten vorwegnehmen. Um die technische Sprache im allgemeinen verstehen zu lernen, genügt der Kursus im gebundenen Zeichnen vollkommen. Technische Einzelheiten so spezieller Art zeichnen zu lassen hat nicht den geringsten Zweck. Das fehlte grade noch, daß man das Gymnasium für die Erziehung unserer Maschinenbauer verantwortlich machte, und die ästhetische Bildung unserer Gymnasiasten zu Gunsten jener Halbgymnasiasten, die eigentlich auf andere Schulen gehörten, schädigte. Wir haben schon so wie so genug an diesem Ballast zu tragen. Man ziehe ihn nicht noch gewaltsam durch derartige Maßregeln herbei.

Die Untersekunda ist auch die Grenze, die festgehalten werden müßte, wenn man sich vorläufig noch nicht entschließen sollte, den Zeichenunterricht in allen Klassen obligatorisch zu machen. Denn wenn ein Schüler erst gelernt hat, Modelle und plastische Ornamente schattirt zu zeichnen, so kann er sich von da an allenfalls selbst weiter helfen, wenn es sein muß. Den Kursus vorher zu unterbrechen, würde einem Verzicht auf jeden dauernden Nutzen des Unterrichtes gleichkommen.

Der Kursus der drei oberen Klassen ist nun dazu da, die ästhetische Bildung des Schülers zu vollenden. Der Lehrstoff ist auch hier noch ein außerordentlich großer, so daß die Zeit in der mannichfaltigsten Weise ausgenutzt werden kann. Doch kommt es von jetzt an nicht mehr so streng auf die Reihenfolge der einzelnen Stoffe wie bisher an, und es wird mehr dem Belieben des Lehrers und der Neigung der Schüler überlassen bleiben können, nach welchen Vorbildern jeder Einzelne in den verschiedenen Klassen zeichnet. Ich brauche deshalb die verschiedenen Arten dieser Übungen nur summarisch zu nennen.

Zunächst gehört in diese Oberstufe eine strengere Unterweisung in der Perspektive und Schattenlehre. Bisher war beides nur in gefühlsmäßiger Weise betrieben worden, jetzt soll es wissenschaftlich und nach strengen Konstruktionen geübt werden. Einem Knaben von 15—16 Jahren kann es nicht schaden, wenn er auch die trockenen verstandesmäßigen Seiten der Kunst kennen lernt. In den unteren Klassen kam es in erster Linie darauf an, ihm Lust und Liebe zur Sache zu machen, also den künstlerischen Charakter des Unterrichts möglichst hervorzukehren. Jetzt gilt es, ihm klar zu machen, daß Kunst nicht nur ein Vergnügen, sondern auch eine harte Arbeit ist, und daß die Götter auch in diesem Gebiete den Schweiß vor das Können gesetzt haben. Er wird dann um so weniger Gefahr laufen, sich über seinen Beruf zu täuschen, seine Freude an der Kunst als produktive Begabung aufzufassen und eine Fachthätigkeit zu erwählen, zu der sein Talent doch nicht ausreicht. Natürlich braucht man bei der Unterweisung nicht in alle Details einzugehen, andererseits braucht man aber auch dem Schüler die trockenen mathematischen Konstruktionen keineswegs zu ersparen. Brücke hat in seinen „Bruchstücken zu einer Theorie der bildenden Künste" ein klassisches Muster gegeben, wieweit man in dem allgemein bildenden Unterricht über Perspektive etwa gehen darf.

Mit dieser vertieften Kenntnis kann dann das architektonische Zeichnen fortgesetzt werden. Perspektivisches Zeichnen und Schattiren architektonischer Glieder ist nach selbständigen Konstruktionen zu üben, die konstruirten Zeichnungen sind mit dem Modell zu vergleichen und danach auszuführen.

An das Architekturzeichnen hat sich wieder von Zeit zu Zeit eine kunsthistorische Belehrung anzuschließen. Selbstverständlich muß ein Lehrer, der in den oberen Klassen des Gymnasiums den Kunstunterricht erteilen will, ein ästhetisch und kunsthistorisch gebildeter Mann sein. Er muß — mit Hilfe von Photographien, die ihm die Anstalt natürlich zur Verfügung zu stellen hat — die verschiedenen Stilarten charakterisiren können. Die heimischen Monumente muß er nach ihrer Geschichte kennen, in den Museen und Kirchen der Stadt bewandert sein. Einzelne Stunden können auf Ausflüge verwendet werden, bei denen er in seinen Primanern ein dankbares Publikum finden wird. Museumsvorstände werden dabei gern alle möglichen Erleichterungen gewähren, Professoren der Kunstgeschichte, wo sie vorhanden sind, mit Freuden behilflich sein. Das ist die richtige Art, Kunstgeschichte auf dem Gymnasium zu treiben, nicht der akademische Vortrag, der sich über ganze Stunden erstreckt.

Als Fortsetzung des Kursus im plastischen Ornament ist das Zeichnen nach Gypsabgüssen von Händen, Füßen, Köpfen, vielleicht auch ganzen Figuren anzusehen. Die meisten modernen Zeichenpädagogen wollen allerdings davon nichts wissen, möchten die menschliche Figur vom Gymnasium ganz verbannen. Das stimmt überein mit ihrem Vorschlage, Maschinenteile zeichnen zu lassen. Die ästhetische Seite wird vernachlässigt, die praktische übertrieben. Man verkennt aber dabei die Ziele des Gymnasiums, die vor allen Dingen eine allgemeine ästhetische Vorbildung fordern. Das Verständnis der Plastik, speziell der griechischen Plastik wird nur durch das Zeichnen nach Gyps in genügender Weise vorbereitet. Allerdings hat sich seit einigen Jahren eine sehr heftige Opposition gegen das Gypszeichnen erhoben. Man macht gegen den Gyps geltend, daß er ein kaltes stumpfes Material sei, das den Schüler verwöhne und unempfindlich mache für die feineren koloristischen Wirkungen des Fleisches und der Haut. Das ist ja richtig, aber dieser Gesichtspunkt wird für den Gymnasiasten kaum in Betracht kommen. Der Gymnasiast will ja kein eigentlicher Maler werden, das spezifisch Koloristische hat also für ihn weniger Bedeutung als für den Kunstakademiker. Immerhin kann man einer schädlichen Wirkung des Gypses dadurch vorbeugen, daß man neben den Gyps-

abgüssen nach der Natur oder Antike auch Zeichnungen bedeuten=
der Künstler nach der Natur zum Kopiren vorlegt. Denn das
direkte Studium nach dem lebenden Modell, das man neuerdings
auch für die Gymnasien hat empfehlen wollen, ist hier schon aus
schultechnischen Gründen vollkommen ausgeschlossen. Die Handzeich=
nungen bedeutender Künstler sind aber, wie ich schon oben erwähnt
habe, für den Unterricht auf den Gymnasien bisher noch lange
nicht genügend herbeigezogen worden. Studien nach dem Nackten
und nach der Gewandung würden als Ergänzung des Zeichnens
nach Gyps in der Prima die besten Dienste leisten, und es wäre
eine wichtige Aufgabe für eine Kunstakademie, durch ihre besseren
Schüler derartige Zeichnungen nach pädagogischen Gesichtspunkten
herstellen und photolithographisch vervielfältigen zu lassen.

Es liegt ferner durchaus kein Grund vor, den Gymnasiasten
das Zeichnen von Tieren zu verbieten. Einen ausgestopften Vogel,
das Modell einer Kuh, eines Pferdes zu kopiren wird schon einem
Obersekundaner keine Schwierigkeiten machen, und es ist unbegreiflich,
wie die neueren Methodiker auch diesen Stoff den Gymnasiasten
meistens ganz vorenthalten wollen. Hier wäre ja freilich das
Zeichnen nach der Natur das Ideal. Aber dieses Ideal kann auf
der Schule doch nur ausnahmsweise realisirt werden, und so halte
man sich denn an das, was möglich ist, d. h. an naturalistisch
ausgeführte Modelle, an denen es durchaus nicht mangelt.

Der Farbensinn muß in den oberen Klassen vorwiegend
durch Blumenmalen ausgebildet werden. Wenn dieses auch im Gym=
nasium niemals dieselbe Rolle spielen wird wie in Mädchenschulen,
so ist doch prinzipiell durchaus nichts dagegen einzuwenden. Auch
das Stillebenmalen mit Farben kann in den oberen Klassen geübt
werden und wird richtig betrieben einen ganz besonderen Reiz für
die Schüler haben. Natürlich wird es nur von solchen, die in
koloristischer Beziehung begabter sind, mit Erfolg ausgeübt werden
können.

Dagegen möchte ich die Landschaft auf der Schule nur in
Form von farblosen Zeichnungen geübt sehen. Das Nachpinseln
von Buntdruck=Vorlagen hat keinen pädagogischen Wert, weil
der Schüler die Farben dabei nicht in der Natur beobachtet und
sich leicht an eine schablonenhafte Auffassung auch der Naturfarben

gewöhnt. Direkt nach der Natur zu skizziren oder zu aquarelliren ist im Klassenunterricht unmöglich. In der Schule können also nur gut gezeichnete Landschaftsvorlagen kopirt werden. Das mögen die Pedanten des Naturalismus und die Fanatiker des Ornament- und Körperzeichnens bedenklich finden. Es wird sich aber nicht umgehen lassen. Denn auch hier wird man sagen müssen, daß es einem Schüler absolut unmöglich ist, direkt nach der Land- schaft zu zeichnen, wenn er nicht zuvor die Art und Weise kennen gelernt hat, wie man technisch in verschiedenem Material bestimmte Elemente der Landschaft, Baumschlag, Gras, Felsen, Wasser, Wolken u. s. w. darstellt. So etwas schüttelt sich nicht aus dem Ärmel, und es ist immer noch besser, den Schüler durch Kopiren guter photolithographirter Vorlagen dieser Art auf das Skizziren nach der Natur vorzubereiten als ihn überhaupt ohne jede Vorbereitung vor die Natur zu stellen. Derartige Vorlagen brauchen ja gar keine abgeschlossenen Bildchen zu sein. Es genügt, wenn es Detail- studien nach der Natur sind. Und man sollte doch denken, daß ein moderner naturalistischer Landschaftsmaler wohl im Stande sein müßte, eine Serie solcher Naturstudien zu schaffen, die den Gymnasiasten einerseits mit den technischen Prozeduren bekannt machen, anderseits ihn doch nicht zu einer konventionellen Auf- fassung der Naturformen verführen würden. Übrigens fehlt es schon jetzt nicht ganz an solchen Vorlagewerken, wenn auch die Gymnasien noch vielfach im Besitz von solchen sind, die als durchaus unge- eignet für diesen Zweck bezeichnet werden müssen.

Die Ölmalerei gehört natürlich nicht aufs Gymnasium.

Daß spätere Architekten und Ingenieure auch in den oberen Klassen des Gymnasiums Gelegenheit finden müssen, das gebun- dene Zeichnen weiter zu üben, ist selbstverständlich. Schon die Perspektive und Schattenlehre wird ihnen diese Gelegenheit bieten. Es ist auch nicht ausgeschlossen, daß sie sich, nach freiem Belieben, aber unter Aufsicht des Lehrers, in eigenen ornamentalen Kom- positionen, im Planzeichnen u. s. w. üben, schwierigere Gebäude- modelle skizziren, aufmessen und in Grundriß, Durchschnitt und Aufriß auftragen. Doch kann ein derartiger Unterricht immer nur eine individuelle Bedeutung haben.

Das reine Flächenornament hat in den oberen Klassen nichts

mehr zu thun. Der Obersekundaner und Primaner hat wichtigere
und anregendere Dinge zu zeichnen als komplizirte Mosaikfußböden
oder Intarsiaornamente.

Wenn man diesen Kursus als Ganzes überblickt, so wird man
allerdings bemerken, daß er sich in vielen Dingen mit der herrschenden Methode — unter anderem auch mit den neuen preußischen Lehrplänen und dem badischen und hessischen Lehrplan —
berührt. Aber man wird zugleich sehen, daß er zu gewissen sehr
verbreiteten Grundsätzen in einem prinzipiellen Gegensatz steht.
Viele Zeichenlehrer, die aus Seminaren hervorgegangen und ohne
Kenntnis der ästhetischen Bedürfnisse der Gymnasiasten, auch ohne
lebendigen Zusammenhang mit der modernen Kunstbewegung sind,
möchten dem Gymnasiasten am liebsten Scheuklappen gegen alles,
was Natur und Kunst heißt, anlegen. In den ersten Jahren
wollen sie durch banausische Übertreibung des geometrischen und
ornamentalen Flächenzeichnens seinen Sinn für die künstlerische
Illusion gewaltsam ertöten, in den späteren ihm grade die an-
regendsten und künstlerisch wertvollsten Teile des Zeichenunterrichts
vorenthalten, weil — er doch noch nicht fähig sei, sie zu beherrschen.
Aber dieser Grund ist in Wahrheit nur ein scheinbarer. Nicht der
Gymnasiast ist der unfähige, der außer Stande wäre, in der Prima
Gypsköpfe, Blumen, Tiere und Landschaften zu zeichnen, sondern
der seminaristisch gebildete Zeichenlehrer, der ihn dazu nicht anleiten
kann, weil er seine eigenen Kenntnisse gar nicht einmal immer
von einem Künstler, sondern oft nur von einem Seminarlehrer
erhalten hat. Die Grundsätze, gegen die sich dieser Abschnitt richtet,
sind ausgegangen von Lehrern, die nicht in erster Linie Künstler,
sondern Pädagogen sind. Zeichnen aber ist in erster Linie Kunst,
Vorbereitung zum Kunstverständnis. Mit einer bloßen Ausbildung
der geometrischen Anschauung und einer Kenntnis des historischen
Ornaments mag man sich an Volksschulen oder Fortbildungsschulen begnügen. Das Gymnasium muß seine Ziele höher stecken.
Es soll unserer Kunst ein lebendig empfindendes ästhetisch vorge-
bildetes Publikum erziehen, das sich nicht damit begnügt zu wissen,
wie man einen achtstrahligen Stern am besten konstruirt und einen
Mäander ausdiftelt, sondern das Gefühl und Empfindung für alle
Künste, insbesondere für Malerei und Plastik hat. Es ist freilich

leichter, einen schön geordneten stufenweise fortschreitenden Lehrgang
des geometrischen und ornamentalen Zeichnens auszuklügeln, als
sich künstlerisch so gründlich vorzubilden und sich in die künstlerischen Bedürfnisse eines Primaners so hineinzudenken, daß man
ihn mit Erfolg in der Kunst unterweisen kann. Nicht daß diese
Leute keine Künstler sind, muß man ihnen vorwerfen: Sie haben ja
nicht die entsprechende Vorbildung gehabt und können persönlich nicht
dafür verantwortlich gemacht werden. Wohl aber, daß sie unter
diesen Umständen für nötig halten, dem Zeichenunterricht auf dem
Gymnasium einen bestimmten Kursus vorzuschreiben und bestimmte
Grenzen zu stecken, die ihn vollständig aus den Bahnen des künstlerischen Unterrichts hinaus- und in diejenigen einer banausischen
Abrichterei hineindrängen. Hier ist es Zeit, energisch einzugreifen, damit diese Ideen sich nicht durch die fanatische Energie,
mit der sie immer wieder vorgetragen werden, schließlich doch
an maßgebender Stelle Gehör verschaffen. Wenn die Methode
des Gymnasialunterrichts, so wie sie von diesen Leuten empfohlen
und in vielen Fällen thatsächlich durchgeführt wird, auch nur bei
den Zeichenlehrern selber fernerhin in Geltung und Ansehen bleibt,
dann möchte ich das Geschlecht nicht sehen, das unter solchen Verhältnissen seine künstlerische Bildung erhält. Mit stumpfem Auge
wird es an den Werken der modernen Malerei und Plastik vorbeigehen, stier wird es seinen Blick auf die vergangenen Stilarten
und den kraft- und saftlosen modernen Abklatsch derselben richten.
Kunst wird in seinen Augen nur eine gewisse Einteilung des
Raumes nach bestimmten konventionellen Gesetzen, nicht lebensvolle und gedankenreiche Darstellung der Natur sein. Von einer
freudigen gefühlsmäßigen Auffassung der Natur, einem lebendigen
Mitwirken an dem Fortschritt und der Entwicklung unsrer deutschen
Kunst wird es nichts wissen wollen. Dann werden wir eine Kunst
erhalten, die noch mehr als bisher sich mit dem Wiederkäuen dessen
begnügen wird, was andere Völker ihr vorgekaut haben. Und
unsere Hoffnungen auf ein neues Zeitalter der deutschen Kunst
werden schmählich zu Schanden werden. Darum: videant con-
sules.

Daß es so wie bisher nicht weiter gehen kann, ist in der
That wohl die Überzeugung aller Kunstverständigen, die in diesen

Dingen ein selbständiges Urteil haben. Darauf sind auch wohl die ganz verschiedenen neueren Vorschläge zurückzuführen, die auf die Ausbildung anderer Methoden gerichtet sind. So ist noch in Aller Erinnerung, wie vor einigen Jahren von einem sehr verdienten Kunstschriftsteller eine streng naturalistische Methode des Zeichenunterrichts empfohlen wurde. Danach soll das Ziel des Zeichenunterrichts sein, daß der Schüler die Gegenstände der Natur, auch die Bewegungen lebender Wesen richtig skizziren und die Einfälle der eigenen Phantasie klar darstellen lerne. Der Unterricht soll an das Spiel anknüpfen. So wie das Kind schon vor der Schule auf der Schiefertafel allerlei Gegenstände aus seiner Umgebung gekritzelt hat, so soll es auch jetzt seine Zeichnungen nur direkt nach der Natur machen. Die Gegenstände des Schulzimmers und der weiteren Umgebung sollen ihm als Vorbild dienen. Ausgestopfte Tiere, Blumen und Modelle sollen ihm vorgelegt werden. Auf richtiges Zeichnen kommt es in der ersten Zeit gar nicht an, nur darauf, daß das Kind gern und viel zeichne. Richtigsehen, Schnellskizziren, Leichtbehalten der Formen, das soll der Erfolg dieser Übungen sein. Wer am raschesten fertig ist, der bekommt einen Lobstrich, wer am besten zeichnet, rückt einen Platz herauf. Zeichenspiele, bei denen die Kinder um die Wette zeichnen, Scherzaufgaben wie „der dicke und der dünne Mann", „der lachende und der weinende Mond", kommen hinzu, um ihr Interesse zu reizen. Dann folgt die zweite ernstere Periode des Unterrichts, das genaue Studium der Natur. Dabei ist jede Umrißzeichnung verpönt. Die Dinge bestehen nicht aus Umrissen, sondern aus farbigen Flächen. Deshalb soll auch die künstlerische Wiedergabe womöglich farbig sein. Gypsabgüsse sollen niemals benutzt werden. Nur nach der Natur soll das Kind zeichnen. Nicht nur die ruhende, sondern auch die bewegte Natur soll als Vorbild dienen. Der Flug der Vögel, die kraftvolle Bewegung der Tiere ist besonders zu studiren. Vor allen Dingen soll der Mensch selber den Gegenstand des Nachzeichnens bilden. Da es schwer sein wird, geeignete Modelle zu beschaffen, soll ein Schüler den anderen zeichnen, oder das Kind soll den dreifachen Spiegel benutzen, um sich selber Modell sitzen zu können. Daneben sollen auch Originalzeichnungen bedeutender Meister wie Rafaels nachgeahmt werden, ferner spätgriechische oder römische

Porträtbüsten, plastische Werke des Donatello und Verrocchio, des
Peter Vischer und Michelangelo. Eine kursorische Einführung in
die früheren Kunstepochen kommt hinzu. Werke der Architektur und
Beispiele guter Ornamente werden vorgezeigt, erläutert und nach-
skizzirt. Selbst Holzschnitte, Kupferstiche und Werke der Kleinkunst
sind nicht ausgeschlossen. Rasche Auffassung und Übung des Ge-
dächtnisses sollen besonders gepflegt werden, die rein wissenschaftlichen
Gebiete des Zeichnens, Perspektive, Proportionslehre und Anatomie,
dürfen keinen zu großen Raum beanspruchen, die Theorie ist womöglich aus der Praxis abzuleiten.

Man sieht, daß diese Vorschläge eine sehr kräftige Reaktion
gegen die von uns bekämpfte Methode darstellen und daß sie vieles
Gesunde enthalten, was wir auch in unseren Lehrgang aufgenommen
haben. Vom pädagogischen Standpunkt aus sind sie freilich vielfach angefochten worden, und man wird nicht läugnen können,
daß ihr Urheber das Ziel des allgemein bildenden Zeichenunterrichts zu weit gesteckt und auf die Verhältnisse der Schule nicht
immer die nötige Rücksicht genommen hat. Aus diesem Grunde
ist seine Stimme leider die eines Predigers in der Wüste geblieben.
Man hat geglaubt, das herrschende System dadurch rechtfertigen
zu können, daß man sagte, der kräftigste Versuch, es zu stürzen,
sei mißlungen oder habe über das Ziel hinausgeschossen.

Wieder eine ganz andere Methode ist diejenige der kulturhistorischen Stufen, die ein namhafter Pädagoge der Herbart-
Zillerschen Schule ausgebildet hat. Entsprechend dem bekannten
Grundsatz, daß das Kind in seiner geistigen Entwicklung die Kultur-
stufen der Völker wiederhole, eine „Märchen=, eine Robinson=,
eine Odyssee=, eine Patriarchenstufe, eine hellenische, römische, mittelalterliche und moderne Stufe durchmache. Es soll auch der Zeichenunterricht immer parallel der jedesmaligen Kultur= und Entwick-
lungsstufe ausgebildet werden, in der sich das Kind grade befindet.
Es sollen alle Fächer der jedesmaligen Stufe zu einer gemeinsamen
Wirkung konzentrirt werden. Danach ist das Zeichnen streng
historisch zu betreiben. Die gegebenen Vorbilder sind die klassischen
Symbole und Typen der bildenden Kunst in der Reihenfolge, wie
sie sich historisch ausgebildet haben. So wie die Kunst der einen
Periode sich aus derjenigen der unmittelbar vorhergehenden ent-

wickelt hat, so muß sich auch beim Zeichenunterricht jede Stufe aus der vorhergehenden entwickeln. Den Anfang müssen die Symbole der ägyptischen Kunst bilden, von da muß zu Assyrien, Hellas, Rom, dem Mittelalter, der Renaissance u. s. w. fortgeschritten werden. Auf jeder Stufe soll der Unterricht von einem architektonischen Typus, einem Gesamtkunstwerk ausgehen, also z. B. vom Tempel und der Kirche. Nachdem eine Abbildung oder ein Modell des ganzen Bauwerks vorgelegt und erläutert worden ist, werden seine ein- zelnen Teile in der Reihenfolge ihrer Schwierigkeit den Kindern als Vorlagen gegeben und kopirt: Architekturglieder, Ornamente, plastische Ausstattung. Danach würde also der Kursus etwa mit der Hohlkehle eines ägyptischen Tempels zu beginnen und mit einem Kopfe von Michelangelo zu schließen haben. Der Schüler würde zuerst die stilisirten Figuren der altorientalischen Kunst, dann die vollendeten griechisch-römischen, später wieder die rohen romanischen kopiren müssen. Er würde die komplizirten Schmuckglieder der gotischen Kirche früher zum Vorbilde erhalten als die einfachen Formen eines Brunelleschischen Palastes. Schon dadurch würde der Wert dieser Methode sehr zweifelhaft werden, wenn auch das System der Kon- zentration nicht so schweren allgemein-pädagogischen Bedenken unter- läge, wie es thatsächlich der Fall ist.

Wieder eine andere Methode will die Reihenfolge der tech- nischen Prozeduren und Künste zur Grundlage des Unterrichts machen. Die Stufen: Kunstgewerbe, Architektur, Plastik und Malerei sollen die Reihenfolge der Übungen bestimmen; innerhalb des Kunstgewerbes soll wieder die Reihenfolge seiner verschiedenen Äußerungen, Tex- trin, Keramik u. s. w. festgehalten werden. Das Ganze soll ge- wissermaßen eine praktische Erläuterung zu dem Semperschen Satze sein, daß die Kunstformen sich in irgend einer Technik zuerst aus- bilden und dann als Kunstsymbole auf andere Gebiete des tech- nischen und künstlerischen Schaffens übertragen werden.

Es würde zu weit führen, wenn ich alle diese Methoden ausführlich kritisiren wollte. Es genügt, von der großen prinzi- piellen Verschiedenheit der bisher gemachten Vorschläge einen Begriff gegeben zu haben.

Natürlich kann das Zeichnen auch in den anderen Unter- richtsfächern des Gymnasiums bis zu einem gewissen Grade nebenbei betrieben werden. Dennoch möchte ich davor warnen, seine Bedeutung hier zu überschätzen. Wenn z. B. die neuen Lehrpläne u. a. bei Gelegenheit des naturgeschichtlichen Unterrichts den Satz enthalten: „Auf allen Stufen sind die Schüler im einfachen schematischen Zeichnen des Beobachteten zu üben", so ist die Unterrichtsverwaltung wohl selbst nicht im Zweifel darüber gewesen, daß unter den jetzt bestehenden Verhältnissen, wo thatsächlich die meisten Lehrer der Naturwissenschaften nicht zeichnen können, eine solche Vorschrift wenig Nutzen für die künstlerische Bildung der Schüler stiften wird. Und sehr mit Recht wird beim geographischen Unterricht vor Überspannung der Anforderungen im geographischen Zeichnen gewarnt. In der That kann es sich ja in allen diesen Fächern ebenso wie in der Mathematik immer nur um etwas ganz anderes handeln als um künstlerisches Zeichnen.

Der Zeichenlehrerstand.

Es liegt auf der Hand, daß eine gesteigerte Pflege des Zeichenunterrichts auf den Gymnasien und ein wirklich künstlerischer Betrieb desselben vor allen Dingen eine ganz bedeutende Hebung des Zeichenlehrerstandes zur Voraussetzung hat. Sowohl die künstlerische Vorbildung als auch die soziale Stellung der Zeichenlehrer muß eine andere werden, wenn das, was wir in dem Abschnitt über die Methode gefordert haben, zur Wahrheit werden soll.

Die Zeichenlehrer, die gegenwärtig an deutschen Gymnasien unterrichten, haben eine ganz verschiedene Vorbildung genossen. Wir haben zwar in Preußen seit 1885 ein Prüfungsreglement für Zeichenlehrer, aber einerseits ist eine große Zahl von Gymnasial-Zeichenlehrern vor dem Erlaß desselben angestellt gewesen, andererseits bietet auch dieses Reglement selbst keineswegs die Garantie für einen wirklich künstlerischen und anregenden Betrieb des Unterrichtes. Man kann die heutigen Gymnasial-Zeichenlehrer in drei Gruppen teilen. Die erste besteht aus den von früher her übernommenen älteren Lehrern, die von der Kunst aus zu ihrem Berufe gekommen sind. Ursprünglich Maler, Architekten oder Bildhauer ihres Zeichens, aber nicht begabt genug, um sich als schöpferische Künstler ihr Brot verdienen zu können, haben sie sich gegen

ihre Neigung dem Lehrfach zugewendet. Sie sind vielleicht tüchtige
Künstler, Männer, die von Begeisterung für die Kunst erfüllt sind
und auch technisch eine gute Schule durchgemacht haben. Aber es
fehlt ihnen in vielen Fällen die pädagogische Vorbildung, es fehlt
ihnen vor allem der Beruf zum Lehrer. Sie unterrichten eigentlich
gegen ihren Willen, haben als Künstler und als ältere Leute ihre
Eigenheiten, fühlen sich vielleicht gar als verfehlte Existenzen, kurz
entbehren jener Freudigkeit des Schaffens, die beim Lehrer vor
allen Dingen den Erfolg verbürgt. Dazu kommt, daß die meisten
Künstler schon von Natur schlechte Pädagogen sind. Sie wissen
und fühlen wohl das Richtige, aber sie können es nicht mit Worten
ausdrücken. Die Folge davon ist die, daß sie dem sprachlich ge=
bildeten Gymnasiasten der oberen Klassen nicht zu imponiren verstehen,
daß sie außer Stande sind, in den unteren Klassen die Disziplin
aufrecht zu erhalten. In keinem Unterrichtszweige ist dies ja so
schwer wie im Zeichenunterricht. Mag er Massen= oder Gruppen=
oder Einzelunterricht sein, immer gehört eine ganz besondere päda=
gogische Kraft dazu, gleichzeitig die ganze Klasse einer bestimmten
Zucht zu unterwerfen und sich den individuellen Bedürfnissen des
einzelnen Schülers anzupassen.

Ganz anders die große und überwiegende Mehrzahl der
jüngeren neuerdings angestellten Zeichenlehrer. Sie sind nicht von
der Kunst, sondern von der Pädagogik zu ihrem Berufe gekommen.
Nicht Künstler, sondern Pädagogen wollen sie in erster Linie sein.
Die künstlerische Unterweisung, die sie auf der Präparandenanstalt oder
dem Volksschullehrerseminar genossen haben, war in den meisten
Fällen gleich Null. Der Regel nach haben sie dort gar nicht
von einem Künstler, sondern von einem Pädagogen Zeichen=
unterricht erhalten. Dann sind sie, um wenigstens etwas von
Kunst zu erfahren, auf die Kunstschule (das Zeichenlehrerseminar)
in Berlin gegangen. Der Kursus, den sie dort durchgemacht haben,
ist den Vorschriften entsprechend ein zweijähriger gewesen. Während
dieser Zeit haben sie vorwiegend Architekturformen und Ornamente
nach Gyps gezeichnet, daneben besonders Projektionslehre und Per=
spektive getrieben. Der Lehrplan des Zeichenlehrerseminars ergiebt,
wenn man die beiden Jahreskurse zusammenwirft, wöchentlich durch=
schnittlich 15 Stunden für Ornament=Zeichnen und =Malen, 10

für Gyps=, 9 für Projektionszeichnen, 6 für Naturmalen, 4 für
Kunstgeschichte und 3 für Methodik des Zeichenunterrichts. Zunächst
muß nun betont werden, und das geben auch die Zeichenlehrer
selber zu, daß ein zweijähriger Kursus bei der geringen Vorbildung
dieser Schüler für eine wirklich künstlerische Ausbildung nicht genügt.
Drei Jahre müßten als das Minimum für diesen Zweck betrachtet
werden. Ferner kommen die seminaristisch vorgebildeten Besucher
des Zeichenlehrerseminars viel zu spät (meistens erst mit 23 Jahren!)
auf diese Anstalt, um für technische und künstlerische Dinge noch
die genügende Empfänglichkeit zu besitzen. Endlich geht schon aus
dem eben erwähnten Lehrplan hervor, daß hier grade diejenigen
Fächer am gründlichsten betrieben werden, die für den Unterricht
am Gymnasium die geringste Bedeutung haben. Das Ornament=
zeichnen nimmt dem Naturzeichnen gegenüber einen zu großen Raum
ein, von einer Übung in schematischen Lebensformen oder Modellen
von Gebrauchsgegenständen u. dgl. ist überhaupt nicht die Rede.
Aktzeichnen und Ölmalen werden wohl in den meisten Fällen gar
nicht betrieben, bleiben vielmehr der Kunstakademie vorbehalten, zu
der ja die Kunstschule gleichzeitig für diejenigen, die wirkliche Künstler
werden wollen, eine Art Vorschule bilden soll.

So kommen denn diese Seminaristen nach abgelegter Zeichen=
lehrerprüfung als Lehrer an ein Gymnasium, ohne künstlerische
Fähigkeiten im höheren Sinne, ohne eine akademische Vorbildung,
die der Universitätsbildung der übrigen Gymnasiallehrer auch nur
annähernd entspräche, ohne Verständnis für die ästhetischen Bedürf=
nisse des Gymnasiasten; dafür aber voll von pädagogischen Über=
zeugungen, erfüllt von einer Methodik, die sie nun mit einem
Eifer, der einer besseren Sache würdig wäre, dem Gymnasium
oktroyiren möchten.

Diese Männer sind es, die gegenwärtig bei der Interesse=
losigkeit der meisten höheren Schulbeamten für alles, was Kunst
heißt, die Methode des Zeichenunterrichts auf unseren Gymnasien
thatsächlich beherrschen. Wenn ich sie mit den zuerst geschilderten
künstlerisch gebildeten Zeichenlehrern vergleiche, so muß ich sagen,
daß mir diese immer noch bedeutend lieber sind. Viele Alters=
genossen von mir werden sich ebenso wie ich noch mit einer ge=
wissen Pietät ihres Zeichenlehrers erinnern, der vielleicht kein großer

Pädagoge war, aber doch wenigstens zeichnen konnte und diejenigen,
die für Kunst ein wirkliches Interesse hatten, mit Erfolg anzu=
regen wußte. Diese Seminaristen dagegen, die sich mit einer
heiligen Scheu gegen alle höheren Gebiete der Kunst verschließen,
die ausdrücklich erklären, daß ihre Bestrebungen denen der Kunst=
akademien geradezu entgegengesetzt seien, deren höchster Ehrgeiz
darin besteht, eine neue Nüance in der Reihenfolge der geometrischen
Figuren, wie sie Flinzer und Stuhlmann aufgestellt haben, zu er=
finden und auf Grund dieser Erfindung zu den tausend Leitfäden
des Zeichenunterrichts, die alle dasselbe sagen, noch den tausend=
understen, der auch nichts Neues bringt, hinzuzufügen: sie gehören
nicht aufs Gymnasium, sondern auf die Volksschule. Der Gym=
nasiast verlangt höhere Ideale. Er will an seinem Zeichenlehrer
als an einem wirklichen Künstler emporsehen. Er will das Gefühl
haben, daß dieser Mann die Kunst aus dem Grunde versteht und
nicht nur gewisse unfehlbare Begriffe von Methode, von geregeltem
stufenweisem Lehrgang hat. Er braucht einen Lehrer, der als
Künstler aus dem Vollen schöpft und dem Primaner nicht deshalb
eine höhere künstlerische Bildung vorenthält, weil er selbst eine
solche niemals genossen hat.

Diesen beiden Extremen, der Gruppe der Künstler und der
Methodiker, gehören allerdings nicht alle Zeichenlehrer an Gym=
nasien an. Dazu kommen dann als dritte Gruppe diejenigen, die
man als „Wilde" bezeichnen könnte, da sie keinen regelmäßigen
Lehrgang durchgemacht haben. Entweder haben sie eine gewisse
Zeit eine technische Hochschule oder eine Kunstakademie oder das
Atelier eines anerkannten Künstlers besucht und sich dann aus
irgend welchen äußeren Gründen dem Zeichenlehrerberuf gewidmet.
Oder es sind studirte Leute, die am Gymnasium eigentlich in
wissenschaftlichen Fächern unterrichten, aber in Folge besonderer
künstlerischer Anlagen oder eines besonderen künstlerischen Interesses
neben ihren übrigen Stunden auch noch den Zeichenunterricht über=
nommen haben. Kurz, es fehlt nicht an den verschiedensten Ab=
stufungen und Variationen, und man wird zugeben, daß, wo die
Vorbildung der Lehrer und ihre Beziehung zur Kunst eine so
vollkommen verschiedene ist, auch von einem gleichmäßigen künst=
lerischen Betriebe dieses Unterrichtszweiges nicht die Rede sein kann.

Abgesehen von dieser Verschiedenheit der künstlerischen und pädagogischen Vorbildung, die in den Augen der Gymnasialdirektoren den ganzen Unterrichtszweig diskreditirt, wird nun das Niveau des Zeichenlehrerstandes schon dadurch bedeutend herabgedrückt, daß man die Zulassung zum Zeichenlehrer-Examen bisher nur von dem Besuch einer Präparandenanstalt und eines Volksschullehrerseminars oder der Reife für die Obersekunda eines Gymnasiums bezw. einer Realschule abhängig gemacht hat. Es wird sich kaum läugnen lassen, daß, um eine fruchtbare Lehrthätigkeit am Gymnasium zu entfalten, eine höhere allgemeine Bildung nötig ist als diejenige, die für das Einjährig-Freiwilligen-Zeugnis oder für die Karriere eines Gerichtsschreibers oder Gerichtsschreibergehilfen genügt. Um die ästhetischen Bedürfnisse eines Primaners beurteilen zu können, muß man selbst die Prima besucht haben, und man kann es einem auf seine klassische Bildung stolzen Gymnasiasten der oberen Klassen nicht übel nehmen, wenn er den Unterricht bei einem Lehrer nicht freiwillig mitmachen will, der nach der Seite der allgemeinen Bildung hin mit ihm so wenig gemeinsame Berührungspunkte hat. Wir sind gewiß weit davon entfernt, die Kunst als solche geringer zu achten als die humanistische Bildung der Gymnasien. Aber das, was jene Methodiker „Kunst" nennen, verbunden mit einer auf dem Seminar oder in den unteren Gymnasialklassen erlangten allgemeinen Bildung, kann nicht als die geeignete Grundlage für eine fruchtbare Lehrthätigkeit in den oberen Klassen eines Gymnasiums bezeichnet werden.

Dem entsprechend ist denn auch die soziale Stellung der Gymnasial-Zeichenlehrer gegenwärtig eine durchaus subalterne. Sie stehen in der Rangklasse den Elementarlehrern und Vorschullehrern der höheren Lehranstalten gleich. Sie sind also ihren wissenschaftlichen Kollegen gegenüber Lehrer zweiten Ranges. Und ihr Gehalt variirt an den königlichen Anstalten, je nach dem Dienstalter, zwischen 1300 (!) und 2600 Mark. Nur an städtischen Anstalten steigt es zuweilen höher. In sehr vielen Fällen sind sie gar nicht einmal fest angestellt und pensionsberechtigt. Wenn man nun bedenkt, daß ein solcher Zeichenlehrer unter normalen Verhältnissen seine erste Anstellung erst mit dem 26. Jahre erhält, so begreift man, daß diese Karriere für jüngere Künstler, die einige Begabung

12

und einigen Mut in sich fühlen, wenig Verlockendes hat. Es muß einer schon in Folge vieler Enttäuschungen mit dem Leben abgeschlossen oder niemals Ansprüche an dasselbe gestellt haben, wenn er sich mit solchen Aussichten zufrieden geben soll. Wirkliche Künstler werden sich von Jahr zu Jahr mehr von einem Berufe zurückziehen, der in ihren Augen nur den Charakter der Schulfuchserei und subalternen Thätigkeit haben kann. Schon jetzt löst sich das Zeichenlehrerexamen, dessen Abhaltung bisher in Preußen auch den Kunstakademien von Berlin, Düsseldorf und Königsberg zustand, mehr und mehr von diesen Anstalten los. Die Professoren der Akademien wollen in erster Linie Künstler erziehen und stellen natürlich auch beim Examen vorwiegend künstlerische Anforderungen. Die Schulbehörden (die meistens von Kunst nichts verstehen) brauchen in erster Linie tüchtige Pädagogen und behaupten, daß die Akademieprofessoren von den Bedürfnissen der Schule keine Ahnung haben. Daß beides recht gut mit einander zu vereinigen wäre, wenn man nur den guten Willen hätte, fällt keinem von beiden ein. Man gewöhnt sich mehr und mehr, Kunst und Zeichenunterricht als zwei ganz verschiedene Dinge zu betrachten. Noch einige Jahre und die Künstler- und die Zeichenlehrerkarriere werden vollständig auseinanderfallen, man wird schließlich keine Ahnung mehr davon haben, daß Zeichnen doch früher in gewisser Weise zur Kunst gerechnet wurde.

Dieser Entwicklung müssen wir ein energisches Halt zurufen. Wenn wir nicht wollen, daß die künstlerische Bildung unserer höheren Stände noch mehr als bisher verfalle, daß auch der letzte Rest von Kunstsinn, der noch in unserem Volke lebt, verloren gehe, so müssen wir die künstlerischen Erzieher des Volkes wieder zu Künstlern ausbilden lassen, sie auf eine soziale Stufe heben, die der Bedeutung der Kunst im öffentlichen Leben entspricht. Ein Lehrer zweiten Ranges ist nicht im Stande, einen Unterrichtszweig, der nur in den unteren Klassen obligatorisch ist, auf einen grünen Zweig zu bringen. Der Gymnasiast hat ein feines Verständnis für die soziale Stellung seiner Lehrer. Wo es in seinen freien Willen gestellt ist, wird er den Zeichenlehrer in den meisten Fällen als nicht vorhanden ansehen.

Aus diesen und ähnlichen Erwägungen sind denn auch die

seit dem Jahre 1877 mehrmals, zuletzt wieder am 1. Februar 1892 wiederholten Petitionen hervorgegangen, mit denen die preußischen Zeichenlehrer sich zum Zweck der Hebung des Zeichenunterrichts und der Verbesserung ihrer Lage an das Abgeordnetenhaus und die Unterrichtsverwaltung gewendet haben. Ganz ohne Erfolg sind diese Bemühungen nicht geblieben. Wenigstens ist schon im Jahre 1887 ein Erlaß gegen die willkürlichen Dispensationen vom obligatorischen Zeichenunterricht erfolgt, und man hat diesen wenigstens an den realistischen Lehranstalten neuerdings dadurch auch äußerlich gehoben, daß man seinen Vertreter zum Mitgliede der Reifeprüfungskommission gemacht hat. Aber die Zeichenlehrer verlangen mehr. Sie wollen, daß der Zeichenunterricht in allen Klassen obligatorisch gemacht und bei der Zensirung und Versetzung der Schüler an realistischen sowohl wie an humanistischen Lehranstalten ebenso wie die Fächer mit zwei wöchentlichen Lehrstunden, z. B. Geographie und Naturbeschreibung berücksichtigt werde. Sie verlangen, daß er den wissenschaftlichen Fächern gleichgestellt werde, der Zeichenlehrer mit den wissenschaftlichen Lehrern auf derselben Stufe rangire. Und sie ziehen auch die Konsequenzen aus dieser Forderung, indem sie für ihn die gleiche Vorbildung wie für diese, also den Nachweis des Abiturientenexamens einer neunklassigen Lehranstalt und eines dreijährigen Studiums an einer technischen Hochschule oder einer Kunstakademie oder dem Zeichenlehrerseminar fordern.

Man kann sich mit diesen Forderungen nur durchaus einverstanden erklären — vorausgesetzt, daß die jetzt herrschende Methode des Zeichenunterrichts verlassen und zu einer gesunden Methode auf naturalistischer Grundlage zurückgekehrt wird. Daß die jetzt wirkenden seminaristisch gebildeten Zeichenlehrer den wissenschaftlichen Lehrern an Rang und Gehalt gleichgestellt werden, ist wohl keiner von ihnen so sanguinisch zu erwarten. Das würde auch abgesehen von den übrigen Unzuträglichkeiten, die es mit sich bringen müßte, nur der Sanktionirung einer Methode gleichkommen, die wir als den wahren Verderb jedes künstlerischen Gefühles bei der Jugend auffassen müssen.

Aus der Einführung des obligatorischen Zeichenunterrichts in den oberen Klassen würde sich übrigens die Gleichstellung der

12*

Zeichenlehrer mit den wissenschaftlichen Lehrern schon von selbst
ergeben. Denn wenn man gegen die feste Anstellung dieser Lehrer
mit Pensionsberechtigung bisher noch immer den Einwand erheben
konnte, daß die Zeichenstunden am Gymnasium nicht die ganze
Zeit eines Lehrers ausfüllten, zumal wenn er nicht nebenbei, wie
das vielfach geschieht, in den unteren Klassen noch Unterricht im
Turnen, Singen, Rechnen, Schreiben, Geographie oder Naturgeschichte
zu geben hat, so wird das anders werden, sobald erst in jeder
Klasse wöchentlich zwei oder — was natürlich das Ideal wäre —
drei obligatorische Zeichenstunden zu geben sind. Denn eine Zahl
von 27 wöchentlichen Lehrstunden, noch dazu in einem so schwierigen
Unterrichtszweige, würde die Kraft eines Lehrers vollkommen in
Anspruch nehmen.

Die normale Ausbildung eines Zeichenlehrers würde dann
in Zukunft die sein, daß er zunächst ein humanistisches oder ein
Realgymnasium vollständig absolvirte und sich während dieser Zeit
nebenbei, soweit es vorläufig noch nötig wäre, durch Privatunterricht die erforderliche künstlerische Vorbildung verschaffte. Er würde
dann auf eine technische Hochschule oder eine Kunstakademie gehen
und dort einen mindestens dreijährigen Kursus mit besonderem
Hinblick auf den Zeichenlehrerberuf durchmachen. Da Zeichnen in erster
Linie zur Malerei gehört, so würden sich natürlich von vorn herein
die Kunstakademien am besten zu Bildungsanstalten der Zeichenlehrer eignen. Doch brauchte auch der Besuch einer technischen
Hochschule nicht ausgeschlossen zu sein, wenn der Schüler hier nur
angehalten würde, sich mehr den reinkünstlerischen Nebenfächern,
Aktzeichnen, Landschaftszeichnen, Aquarelliren, Ölmalen, Modelliren,
Kunstgeschichte und Ästhetik zu widmen, als den technischen Fächern,
Ingenieur- und Maschinenwesen, Technik der Baukunst, Technologie u. s. w. Fächer wie darstellende Geometrie, Projektionszeichnen, Perspektive, Ornamentzeichnen kann er auf der technischen
Hochschule ebenso gut, vielfach sogar besser als auf der Maler-
akademie lernen. Durch Aufstellung bestimmter Lehrpläne würde
hier die richtige Abgrenzung der Studien schon zu finden sein.
Andererseits müßte an den Malerakademien Vorsorge getroffen
werden, daß der Unterricht für künftige Zeichenlehrer nicht zu einseitig künstlerisch betrieben, sondern dem Schüler auch Gelegenheit

gegeben würde, sich in den wissenschaftlichen Grundlagen der Kunst soweit auszubilden, wie es für die Ausübung des Lehrerberufes notwendig erscheint. In beiden Fällen aber müßte ihm — durch irgend einen Anschluß an pädagogische Seminare oder höhere Lehranstalten — eine gewisse pädagogische Vorbildung ermöglicht werden, so daß er das, was er schließlich gelernt hätte, auch praktisch in der Schule anwenden könnte. Das Examen müßte alle eben erwähnten Fächer umfassen und vor einer Prüfungskommission abgelegt werden, deren Zusammensetzung eine einseitige Entwicklung der Methode nach einer bestimmten Richtung oder im Sinne eines bestimmten Schultypus ausschlösse.

Einen ganz anderen Vorschlag für die Ausbildung der Zeichenlehrer hat neuerdings Matthaei gemacht. Ausgehend von dem Erfolge, den er selbst als studirter Mann und Vertreter der philologisch-historischen Fächer am Gießener Gymnasium mit dem daneben von ihm erteilten Zeichenunterrichte gehabt hat, ist er auf den Gedanken gekommen, ob sich nicht die Ausbildung der Zeichenlehrer überhaupt an der Universität, und zwar neben der Vorbereitung zum Staatsexamen bewerkstelligen ließe. Er meint, daß die Schulamtskandidaten sich während ihrer Studienzeit künstlerisch soweit ausbilden könnten, um dann im Stande zu sein, neben dem Unterricht in Sprachen oder Geschichte oder Mathematik und Naturwissenschaften auch die Zeichenstunden zu übernehmen. Es läßt sich nicht läugnen, daß dies besonders bei dem gegenwärtigen geringen Betriebe des Zeichnens manches für sich hat. Durch die Personalunion dieses Unterrichtszweiges mit den übrigen Fächern, durch die Übertragung desselben an den Klassenordinarius würde das Interesse dafür unter den Schülern ohne Zweifel in hohem Maße gesteigert werden. Aber es fehlt nicht an schweren Bedenken gegen diesen Vorschlag. Zunächst zweifle ich, ob sich unter den jetzigen Verhältnissen eine genügende Anzahl von philologisch-historischen oder mathematischen Lehramtskandidaten finden würde, die eine ausreichende künstlerische Begabung besäßen, um sich zu Zeichenlehrern im höheren Sinne zu qualifiziren. Auch scheint es mir bei den hohen Anforderungen, die schon jetzt an die Lehramtskandidaten gestellt werden, gradezu undenkbar, daß eine größere Zahl von ihnen geneigt wäre, außer den vielen Vorlesungen, Seminar-

Übungen u. s. w., zu denen sie verpflichtet sind, auch noch Zeit für
eine sorgfältige künstlerische Fachbildung zu erübrigen. Ferner
würde der Erwerb einer wirklich künstlerischen Bildung bei dem
gegenwärtig herrschenden Lehrbetriebe an unseren Universitäten ein=
fach ein Ding der Unmöglichkeit sein. Allerdings besteht an vielen
deutschen Universitäten das Amt eines akademischen Zeichenlehrers,
aber dasselbe eignet sich (aus Gründen, die im folgenden Abschnitt
besprochen werden sollen), zur Erziehung von Zeichenlehrern grade
gegenwärtig in sehr geringem Maße. Und bei der kleinen Zahl
kunsthistorischer und ästhetischer Professuren, die wir augenblicklich
noch an deutschen Universitäten haben, gehört auch die Möglichkeit
einer Anregung in dieser Richtung fast zu den Ausnahmen.
Es ließe sich also dieser Modus der Vorbildung im besten Falle
erst nach der vollkommenen Durchführung der Reform des Kunst=
unterrichts an unseren allgemein bildenden Lehranstalten ermög=
lichen. Und selbst dann würde man auf diesem Wege niemals
Künstler im höheren Sinne zu Zeichenlehrern gewinnen. Es
würde vielmehr wiederum die Gefahr eintreten, daß der Zeichen=
unterricht sich von der Kunst loslöste und sich gewöhnte, seine
eigenen unfruchtbaren Wege zu wandeln. Daß die Universität
durch die Thätigkeit des akademischen Zeichenlehrers und des Pro=
fessors der Kunstgeschichte bei der Prüfung der Zeichenlehrer und
der Inspektion des Zeichenunterrichts mitwirken, daß sie ihre päda=
gogischen Seminare, wo solche bestehen, auch für den Zeichenunter=
richt der Gymnasien nutzbar machen kann, ist ja selbstverständlich.
Aber ihr die Hauptrolle bei der Ausbildung der Zeichenlehrer zu=
zuteilen, wäre meines Erachtens ganz verkehrt.

Außerdem würde ja auch eine Verbindung des Zeichenunter=
richts mit anderen Unterrichtsfächern nur vorläufig, wo der obli=
gatorische Zeichenunterricht noch nicht in allen Klassen durchgeführt
ist, möglich sein. Später fiele das von selber weg.

Von einer solchen Hebung des Zeichenlehrerstands kann man
sich nun außer den Vorteilen für die künstlerische Bildung der
höheren Stände noch gewisse soziale und pädagogische Vorteile
für den Künstlerberuf selber versprechen, die ich hier nicht uner=
wähnt lassen will.

Es ist ein offenes Geheimnis, daß unsere künstlerische Fach=
bildung an gewissen fundamentalen Schäden krankt, die einer Ab=
hilfe dringend bedürfen. Einer der wesentlichsten ist der, daß ein
junger Mensch, der künstlerische Talente hat und gleichzeitig das Be=
dürfnis fühlt, sich eine umfassende allgemeine Bildung zu erwerben,
geradezu in der unangenehmen Lage ist, nicht zu wissen, welche
Schule er besuchen soll. Sein eigentlicher Beruf, die Kunst, fordert,
daß er sich möglichst früh eine gewisse technische Schulung aneigne,
damit er nicht die Jahre der Entwicklungsfähigkeit von Hand und
Auge versäume und zu spät in die praktische Übung der Kunst hinein=
komme. Sein allgemeiner Bildungstrieb verbietet ihm, nach dem
Besuch der Volks= oder Mittelschule oder der unteren Gymnasial=
klassen sofort auf eine Fachschule zu gehen, weil an dieser natürlich
die allgemein bildenden Fächer mehr oder weniger vernachläßigt
werden. Bisher mußte er eben von zwei Übeln eines wählen,
entweder das Gymnasium weiter besuchen und soweit es irgend
ging, sich neben dem meistens ungenügenden Gymnasialzeichenunter=
richte durch Privatstunden in der Kunst weiterbilden, oder das Gym=
nasium aufgeben, dann aber durch angestrengte Privatthätigkeit
die Lücken seiner allgemeinen Bildung möglichst auszufüllen suchen.
Beides war eben nur ein Notbehelf, und es läßt sich denken, wie
viele junge Leute unter so schwierigen Verhältnissen das Richtige
nicht trafen und mehr oder weniger verkamen. Nach der Ein=
führung des obligatorischen Zeichenunterrichts in allen Gymnasial=
klassen und der Reform desselben im künstlerischen Sinne würde
das sehr bald anders werden. Wir verlangen von einem Künstler
im höheren Sinne, daß er die volle Bildung seiner Zeit in sich
aufgenommen habe. Er soll die treibenden Kräfte der modernen
Kultur verstehen und die Gesamtheit des geistigen Lebens der Ver=
gangenheit und Gegenwart soweit kennen gelernt und verstanden
haben, daß er es in seiner Kunst widerspiegeln kann. Dazu wird
ihm in vollem Maße nur der Besuch eines Gymnasiums, natür=
licherweise eines in modernem Sinne reformirten befähigen. Bietet
man ihm nun hier eine Gelegenheit, gleichzeitig einen im höheren Sinne
künstlerischen Zeichenunterricht zu nehmen, so ermöglicht man es
ihm, bis zum Bestehen der Reifeprüfung eine genügende künst=
lerische Vorbildung zu erwerben, um dann direkt auf einer Kunst=

akademie weiter studiren zu können. Er wird in der Lage sein, sich noch in den oberen Klassen für die Kunst zu entscheiden, falls sich — wie das ja meistens der Fall ist — erst in diesem Alter seine künstlerische Begabung in ausgesprochener Weise kundgeben sollte. Nach dem gegenwärtig herrschenden System wird der Gymnasiast grade in dem Alter, in welchem die Entscheidung über den Beruf fallen muß, der Möglichkeit künstlerischer Weiterbildung beraubt und seine Entschließung in Bezug auf die Berufswahl in verhängnisvoller Weise beschränkt. Er wird in der Untersekunda vor die Alternative gestellt, entweder seine künstlerischen Gaben verkümmern zu lassen oder das Gymnasium mit der Kunstschule oder Gewerbeschule zu vertauschen. Welchen Vorteil es für unsere Kunst haben würde, wenn unsere für Kunst begabtesten Jünglinge eine Gelegenheit erhielten, sich gleichzeitig technisch und in den humanistischen Fächern gründlich vorzubilden, liegt auf der Hand. Es würde dann einerseits der Fall ausgeschlossen sein, daß junge Leute zu spät und gewissermaßen von oben her in die Kunst hineinkämen, ohne die Fähigkeit zu besitzen, ihre großen und schönen Gedanken technisch ins Werk zu setzen. Es würde auch andererseits ausgeschlossen sein, daß sie sich einer banausischen Ausbildung der Technik hingäben und alles, was sich auf die geistige Durchdringung des Stoffes bezöge, hochmütig von sich wiesen.

Solche Nachteile und Gefahren der künstlerischen Fachbildung sind ja für das Genie nicht sehr gefährlich. Dieses findet schließlich seinen Weg auch trotz aller Schwierigkeiten und Hindernisse. Denn nicht die Erziehung macht das Genie, sondern das Genie die Erziehung. Aber von der großen Masse der wenn nicht genial, so doch tüchtig begabten Künstler ist gewiß schon mehr als einer an ihnen gescheitert. Ja ihre Gefahren erstrecken sich noch weiter, sie greifen gradezu in die Entwicklung der Kunst selber hinein. Sowohl die frühere fehlerhaft idealistische Kunstrichtung, die dem technischen Können so ganz entfremdet war, als auch die einseitig moderne Neigung, vollkommen in der Technik aufzugehen, finden ihre Erklärung wenigstens zum Teil in diesen Mängeln der künstlerischen Vorbildung.

Vor allen Dingen würde nun aber die vorgeschlagene Hebung des Zeichenlehrerstandes die soziale Stellung des Künstlers überhaupt in einer Weise sichern und verbessern, die nicht ohne Einfluß auf das Gedeihen der Kunst bleiben könnte. Nicht mit Unrecht klagt man über das große Künstlerproletariat, das durch unsere Kunstakademien gegenwärtig in die Welt gesetzt wird. Ist doch die künstlerische Begabung von sehr verschiedener Art. Der eine ist mehr schöpferisch, der andere mehr rezeptiv oder theoretisch begabt. Eine große Laufbahn hat gegenwärtig nur der schöpferische Künstler vor sich, der entweder neue Richtungen zu finden oder wenigstens alte schon bewährte dem Publikum durch geschickte Anwendung mundgerecht zu machen weiß. Der tüchtige Zeichner allein, der gute Kenner der Farbe, der sorgfältige Perspektiviker und Anatom kann darum zehnmal zu Grunde gehen, ehe ihm auch nur ein Bild abgekauft wird. Mühsam muß er sich mit Privatunterricht, Zeichnungen für Photographen und Lithographen, wenn es hoch kommt, Illustrationen für Verleger und Porträts sein Brot verdienen. Und was für ein Brot! Zu wenig zum Leben und zu viel zum Sterben! Man öffne diesen tüchtigen aber nicht genial begabten Künstlern den Zeichenlehrerberuf. Wie die Sachen jetzt liegen, werden freilich die meisten Künstler lieber verhungern als Zeichenlehrer werden. Aber man hebe nur den Zeichenlehrerstand auf eine höhere soziale Stufe und mache den Zeichenunterricht wieder zum wirklichen Kunstunterricht, und man wird sofort sehen, daß an tüchtigen Aspiranten kein Mangel ist. Gegenwärtig sind Künstler, die zugleich technische Schulung, künstlerischen Sinn, theoretisches Interesse und Lehrtalent haben, eine Seltenheit. Der Staat sollte sie darum auch, wo er ihrer habhaft werden könnte, möglichst weich betten; unsere Jugend würde dabei nur gut fahren. Aber mit der Zeit wird auch dieser Mangel mehr und mehr verschwinden, wenn solchen Künstlern nur als Ziel ihres Ehrgeizes eine Rangstufe gezeigt wird, die mit derjenigen eines studirten Lehrers oder Beamten ungefähr gleichsteht. Wie mancher vorsichtige Vater mag sich gegenwärtig nicht entschließen, selbst einen künstlerisch begabten Sohn Maler werden zu lassen, weil die Karriere zu unsicher, die Gefahr, dem Künstlerproletariat anheimzufallen, zu groß ist. Wie anders wird das werden, wenn erst ein Beamtenstand geschaffen ist, der selbst einem gebildeten Menschen aus guter Familie ein erstrebenswertes Ziel, ein fester Rückhalt sein kann.

Es läßt sich kaum absehen, wie zahlreich die Kräfte sein werden, die sich dann mit Freuden dem Künstlerberufe widmen und, selbst wenn ihnen das höchste Ziel nicht erreichbar sein sollte, doch eine volle Befriedigung in dem Bewußtsein finden würden, zur künst= lerischen Erziehung der höheren Kreise der Nation ihr Scherflein beizutragen.

Der Handarbeitsunterricht.

Seit einigen Jahren geht eine lebhafte Bewegung durch das deutsche Volk oder wenigstens durch diejenigen Kreise desselben, die dem Erziehungswesen nahe stehen. Ihr Ziel ist, den theoretischen Schulunterricht durch die praktische Beschäftigung zu ergänzen, den Handarbeitsunterricht als fakultatives Lehrfach auf den Schulen einzuführen. Diese Bemühungen stellen sich einfach als die natür= liche Konsequenz derjenigen pädagogischen Grundsätze dar, von denen wir schon im ersten Teil dieser Schrift ausgegangen sind. Wir treten also aus voller Überzeugung für sie ein und suchen sie dem ganzen Organismus der künstlerischen Jugenderziehung, den wir hier der Prüfung der Fachmänner unterbreiten, einzufügen.

Es ist schon bei Gelegenheit der Fröbelschen Kinderbeschäfti= gungen erwähnt worden, daß das Streben, den Handarbeitsunterricht in die Erziehung einzuführen, bis in das 18., ja 17. Jahrhundert zurückgeht. Praktisch scheint dieser Gedanke zuerst von A. H. Francke in Halle in seinem Waisenhause und Pädagogium realisirt worden zu sein. Später wurde er von den Philanthropen Basedow und Salzmann aufgegriffen und in ihren Erziehungsanstalten zu Dessau und Schnepfenthal zur Ausführung gebracht. Wie diese Idee dann durch Heusinger (1797) Blasche (1800) Gutsmuths (1801) Pestalozzi und Herbart weiter entwickelt und durch die Bewegung für Industrieschulen in Böhmen und Norddeutschland befördert worden ist, mag man in den Schriften des Vereins für Knabenhandarbeit nachlesen. Von Fröbels Anwendung derselben auf das vorschulpflichtige Alter ist schon oben (S. 54 ff.) aus= führlich die Rede gewesen.

Einen neuen Aufschwung und eine besondere Richtung auf die Schule erhielt diese Bewegung durch eine zu Ende der 40er

Jahre von dem Landammann Schindler in Zürich gestellte Preis-
aufgabe: „Wie kann der Unterricht in der Volksschule von der
abstrakten Methode emanzipirt und für die Entwicklung der Ge-
mütskräfte fruchtbar gemacht werden?" Diese Frage fand in zwei
Büchern von Michelsen (1851) und Biedermann (1852) eine Be-
antwortung, die wieder im Gegensatz zu den praktischen Bestrebungen
der Industrieschulen die allgemein bildende formale Bedeutung des
Handarbeitsunterrichts in den Vordergrund stellten. Indessen
waren die damaligen politischen Verhältnisse für eine weitere Ver-
folgung des Gegenstandes nicht günstig, und der angeregte Gedanke
blieb vorläufig ohne Ausführung.

Erst der Aufschwung unseres Kunstgewerbes in den 70er
Jahren dieses Jahrhunderts brachte die Bewegung wieder in Fluß.
Die Weltausstellungen in Wien (1875) und Philadelphia (1876)
mit ihren schmerzlichen Belehrungen über die Konkurrenzunfähigkeit
des österreichischen und deutschen Kunstgewerbes wendeten die allgemeine Aufmerksamkeit in erhöhtem Maße dem Arbeitsunterricht
zu. Gleichzeitig (1876) weckten die Vorträge des dänischen Ritt-
meisters Clauson von Kaas in Deutschland das Interesse für diesen
Unterrichtszweig. Denn vor allen Dingen waren es die nordischen
Länder, Schweden, Norwegen, Finnland, Dänemark, die, in Anknüpfung an ihre hoch entwickelte nationale Hausindustrie, früh
für diese Bewegung eingetreten waren.

Im Jahre 1886 ist dann, nach mehrjährigen Vorbereitungen,
in Deutschland ein Verein für Knabenhandarbeit gegründet worden,
der sich das Ziel setzte, durch literarische Agitation, durch Heranbildung tüchtiger Lehrkräfte, durch Einrichtung von Schülerwerkstätten die Einführung des Handarbeitsunterrichts in den Lehrplan
der Volksschulen und höheren Schulen, besonders aber in den Lehrer-
bildungsanstalten anzubahnen. Er giebt ein besonderes Organ
heraus, die „Blätter für Knabenhandarbeit", die gegenwärtig schon
in ihrem fünften Jahrgange stehen, hält alljährlich einen Kongreß
für erziehliche Knabenhandarbeit ab und wirkt durch Ausstellungen,
Herausgabe von Vorlagewerken, Vertrieb billiger Handwerks-
zeuge u. s. w. in jeder nur möglichen Weise für die von ihm ver-
tretene Sache.

Die Berechtigung und Notwendigkeit dieser Bestrebungen

kann wohl keiner leugnen, der die praktische Werkthätigkeit für einen wichtigen Teil der künstlerischen Erziehung und somit der allgemeinen Bildung hält. Genau dasselbe, was sich für die Fröbelschen Kinderbeschäftigungen anführen läßt, kann man auch, und zwar in gesteigertem Maße, für die Knabenhandarbeit geltend machen. Während bei den meisten Fröbelschen Beschäftigungen dem Kinde die fertigen Elemente in die Hand gegeben werden, und seine Thätigkeit nur in der Zusammensetzung derselben zu bestimmten Formen besteht, geht die Handbeschäftigung noch einen Schritt weiter, indem sie den Knaben die Materie selber formen läßt. Hierin liegt wiederum eine neue und wichtige Vorbereitung für die Kunst. Man sage nicht, der Zeichenunterricht, der ja auch eine Art Handbeschäftigung sei, genüge, um beim Knaben die Fähigkeit des werkthätigen Schaffens auszubilden. Grade in der verbesserten künstlerischen Form, in der wir ihn wünschen möchten, bedarf er einer Ergänzung durch die Handarbeit. Wir wollen dem Zeichenunterricht jene ausschließliche Richtung auf das Kunstgewerbe und Ornament nehmen, die ihm seit den 70er Jahren anklebt. Nun gut, diesen Ausfall soll der Handarbeitsunterricht ersetzen. Indem der Knabe sich an die Handhabung der Instrumente gewöhnt, die verschiedenen Stoffe selbst zu bearbeiten, die Schwierigkeiten der Technik eigenhändig zu überwinden lernt, gewinnt er auch ein Verständnis für die künstlerische Formung des Stoffes, für den Einfluß des Materials auf den Stil, für das Wesen des Kunsthandwerks. Und das wird für die Entwicklung unseres Kunstgewerbes von unberechenbarem Nutzen sein.

Es ist allgemein anerkannt, daß unser deutsches Kunsthandwerk trotz aller Bemühungen, die man gemacht hat, es zu heben, noch immer nicht im Stande ist, sich mit dem ausländischen, besonders dem französischen zu messen. Noch immer bevorzugt die deutsche Industrie die billigeren Produkte der Massenarbeit, noch immer sucht sie vorzugsweise in dieser Richtung ihre Exportfähigkeit zu entwickeln. Und wenn auch das Reuleauxsche „billig und schlecht" vom Jahre 1876 nicht mehr seine volle Geltung hat, so ist es doch zweifellos, daß wir, alles in allem genommen, bisher erst bis zum „billig und gut" gekommen sind. Das „teuer und gut" überlassen wir noch immer den Franzosen und Engländern.

Der Grund dafür liegt zum Teil darin, daß unsere Konsumenten nicht so viel Geld haben wie die französischen und englischen, zum Teil aber auch darin, daß sie die Arbeit als solche nicht genügend zu beurteilen verstehen. Es ist unseren höheren Ständen noch lange nicht in Fleisch und Blut übergegangen, daß Maschinenarbeit und Handarbeit zwei prinzipiell verschiedene Dinge sind. Sie wissen noch lange nicht genug den hervorragenden Wert einer guten künstlerisch durchgebildeten und solide ausgeführten Handarbeit zu schätzen. Und erst wenn das der Fall ist, wird das Handwerk, das künstlerische Handwerk, im Stande sein, die Konkurrenz mit der Großindustrie wieder aufzunehmen, die es jetzt kaum noch ertragen kann. Erst dann wird uns auch der Ruhm zu Teil werden, in den teueren und vornehmen Gattungen des Kunsthandwerks die Franzosen zu übertreffen oder wenigstens einigermaßen zu erreichen. Fortbildungsschulen allein und Gewerbemuseen und Förderung des Zeichenunterrichts auf der Volksschule thun es nicht. Wir brauchen nicht nur Produzenten, sondern vor allen Dingen Konsumenten für diese teuren Industrien, Leute, die das teure Kunsthandwerk verstehen und unterstützen. Und diese zu erziehen ist der Handarbeitsunterricht an den Gymnasien das geeignetste Mittel.

Man könnte ja allerdings auch hier zweifeln, ob es notwendig sei, den Schüler in der Schule selbst, durch einen besonderen Zweig des Unterrichts, zu einer Thätigkeit anzuleiten, die vielleicht ebenso gut dem Privatfleiß und der Aufsicht der Familie zu überlassen wäre. Dieser Zweifel scheint indessen durch eine einfache praktische Erwägung beseitigt zu werden. Daß wir dem Knaben Instrumente und Arbeitsmaterial in die Hand geben müssen, um seinen Arbeitstrieb zu befriedigen, war auch vor der Gründung des Vereins für Knabenhandarbeit allgemein anerkannt. Ich kann mich unter meinen Schulkameraden aus den 60er Jahren kaum eines erinnern, der nicht eine Laubsäge, einen Handwerkskasten, eine Hobelbank oder etwas Ähnliches besessen hätte. Wohl aber weiß ich, daß diese Dinge viel Geld kosteten und bei dem Mangel einer sachgemäßen Anleitung oft in sehr stümperhafter Weise gehandhabt wurden. Der praktische Wert der Knabenhandarbeit an den Gymnasien würde darin bestehen, daß er den einzelnen Vätern die bedeutenden Kosten des Raumes, des Arbeitsmaterials u. s. w. ersparen würde, sein hoher erziehlicher Wert würde sich aus der sachverständigen Unterweisung und aus der Zucht, mit der er betrieben wird, ergeben. Es liegt eine ganz besondere Stählung der Energie und des Charakters in dem Zwange, den die Arbeitsschule dem Knaben auferlegt, bestimmte manuelle Handlungen in einer bestimmten Zeit, in bestimmter Weise und zu einem bestimmten Zwecke auszuführen. Ein großer Teil dieses Vorteils geht verloren, wenn die Arbeit sich in Spiel auflöst, wenn es in das Belieben des Schülers gestellt wird, was und wie er arbeiten will.

Endlich wird durch den sachmäßig und gesellschaftsweise betriebenen Arbeitsunterricht die Erziehung des Schülers in einer Richtung vervollständigt, die unter Umständen für seine Zukunft von größter Bedeutung sein kann. Grade gegenwärtig, wo sich in Folge häufiger geistiger Überanstrengung der älteren Generation eine gewisse nervöse Abspannung vieler jungen Leute bemächtigt, kommt es nicht selten vor, daß Männer, die in ihrer Jugend eine wissenschaftliche Ausbildung genossen haben, noch in höherem Alter gezwungen sind, sich mit Rücksicht auf ihre Gesundheit einem praktischen Berufe, meistens irgend einem Handwerk zu widmen. Bei der jetzigen Erziehungsmethode des Gymnasiums ist ihnen ein solcher Schritt außerordentlich erschwert, ja gradezu unmöglich gemacht. Sie haben in der Jugend gelernt, die handwerkliche Arbeit zu verachten, sie als etwas Inferiores anzusehen, es fehlt ihnen die allgemeine manuelle Geschicklichkeit, wie sie jedes Handwerk fordert, es fehlt ihnen vor allen Dingen die rücksichtslose körperliche Energie, die zum erfolgreichen Betriebe eines Handwerks nötig ist.

Alles das soll der Handarbeitsunterricht unserer Jugend verleihen. Er soll ebenso wie der Zeichenunterricht, vielleicht in noch höherem Grade, als eine heilsame Ergänzung zu der vorwiegend gelehrten, vorwiegend rezeptiven Bildung dienen, wie sie auf dem Gymnasium in erster Linie mitgeteilt wird. Zahlreiche Studienzweige, denen der Gymnasiast sich später widmen kann, werden ihm durch eine frühzeitige Pflege des Arbeitsunterrichts erleichtert werden. Selbst wenn man von der bildenden Kunst und Musik absieht, die in dieser Beziehung die höchsten Ansprüche

stellen, erfordern alle nach der praktischen Seite hinneigenden Wissen=
schaften, Chirurgie, Chemie, Physik, Landwirtschaft u. s. w. von
ihren Vertretern eine gewisse manuelle Geschicklichkeit. Es kommt
nicht selten vor, daß bei einem jungen Menschen zwar die geistigen
Vorbedingungen für die Ergreifung eines solchen Faches in höchstem
Maße vorhanden sind, daß es ihm aber einfach an dem praktischen
Organ dafür, an der Hand fehlt. Die meisten unserer Studirenden
treten thatsächlich in das Studium solcher Fächer mit zwei linken
Händen ein. Wie viele Enttäuschungen mögen daraus schon her=
vorgegangen, wie viele tüchtige Kräfte ihrem Berufe nur durch
diesen Mangel, durch diese Lücke in der Schulbildung entzogen
worden sein!

Neben dem Zeichnen erhält der Arbeitsunterricht einen be=
sonderen Wert dadurch, daß er im Vergleich zu jenem eine größere
physische Kraftanstrengung erfordert und vor allen Dingen den
Sinn für das Praktische, thatsächlich Durchführbare in hohem Maße
ausbildet. Die Zeit der Träumer und Denker ist bei uns Deutschen
noch immer nicht ganz überwunden. Noch immer ist die deutsche
Jugend allzusehr zum Denken und Grübeln, zur Ausspinnung
idealer Phantasien geneigt. Nicht selten tritt sie mit Hoffnungen
in das Leben, die im Vergleich mit den vorhandenen Gaben und
Mitteln zu hoch gespannt sind und dann durch den Druck der
thatsächlichen Verhältnisse nur zu bald vernichtet werden. Hier
kann nun eine frühe Gewöhnung an praktische Thätigkeit, an
energische stetige Überwindung hemmender Einflüsse außerordentlich
heilsam wirken. Frühzeitig wird dadurch die Jugend zu den ma=
teriellen Bedürfnissen dieser Erde in praktische Beziehung gebracht,
lernt sie die Dinge so auffassen wie sie sind, und übt sie sich in
der Überwindung entgegenstehender Schwierigkeiten. Es wird eine
thatkräftige nüchterne Auffassung des Lebens angebahnt, die für
den einzelnen Menschen sowohl wie für unsere ganze Kultur nur
von Vorteil sein kann.

Alle diese Gründe, die zum Teil schon von den literarischen
Vorkämpfern des Handarbeitsunterrichts geltend gemacht worden
sind, und denen man noch manche andere hinzufügen könnte, sind
so überzeugend, daß es unbegreiflich scheint, wie in den Kreisen
selbständiger Pädagogen noch immer Stimmen gegen diese Be=

ftrebungen laut werden können. Anzuführen weiß man freilich
zu ihren Ungunſten ſchlechterdings nichts. Höchſtens zuckt man
die Achſeln und meint, das ſei etwas Neues und Unerhörtes,
das werde erſt in ein paar Jahrzehnten ſpruchreif ſein, das
müſſe Privatſache der Schüler bleiben und was dergleichen Aus-
reden mehr ſind. Aber mit der Schlafmütze auf dem Kopf macht
man keine Reformen. Hier heißt es wachſam ſein und umſchauen,
was andere Nationen in dieſer Beziehung thun, und ſich nach
Kräften beeilen, damit man nicht in der werkthätigen Erziehung
des Volkes von den Nachbarn überflügelt werde. Und das Material für dieſe Umſchau hat wiederum der Verein für Knabenhandarbeit in ausführlicher Weiſe zuſammengeſtellt. Aus der
kürzlich erſchienenen „Denkſchrift über den erziehlichen Knaben-
handarbeitsunterricht“, die der Vorſtand deſſelben den deutſchen
Landesunterrichtsverwaltungen vorgelegt hat, ergibt ſich, daß dieſe
Bewegung, obwohl ſie in Deutſchland ſchon viel zu mächtig an-
gewachſen iſt, um etwa durch offene Oppoſition oder Totſchweigen
unterdrückt werden zu können, doch bis jetzt wenigſtens bei
weitem nicht in dem Grade von den Behörden unterſtützt wird wie
in mehreren anderen Ländern Europas.

In Deutſchland iſt die gegenwärtige Lage des Handarbeits-
unterrichts folgende. Dank der Thätigkeit des mehrfach genannten
Vereins beſtanden zu Ende des Jahres 1891 bei uns 253
Stätten für erziehliche Handarbeit. 193 davon waren ſelbſtändige
Handarbeitsſchulen, 160 lehnten ſich an andere Anſtalten und
Organiſationen (Blinden- und Taubſtummenanſtalten, Beſſerungs-
anſtalten, Waiſenhäuſer, Lehrerſeminare, Gymnaſien, Realſchulen,
Volksſchulen u. ſ. w.) an. Am wichtigſten ſind darunter natürlich
die Lehrerbildungswerkſtätten, deren bedeutendſte ſich in Leipzig
befindet und von Lehrern aus aller Herren Ländern beſucht
wird. Tüchtige Handwerksmeiſter oder Künſtler erteilen in öfter
wiederholten mehrwöchentlichen Ferienkurſen den Unterricht, und
durch die hier gebildeten Lehrer wird der gute Same in weite
Kreiſe geſtreut. An zweiter Stelle ſtehen die Arbeitsſchulen, die
mit den Lehrerſeminaren verknüpft ſind und ebenfalls mit der Zeit
die Kenntnis dieſes Unterrichtszweiges überall verbreiten werden.
Dann erſt kommen die eigentlichen Schülerwerkſtätten, in denen

dem Schüler Gelegenheit geboten wird, für ein verhältnismäßig billiges Lehrgeld und einen geringen Beitrag zu den Kosten des Materials und der Instrumente eine Ausbildung in einzelnen von ihm freiwillig gewählten Arbeitsgebieten zu erwerben. Der Unterricht liegt — das ist ein wichtiges Prinzip des Vereins — in den Händen von richtigen Lehrern. Dadurch wird sein pädagogischer Erfolg garantirt und eine organische Verbindung mit der Schule bewerkstelligt. Dem Lehrer können tüchtige Handwerksmeister als technische Beiräte zur Seite stehen. Der Unterricht kann schon mit dem sechsten oder siebenten Jahre beginnen, doch sind die Kurse für 12= und mehrjährige Knaben bis jetzt noch am häufigsten. Der Lehrgang beginnt in jedem Fache mit den leichtesten Arbeiten und geht allmählich aufsteigend zu den schwierigeren über. Ob die hergestellten Arbeiten einem praktischen Zwecke dienen oder nur als Übungen mit pädagogischer Bedeutung betrieben werden sollen, darüber scheint man nicht vollkommen einig zu sein. Für mich ist es zweifellos, daß die Anfertigung praktisch benutzbarer Gegenstände für den Schüler den höheren Reiz, folglich auch den höheren pädagogischen Wert hat. Die Furcht, daß dadurch eine allzu banausische Auffassung Platz greifen könne, ist doch hier in keiner Weise begründet. Die ausgeführten Arbeiten bleiben Eigentum des Schülers.

Der Kreis der Arbeiten, die gegenwärtig in den deutschen Schülerwerkstätten geübt werden, geht nun freilich über die Grenze des Reinkünstlerischen hinaus. Einfache Tischler= oder Hobelbankarbeiten, Papparbeiten u. dgl. haben nicht in erster Linie künstlerischen, sondern technischen Wert. Auch die für spätere Zeiten ins Auge gefaßte Ausdehnung des Unterrichts auf Gartenbau, Obstzucht u. dgl. hat mit künstlerischen Zwecken nichts gemein. Daneben stehen dann aber mehrere wichtige künstlerische Arbeitsgattungen.

Zuerst die Kerbschnittarbeit. Die Sitte, die glatte Oberfläche des Holzes mit Messern oder Stecheisen in Form dreieckiger, viereckiger oder lanzettförmiger Einschnitte zu verzieren, ist uralt und echt germanischen Ursprungs. Sie entspricht dem Wesen des Holzes, verträgt sich fast mit jeder Benutzung des verzierten Gerätes und wirkt durch den pikanten Wechsel von Licht und Schatten trotz ihres streng flächenhaften Charakters außerordentlich reich und lebendig. Das Prinzip der Verzierung ist das geometrische, die Muster, die man in dieser Technik ausführen kann, zeigen eine gradezu unendliche Mannichfaltigkeit. Sie werden mit dem Zirkel und Bleistift auf der Oberfläche des Holzes aufgezeichnet und dann zunächst mit einem scharfen Instrument vorgerissen. Da der Knabe natürlich diese Vorzeichnungen selbst, nach Vorlagen, ausführen muß, so ist die Arbeit zugleich eine Übung im geometrischen, und zwar sowohl dem grad= als auch dem krummlinigen Zeichnen.

Hier haben wir nun den Punkt, wo das geometrische Ornament, das wir aus dem Zeichenunterricht fast ganz verbannt haben, wieder einen Eingang in die Schule finden kann. Während das Zeichnen geometrischer Figuren auf dem Papier gar keinen Zweck hat und dem Knaben thatsächlich nicht das mindeste Vergnügen bereitet, hat es hier, wo die geometrische Flächenfigur später von dem Zeichner selbst plastisch ausgeführt werden soll, einen hohen päda= gogischen Wert. Was in jenem Falle eine leere inhaltlose Spielerei war, erhält in diesem den Charakter einer notwendigen Vorübung für werkthätige Arbeit, und empfängt dadurch erst einen wirklichen Inhalt. So kann also die Handarbeit in eine frucht= bare Wechselwirkung zum Zeichenunterricht treten. Vor allen Dingen kann das gebundene Zeichnen zum großen Teil in Ver= bindung mit dieser praktischen Anwendung geübt werden. Die Be= deutung des Kerbschnitts für die Knabenhandarbeit und im weiteren Sinne als Liebhaberkunst überhaupt ist um so größer, als die Müh= seligkeit seiner Herstellung ihn industriell wenig verwertbar macht. Er ist trotz der volkstümlichen Technik, durch die er hergestellt wird, doch im Grunde eine aristokratische Kunst, so recht geeignet, dem in= dividuellen Arbeitstriebe im Gegensatz zur Maschinenarbeit einen Stoff zur Bethätigung zu bieten. Auch auf vegetabilische Orna= mente läßt sich der Kerbschnitt anwenden, und auch in dieser An= wendung kann er mit dem Zeichnen in Beziehung gesetzt werden, in= dem erst dadurch das gedankenlose Zeichnen stilisirter Flachorna= mente einen gewissen Inhalt empfängt. Zahllos sind die Gegen= stände des täglichen Gebrauchs, die in dieser Weise verziert werden können: Teller, Servirbretter, Kästchen, Rahmen, Uhrhalter, Ther= mometer, Lineale, Büchsen, Buchdeckel, Tischplatten, Konsolen, Etageren u. s. w.

Auch die Laubsägearbeit kann in den Dienst der künstlerischen Erziehung treten und mit dem Zeichenunterricht verbunden werden. Bei einer richtigen Organisation der Arbeitsschule
wird ein großer Teil des gezeichneten Flachornamentes, besonders
die krummlinigen und vegetabilischen Muster, die den Charakter
der Intarsia zeigen, mit der Laubsägearbeit zu verbinden und
dadurch interessanter zu machen sein.

Ferner eignen sich vor allem kleinere Eisenarbeiten
künstlerischen Charakters zur Ausführung in Schülerwerkstätten.
Hier wird besonders die bekannte aus Italien stammende aber
neuerdings auch in Deutschland geübte Technik der Kleineisenarbeit
in Betracht kommen, bei der vermittelst schmaler Streifen von
Schwarzblech, die man fertig kaufen kann, durch Schneiden, Biegen,
Drehen, Nieten, Flechten, Feilen, Binden u. s. w. allerlei Gegenstände des praktischen Gebrauchs, Ampeln, Konsolen, Leuchter,
Streichholzbüchschen, Schlüsselhalter, Körbchen u. dgl. hergestellt
werden. Es ist eine verhältnismäßig leichte Technik, mit der man
doch sehr hübsche Wirkungen erzielen kann, und bei der auch die
selbständige Erfindungskraft der Knaben wenigstens in den höheren
Klassen sich bethätigen mag.

Die wichtigste von allen künstlerischen Knabenhandarbeiten,
die aber bis jetzt wie es scheint in Deutschland noch ziemlich wenig
betrieben wird, dürfte das Modelliren in Thon sein. Wir
haben früher gesehen, daß das Modelliren aus freier Hand mit
Bildhauerthon sich nicht zur Beschäftigung für das vorschulpflichtige Alter eignet. Um so mehr paßt es dagegen für die Schulzeit.
Wenn man im Zeichnen die eigentliche Vorbereitung für das Verständnis der Malerei erkennen muß, so liegt die Bedeutung des
Modellirens darin, daß es die Schüler zum Verständnis der Plastik
vorbereitet. Es tritt in der Erziehung als vermittelndes Glied zwischen
die Freude am plastischen Spielzeug und den Genuß an plastischen
Kunstwerken. Und es läßt sich absolut nicht absehen, warum das
Nachmodelliren einfacher Gegenstände einem Knaben von 12—16
Jahren nicht ebensogut möglich sein sollte wie das Nachzeichnen.
Man vergleiche nur, was für elementare Formen Fröbel und die
Fröbelianer in dieser Technik darstellen lassen. Der Anfang wird
mit der Kugel gemacht, die durch einfaches Rollen eines Stückes

13*

Thon mit der Hand erzeugt wird. Aus der Kugel wird ein Ei geformt. Dann folgen Früchte, die der Kugel- und Eiform nahe stehn: Kirschen, Äpfel, Birnen, Pflaumen, Nüsse u. s. w. Daran schließt sich die Walze, sowie alle solche Lebensformen, die sich leicht aus der Walze entwickeln lassen: Licht, Wurst, Brezel, Spazier- stock. Dann der Kegel, aus dem sich die Rübe, die Trompete, das Schneckenhaus entwickelt. Dann der Würfel, der dem Hause, Herde, Ofen u. s. w. zu Grunde liegt. An diese ersten Formen, die schon von 6—7jährigen Kindern ganz gut dargestellt werden können, würden sich am passendsten die einfacheren plastischen Spielzeuge als Vor- bilder anschließen. Am meisten Interesse dürften Tiere erregen, die, stufenweise in der Reihenfolge der Schwierigkeit geordnet, nach den bekannten Spielzeugen aus Holz, Porzellan oder Papiermaché auszuführen wären. In den höheren Klassen würde das Nach- formen vegetabilischer Ornamente, natürlicher Blätter, architek- tonischer Glieder die Hauptaufgabe bilden. Das Material für diese Arbeiten ist sehr billig, ein Brett oder ein Stück Ölpapier als Unterlage, etwas Modellirthon, ein paar Modellirhölzer genügen. Der gegebene Lehrer für diesen Unterrichtszweig ist der Zeichen- lehrer, der, wie gesagt, soviel vom Modelliren verstehen muß, daß er die Knaben darin unterrichten kann.

Aber nicht nur diese höheren künstlerischen Gattungen des Handarbeitsunterrichts können mit dem Kunst-, d. h. dem Zeichen- unterricht in eine organische Verbindung gebracht werden. Auch die einfache Tischler-, Drechsler- und Buchbinderarbeit wäre dazu sehr geeignet. Oder wie könnte man sich den Unterricht in der Projek- tionslehre, im technischen Zeichnen fruchtbarer denken, als wenn er in der Weise betrieben würde, daß man den Knaben anhielte, nach Grundrissen, Aufrissen und Durchschnitten einen Gegenstand aus Holz oder Pappe thatsächlich auszuführen? Dabei muß sich doch das Verständnis dieser konventionellen Darstellungsformen am besten offenbaren, ganz abgesehen davon, daß die Unterweisung so den dok- trinären Charakter verliert, der ihr notwendig anhaften muß, wenn sie unabhängig von der Praxis, blos in theoretischer Form dar- geboten wird.

Was wir sonst an Dilettantenkünsten gegenwärtig haben, dürfte sich zur Einführung in die Arbeitsschule nicht eignen. Leder-

plastik, Holzmalerei, Majolika- und Glasmalerei, Holzbrand u. s. w.,
sind Techniken, die für den Schulbetrieb teilweise zu schwierig und
umständlich, teilweise auch zu kostspielig sind, überdies neben den
erwähnten Gattungen eine selbständige pädagogische Bedeutung
nicht in Anspruch nehmen können. Die Amateurphotographie
richtet genug Unheil unter den Erwachsenen an, als daß wir
wünschen könnten, sie auch in der Schule eingeführt zu sehen.
Wenn das geistlose Getriebe unserer Amateurphotographen noch
lange dauert, wird überhaupt Niemand mehr auf den Gedanken
kommen, zeichnen zu lernen und nach der Natur zu skizziren. Es
ist wiederum sehr bezeichnend für unsere im Ganzen unproduktive
Kultur, daß wir eine „Kunst" mit solchem Jubelgeschrei begrüßt
haben, bei der die selbständige künstlerische Thätigkeit die denkbar
geringste ist und in den meisten Fällen — von den tüchtigen Berufs-
photographen und einigen Ausnahmen unter den Amateuren abgesehen — nur ganz stümperhafte Resultate zu Tage fördert. Ich
lasse mir die Liebhaberphotographie gefallen, wo sie als Mittel
zum Zweck, als Hilfe bei wissenschaftlichen Reisen u. dgl. dient.
Aber wo sie mit dem Anspruch auftritt, wahre Kunst zu sein und
den künstlerischen Dilettantismus etwa gar zu ersetzen, da sollte jeder
Kunstfreund die Geißel schwingen und sie zum Tempel hinausjagen.

Soviel über den Betrieb des Handarbeitsunterrichts in seinem
gegenwärtigen Stadium. Wenn wir nun fragen, wie sich die Behörden dieser Sache gegenüber verhalten, so müssen wir freilich
anerkennen, daß sie ihr im Ganzen sehr sympathisch gegenüber-
stehen, sympathischer jedenfalls als manche Pädagogen der älteren
Schule, welche sich einbilden, eine Entwicklung von dieser Kraft
durch einfaches Ignoriren aufhalten zu können. Nicht nur unsere
Kultusminister geben, wo sich immer Gelegenheit bietet, ihre Sym-
pathien für diese Bestrebungen zu erkennen, auch an pekuniären
Unterstützungen fehlt es nicht. Das deutsche Reich allerdings hat
seinen Beitrag zu den Handarbeitsbestrebungen, den es früher auf
5000 Mark firirt hatte, im Jahre 1891 auf 2500 Mark herab-
gesetzt, und die preußische Regierung giebt jährlich nicht mehr
als die sächsische dafür aus, nämlich 14000 Mark. Baden, wo
im übrigen der Handarbeitsunterricht in den Lehrplänen zum
ersten Mal als fakultativer Gegenstand genannt worden ist, hat

2000 Mark dafür in den Etat eingestellt. Dazu kommen dann die Unterstützungen, die von mehreren Regierungen durch direkte Einführung des Arbeitsunterrichts in Staatsanstalten, sowie durch Beihilfe für Vereine und Privatleute gewährt werden. Man hat danach ausgerechnet, daß der Aufwand der staatlichen Organe in Deutschland für diesen Zweck sich im ganzen jährlich auf ungefähr 45 000 Mark beläuft. Von den deutschen Regierungen steht die sächsische in dieser Beziehung unbedingt an erster Stelle. Mehr noch verwenden die Gemeindeverwaltungen, die ebenfalls in etwa 50 Fällen in ihren Anstalten den Arbeitsunterricht eingeführt haben, nämlich im Ganzen jährlich rund 52 000 Mark. Alles in allem gerechnet belaufen sich also die Aufwendungen der Behörden für die Sache des Arbeitsunterrichts in Deutschland auf rund 97 000 Mark.

Hier ist es nun besonders interessant, Frankreich zur Vergleichung herbeizuziehen. Zunächst ergibt sich schon in sofern ein prinzipieller Unterschied, als in Frankreich der Arbeitsunterricht Staatssache und seit dem Jahre 1882 an sämtlichen Volks= und Bürgerschulen des Landes als obligatorischer Unterrichts= zweig eingeführt ist. Obwohl uns die Volksschule eigentlich hier nichts angeht, können wir doch die Bemerkung nicht unterdrücken, daß der Verfall unseres Handwerks, der gegenwärtig die Sorge so vieler urteilsfähiger Männer bildet, nicht durch das Zurückkehren zu mittelalterlichen Zunftformen, sondern nur durch eine richtige Erziehung der Lehrlinge aufgehalten werden kann. Diese aber läßt sich bei der gegenwärtigen Konkurrenz — das weiß jeder, der die Verhältnisse kennt — nur dadurch bewirken, daß man zunächst der Volksschule oder besser gesagt den mit ihr zu verbindenden Lehrwerkstätten, Arbeitsschulen u. s. w. die Pflicht der handwerk= lichen Erziehung der Knaben auferlegt. Die Fortbildungsschule ist nur ein Notbehelf, ein Übergangsstadium. Hier kann nur eine radikale Umgestaltung der Volksschule Besserung schaffen. Die Franzosen haben den ersten Schritt dazu gethan, wann werden wir uns ihnen anschließen? In Frankreich wird gegenwärtig an nicht weniger als 20 000 Schulen methodischer und unentgeltlicher Handfertigkeitsunterricht erteilt. Allein in Paris werden 40 000 Volksschüler darin unterrichtet. 23 000 Kinder erhalten in den

Kindergärten eine Unterweisung in den Fröbelschen Beschäftigungs=
mitteln. 113 Elementarschulen haben dort eigene Schülerwerk=
stätten, 9 Stunden in der Woche sind der Handbildung, 4 davon
dem Zeichnen, 5 der eigentlichen Handarbeit gewidmet. 91 Tischler,
91 Drechsler und 7 Schlosser dienen als technische Beiräte der
Lehrer. Die Kosten, welche die Stadt Paris im Jahre 1890 für
den Handfertigkeitsunterricht aufbrachte, betrugen 486000 Francs.
In Berlin dagegen werden zur Zeit nur 550 Schüler mit einem
städtischen Zuschuß von 1800 Mark in der Handarbeit unterrichtet.

Zahlen beweisen. Skeptiker mögen immerhin bezweifeln,
daß die Überlegenheit des französischen Kunsthandwerks über das
deutsche in einem ursächlichen Zusammenhange mit der größeren
Pflege des Handarbeitsunterrichts auf den dortigen Volksschulen
stehe. Demjenigen, der sehen will, was auf der Hand liegt, wird
der Zusammenhang nicht zweifelhaft sein. Allerdings hören wir
in den Berichten aus Frankreich nichts von einem Handarbeits=
unterricht in den höheren Schulen. Aber bei der intensiven Pflege,
die dieses Fach als Vorbereitung zu den handwerklichen Berufs=
arten dort schon findet, ist es nur eine Frage der Zeit, daß auch
seine allgemeine pädagogische Bedeutung erkannt und es in den
Lyceen eingeführt wird.

Dabei steht Frankreich in dieser Beziehung gar nicht einmal
an erster Stelle. In Schweden werden die entsprechenden Be=
strebungen schon seit dem Jahre 1877 von den Behörden unter=
stützt. Seit 1881 erhält dort jede Schule, welche Arbeitsunterricht
betreibt, eine jährliche Staatsbeihilfe von 75 Kronen (84 Mark).
Zu Ende des Jahres 1890 genossen nicht weniger als 1392 Schulen
einen Staatsbeitrag von rund 103000 Kronen. Außerdem unter=
stützt der Staat diesen Unterricht mit 20000 Kronen jährlich zur
Verteilung in verschiedenen Bezirken. Dazu kommen die Beiträge
der Haushaltungsgesellschaften und Landtage, die sich etwa auf
200000 Kronen jährlich beziffern. Die gesamten Aufwendungen
der Behörden betragen demnach jährlich über 360000 Mark.
Wenn man bedenkt, daß Deutschland beinah zehnmal so viel Ein=
wohner wie Schweden hat, so nehmen sich unsere 97000 Mark
daneben kümmerlich genug aus. Außerdem wird nun in Schweden
die Handarbeit noch in etwa 200 höheren Staatsschulen, Privat=

schulen u. s. w. gepflegt, ja es ist selbst an der Universität Upsala kürzlich eine „Slöjd"-Werkstatt eingerichtet worden, die von 6 Uhr Morgens bis 7 Uhr Abends geöffnet ist und im Oktober 1891 von 123 Studenten besucht wurde.

In Norwegen ist der Arbeitsunterricht obligatorisch an allen städtischen Schulen und Lehrerseminarien, wahlfrei an den Land- schulen. Die Kommission für Reform des höheren Unterrichts, die kürzlich zusammentrat, schlug der Regierung vor, den „Slöjd" als obligatorisches Unterrichtsfach auch in den höheren Staats- schulen einzuführen. Doch ist das bis jetzt nicht geschehen.

Auch der dänische Staat gibt für diesen Zweck etwa 18000 Mark jährlich aus, bei seinen zwei Millionen Einwohnern gewiß eine sehr respektable Summe. Ebenso wendet man in Belgien, der Schweiz, England, Nordamerika und anderen Ländern von Jahr zu Jahr diesem Unterrichtszweige mehr Aufmerksamkeit zu.

Es handelt sich also hier durchaus nicht um ein beliebiges neues Prinzip, das etwa nur in Deutschland aufgestellt worden wäre, sondern um eine pädagogische Wahrheit, die man nachgrade überall anerkennt, und deren Durchführung im Verlauf der Jahre in den anderen Ländern einen Aufschwung des Kunsthandwerks hervorrufen wird, gegen den wir nur mühsam werden ankämpfen können.

Noch ist nicht viel versäumt, aber die Zeit drängt. Und wenn die Bewegung nicht bald aus den Händen der Vereine und Privatleute in diejenigen des Staates oder der städtischen Be- hörden übergeht, so werden wir auch in diesem Punkte wahrschein- lich wieder das Nachsehen haben und von den konkurrirenden Nationen überflügelt werden.

III.

Die Universität.

Dieselben traurigen Verhältnisse, die wir bei der Betrachtung des Kunstunterrichts auf den Gymnasien gefunden haben, treten uns wieder bei den Universitäten entgegen. Unsere Universitäten haben einen doppelten Zweck, erstens sollen sie dem Staate seine höheren Beamten, die „Lehrer und Regierer des Volkes" erziehen, zweitens sollen sie Pflanzstätten der Wissenschaft sein, geeignete Mittel bieten, um die verschiedenen Wissenschaften durch Forscher= arbeit weiter zu entwickeln. Beide Zwecke können sie nicht voll= ständig erfüllen, wenn die Kunst aus ihrem Lehrplan ausgeschlossen bleibt.

Wenn es wirklich wahr ist, daß wir einer Zeit der künst= lerischen Blüte entgegengehen, daß das kommende Jahrhundert für uns ein Jahrhundert der Kunst sein wird, so muß man fordern, daß jeder Gebildete, der eine leitende Stellung im Staate einzu= nehmen berufen ist, vollkommen von der Bedeutung der Kunst durchdrungen sei. Vor allen Dingen sollte der Jurist klar darüber sein, daß die Kunst einen wichtigen Faktor unseres Nationalwohl= standes bildet, und daß es eine Pflicht unserer Gesetzgebung und Verwaltung ist, ihr in jeder Beziehung die Wege zu ebnen. Schon jetzt liegt das Wohl und Wehe der Kunst zum Teil in den Händen unserer höheren Beamten, und jede Unterdrückung oder Vernachläffi= gung derselben würde sich bitter durch Schädigung unseres National= wohlstandes rächen. Neben dem Juristen ist besonders der Theo= loge zum Wächter der Kunst, zum Erhalter der Kunstdenkmäler des Landes bestellt. Nicht selten hat er bei Kirchenbauten, bei Restaurationen älterer Kirchen, bei der Konservirung kirchlicher Kunstwerke das entscheidende Wort zu sprechen. Und wie soll

er dazu im Stande sein, wenn er nicht auf der Universität Ge=
legenheit gefunden hat, sich gewisse kunstgeschichtliche Anschauungen,
eine gewisse Kenntnis der Stilarten zu erwerben? Von dem
Philologen verlangen wir ein Verständnis für Kunst weniger des=
halb, weil er als Lehrer seinen Schülern kunstgeschichtliche Unter=
weisungen zu geben hätte — wir haben früher gesehen, was davon zu
halten ist — als vielmehr deshalb, weil er in der Schulverwaltung
einmal eine maßgebende Stelle einnehmen und über den Kunst=
unterricht auf der Schule zu urteilen in die Lage kommen kann.
Wenn die gegenwärtige Vernachlässigung des Zeichenunterrichts auf
den Gymnasien wirklich zum Teil darauf zurückzuführen ist, daß
die Direktoren und Schulräte in der Regel nichts vom Zeichnen
verstehen und als klassische Philologen zur Kunst kein näheres
Verhältnis haben, so ergiebt sich daraus die dringende Verpflichtung,
daß die Schulamtskandidaten sich auf der Universität mit Kunst
wenigstens soweit beschäftigen, daß sie sich später ihrer Verant=
wortlichkeit in dieser Beziehung in vollem Maße bewußt sind.

Aber die Bedeutung der Kunst für die Universitäten liegt
noch tiefer. Es gilt uns als selbstverständlich, daß die höchsten
und gebildetsten Kreise der Nation, die in erster Linie an der
Weiterentwicklung unserer Kultur zu arbeiten haben, vor allen
Dingen die gegenwärtige Kultur in ihrem vollen Umfange ver=
stehen lernen. Dazu gehört die bildende Kunst ebenso wie das soziale
und kirchliche Leben, ebenso wie die politische und Kriegsgeschichte,
ebenso wie die Poesie und Musik. Gegenwärtig allerdings stehen
diese Gebiete noch mehr im Vordergrunde des Interesses, später
wird es vielleicht anders sein. Und wir werden gut thun, der
kommenden Richtung unseres geistigen Lebens auch in dieser Be=
ziehung vorzuarbeiten.

Man könnte ja nun sagen, daß dieses Ziel im wesentlichen
schon durch eine in dem angedeuteten Sinne durchzuführende Re=
form des Gymnasialunterrichts erreicht würde. Aber das ist nicht
der Fall. Der beschränkte Stundenplan des Gymnasiums erlaubt
selbst beim besten Willen, wie wir gesehen haben, keine zusammen=
hängende Pflege der Kunstgeschichte und Ästhetik im höheren Sinne.
Diese Fächer müssen deshalb der Universität vorbehalten bleiben. Die
Universität ist neben den Museen die wichtigste Stätte für ihren

wissenschaftlichen Betrieb. Kunstgeschichte und Ästhetik, die ich unter dem Namen Kunstwissenschaft zusammenfassen will, sind nun einmal Wissenschaften, die sich, wenn auch später als die meisten anderen, doch in sehr energischer und lebhafter Weise entwickelt haben. Früher mehr dilettantisch betrieben, stehen sie jetzt, wenigstens nach der Auffassung ihrer Hauptvertreter, auf festem wissenschaftlichem Boden. Insbesondere ist die Kunstgeschichte eine Wissenschaft wie jede andere, von sorgfältig durchdachten methodischen Prinzipien beherrscht, mit der Bearbeitung eines weitschichtigen und vielseitigen Stoffes beschäftigt.

Die Kunstgeschichte verlangt mindestens ebenso wie jede andere Wissenschaft eine besondere Pflege an der Universität. Ihre Vertreter bedürfen eines großen wissenschaftlichen Apparates, genügender Räumlichkeiten, einer sorgenfreien Existenz, um ihren Forschungen obliegen zu können. Es läßt sich durchaus kein Grund anführen, warum eine Wissenschaft, die im geistigen Leben unserer höheren Stände eine so große Rolle spielt oder wenigstens spielen sollte, lediglich dem Privatbetrieb zu überlassen wäre.

Dazu kommt, daß die Kunstgeschichte sich aufs engste den anderen Universitätsfächern eingliedert, sie nach verschiedenen Richtungen hin ergänzt. Ganz verkehrt wäre es freilich, sie als Hilfswissenschaft der Geschichte aufzufassen. Wohl leistet sie dieser in mehr als einer Beziehung willkommene Hilfe. Aber nicht in der dienenden Weise, wie es etwa Paläographie, Diplomatik, Siegel- und Münzkunde thun, sondern in dem Sinne eines Forschungsgebietes, das eine selbständige Äußerung des menschlichen Geistes zum Gegenstande hat. Die Kunst ist eine Äußerung der menschlichen Natur, deren höheres wissenschaftliches Verständnis eine ganz bestimmte Richtung des geistigen Interesses, der Begabung und Vorbildung beansprucht. Ihre Schöpfungen, die das Forschungsmaterial der Kunstgeschichte bilden, sind eigenartig in ihrem Charakter, verlangen in Folge dessen auch zur Bearbeitung eine eigene Methode, wollen nach eigenen Gesetzen behandelt sein. In sofern sie sichtbare Gegenstände sind, nähert sich die Kunstgeschichte den Naturwissenschaften, insofern sie in Beziehung zu dem allgemeinen geistigen Leben der Völker gesetzt werden müssen, der Geschichte und Philologie. So kommt es denn, daß die Kunst-

geschichte gewissermaßen in der Mitte zwischen den übrigen Uni=
versitätsfächern steht, sie erst im eigentlichen Sinne zur universitas
litterarum ergänzt.

Wie ein Theologe die Geschichte der christlichen Kirche studiren
will, ohne die Resultate der Katakombenforschung, die großartigen
Schöpfungen des mittelalterlichen Kirchenbaues, die Typen des
christlichen Bilderkreises zu kennen, ist mir wenigstens unverständ=
lich. Wie ein Germanist und Litterarhistoriker die Entwicklung
der poetischen Formen, die Ausbildung der dichterischen Ideale
verstehen will, ohne gleichzeitig einen Einblick in die Entwicklung
der künstlerischen Formen zu gewinnen, gestehe ich nicht einzusehen.
Wenn der Historiker sich nicht darauf beschränken will, politische
Geschichte und Kriegsgeschichte zu treiben, wenn er vielmehr das
geistige Leben der Völker im weitesten Sinne in den Bereich seiner
Forschung ziehen will, so darf er an der Kunst nicht stillschweigend
vorübergehen. Und ein Archäologe, der sich nicht mit moderner
Kunst beschäftigte, würde sich freiwillig des einzigen Mittels be=
rauben, einen auf festem historischem Fundament ruhenden Ein=
blick in das Wesen der künstlerischen Entwicklung zu gewinnen.
Auch die philosophische Forschung kann der Kunstgeschichte nicht
entbehren. Man sollte nie vergessen, daß eine Ästhetik, die An=
spruch auf den Namen Wissenschaft erheben will, sich nur auf
dem festen Boden der kunstgeschichtlichen Thatsachen aufbauen kann.

Der Kunstunterricht, wie er gegenwärtig an den deutschen
Universitäten erteilt wird, ist doppelter Art; praktisch und theo=
retisch. Den praktischen erteilt der akademische Zeichenlehrer, den
theoretischen der Professor der Kunstgeschichte.

Das akademische Zeichenlehreramt.

Das Amt des akademischen Zeichenlehrers hat sich noch an
13 deutschen Universitäten erhalten, nämlich Bonn, Breslau,
Göttingen, Greifswald, Halle, Kiel (vacat), Leipzig, Marburg,
Münster, Straßburg, Erlangen, Heidelberg und Tübingen. An
drei anderen, nämlich Berlin, Königsberg und München fehlt
es, ohne daß man hier von einem Mangel reden könnte, weil
diese Städte gleichzeitig Kunstschulen besitzen. Nur 5 Universitäten,

und zwar lediglich nichtpreußische, entbehren des Zeichenlehrers, ohne einen Ersatz dafür zu bieten, nämlich Freiburg i. Br., Gießen, Jena, Rostock und Würzburg. Das scheinen beim ersten Anblick leidlich günstige Verhältnisse zu sein. Und doch steht es bei genauerem Zusehen mit dem akademischen Zeichenunterricht nicht zum besten. In der Regel haben die Zeichenlehrer der Universitäten grade unter den Studenten nur wenige Schüler, und es ist deshalb neuerdings sogar im preußischen Finanzministerium der Gedanke aufgetaucht, ob man diese Stellen nicht überhaupt mit der Zeit eingehen lassen solle.

Auch hierin erkennen wir wieder eines unter den vielen Symptomen, die auf einen Rückgang unserer künstlerischen Volksbildung hinweisen. Glücklicherweise scheinen diese Sparsamkeitstendenzen an dem Widerstand der Universitäten und des Kultusministeriums gescheitert zu sein. Aber wer weiß, ob sie nicht bald wieder auftauchen und schließlich bei dem fortwährenden Geldmangel, an dem wir leiden, die Oberhand behalten. So dürfte es nicht überflüssig sein, die Bedeutung dieses Amtes für die Erziehung der Studenten etwas ausführlicher zu begründen und nachzuweisen, daß der akademische Zeichenunterricht nicht nur beibehalten, sondern, wenn man überhaupt einen Nutzen davon haben will, in ganz anderer Weise als bisher organisirt werden muß.

Der Zeichenunterricht an den Universitäten ist ein Erbteil, das wir dem vorigen Jahrhundert verdanken. Damals hatte er freilich einen anderen Sinn als heutzutage. Die Zeichenmeister, die an den deutschen Universitäten wirkten, sollten in erster Linie Lehrer sein. Ihre Thätigkeit sollte nicht den Professoren der Medizin und Naturwissenschaften, sondern vor allen Dingen den Studenten aller Fakultäten zu Gute kommen. Der rein pädagogische Gesichtspunkt war bei ihrer Anstellung maßgebend gewesen.

Die Erziehungslehre des 18. Jahrhunderts fußt auf der Idee der harmonischen Ausbildung der menschlichen Kräfte. Zu dieser rechnete man damals auch die des Körpers und der Sinne. Man wollte den Studenten Gelegenheit geben, sich nicht nur nach der wissenschaftlichen Seite auszubilden, sondern auch ihre körperliche und ästhetische Bildung zu vervollkommnen. Daher der große Wert, den man neben den Fächern des Brotstudiums auf den

Unterricht im Fechten, Reiten, Tanzen, der Musik und dem Zeichnen legte. Diese sogenannten „unfreien" Künste waren ganz besonders für den wohlhabenden Teil der Studentenschaft, d. h. die Söhne fürstlicher und abliger Häuser bestimmt, bei denen das Bedürfnis einer vielseitigen Erziehung am meisten lebendig war. Für diese hatte das Zeichnen auch noch gewisse praktische Vorteile, die von den Erziehern nicht verkannt wurden. Es herrschte damals die Sitte, daß junge Leute höheren Standes nach Vollendung ihrer Studien eine sogenannte Kavalierreise nach Italien, Frankreich oder England machten, und schon John Locke hatte in seinen Gedanken über die Erziehung (1693) die praktische Bedeutung des Zeichnens für Reisende als ein Mittel, sich die Formen der Außenwelt zu fixiren, besonders hervorgehoben.

In der That war damals das Bedürfnis der Studenten nach Zeichenunterricht so stark, daß man sich entschließen mußte, neben den etatsmäßigen Zeichenmeistern noch Privatlehrer für dieses Fach als Universitätsangehörige zuzulassen. So sagt z. B. C. Meiners (Über die Verfassung und Verwaltung deutscher Universitäten II, 1802, S. 148 f.): „Auf den meisten Universitäten wurde es Sitte, wenigstens Einen vorzüglichen Zeichner und Tonkünstler mit Besoldung zu berufen. Man erteilte solchen vorzüglichen Künstlern den Titel eines Professors, Musikdirektors u. s. w., wenn sie nicht blos geschickte, sondern auch gelehrte Künstler waren und denen, welche es verlangten, die Theorie oder Geschichte ihrer Kunst vortragen konnten. Auf stark besuchten Universitäten ist weder Ein Lehrer der Zeichenkunst und noch viel weniger Ein Lehrer der Tonkunst hinreichend. Es ist deswegen ratsam, außer dem besoldeten Lehrer noch einen oder mehrere Zeichenmeister und Musikmeister als Angehörige der Universität zuzulassen." Wirklich findet man in den meisten Personalverzeichnissen der damaligen Universitäten neben dem etatsmäßig angestellten „Zeichenmeister" und einem ebenfalls besoldeten Kupferstecher eine Anzahl von Privatlehrern für Zeichnen und Malen angeführt. Wenn diese selbst in Städten wie Göttingen, die doch außerhalb der Universität gar keine künstlerische Anregung boten, ihr Auskommen fanden, so ist das ein Beweis, daß das Interesse für Kunst damals in studentischen Kreisen viel stärker entwickelt war als heutzutage.

Es kann wohl kein Zweifel sein, daß dies mit der allge=
meinen ästhetischen Stimmung zusammenhängt, die in der zweiten
Hälfte des vorigen Jahrhunderts in Deutschland herrschte. Mag
man nun annehmen, daß der Kunstdilettantismus an den Univer=
sitäten durch diese allgemeine Stimmung befördert worden sei, mag
man umgekehrt annehmen, daß jener diese in erster Linie
hervorgebracht habe, jedenfalls stehen beide in engster Wechsel=
wirkung zu einander. Hat doch z. B. Goethe seine lebhaftesten
künstlerischen Anregungen auf der Universität in Leipzig durch den
Unterricht des Akademiedirektors A. Fr. Oeser, der auch zur Universität
in offiziellen Beziehungen stand, erhalten, haben doch die beiden
Begründer der romantischen Richtung, Wackenroder und Tieck, kurz
ehe ihre epochemachenden Schriften: „Träumereien eines kunst=
liebenden Klosterbruders" und „Franz Sternbalds Wanderungen"
erschienen, als Studenten in Göttingen den Unterricht des Malers
und Kunsthistorikers J. D. Fiorillo genossen und die dortige
Kupferstichsammlung eifrig studirt.

Im Laufe dieses Jahrhunderts hat der akademische Zeichen=
unterricht durch zwei Umstände eine bedeutende Schädigung und gleich=
zeitig eine Verschiebung seines Schwerpunktes erfahren. Der eine ist das
Heranwachsen der medizinischen und naturwissenschaftlichen Fächer,
der andere das Aufkommen eines von den Universitäten getrennten
technischen Erziehungswesens. Die immer gesteigerten Ansprüche
der medizinischen und naturwissenschaftlichen Fakultäten haben die
Thätigkeit des Universitätszeichners mehr und mehr in die wissenschaft=
liche Richtung hineingedrängt. Die Zeit vieler Universitätszeichner
wird gegenwärtig fast ganz durch die Herstellung der Illustrationen
für die naturwissenschaftlichen und medizinischen Werke der Professoren,
sowie der Aushängetafeln für die naturwissenschaftlichen Vorlesungen,
durch die Anleitung der Studenten zum naturwissenschaftlichen
Zeichnen u. s. w. in Anspruch genommen. Als im vorigen Jahre
seitens des preußischen Kultusministeriums Anfragen an die
Universitäten ergingen, ob man die akademischen Zeichenlehrer=
stellen beibehalten oder eingehen lassen solle, erklärten sich die
Mediziner und Naturwissenschaftler einstimmig für die Beibehaltung,
weil ihnen ein geschulter Zeichner für ihre wissenschaftlichen Arbeiten
gradezu unentbehrlich sei. Man muß dieses Argument in vollem

Maße gelten lassen. Allerdings ist es wahrscheinlich, daß wenigstens ein Teil dieser Thätigkeit des Universitätszeichners mit der Zeit durch die Photographie ersetzt werden wird. Aber daß diese jemals im Stande sein werde, die künstlerische Zeichnung ganz entbehrlich zu machen, ist durchaus unwahrscheinlich. Kommt es doch bei derartigen Zeichnungen sehr oft gar nicht darauf an, dasjenige, was wirklich vorhanden ist, genau nachzubilden, sondern vielmehr die Formen zur Erleichterung des Verständnisses abgekürzt und schematisch darzustellen und mit irgend einer konventionellen leicht verständlichen Kolorirung zu versehen.

Aber das darf man sich allerdings nicht verhehlen, daß mit der vorwiegenden Beschäftigung des akademischen Zeichenlehrers in dieser Richtung eine vollkommene Verschiebung der ursprünglichen Bedeutung seiner Thätigkeit eingetreten ist. Kein Mensch wird das Zeichnen mikroskopischer und anatomischer Präparate als Kunst bezeichnen, niemand wird behaupten, daß eine Geschicklichkeit im naturwissenschaftlichen Zeichnen irgend welche pädagogische Bedeutung für die Erziehung des Kunstsinnes unter den Studenten habe. Im Gegenteil, es läßt sich ganz bestimmt nachweisen, daß ein vorwiegendes Nachbilden medizinischer und naturwissenschaftlicher Präparate den Sinn für künstlerisches Zeichnen mehr oder weniger abstumpft. Die Gewohnheit, alles mit hartem und spitzem Blei auszuführen und auf die möglichste Deutlichkeit und Exaktheit der einzelnen Striche den Hauptwert zu legen, wird nur zu leicht Hand und Auge verderben, sie unfähig machen, die freieren Formen der Natur mit ihrem malerischen Reiz wiederzugeben. Ein pedantisches und geistloses Wesen wird Platz greifen, und in demselben Maße, wie dieses den Ansprüchen der gelehrten Auftraggeber entsprechen mag, wird es den Zeichner unfähig machen, die eigentlich künstlerische Seite seines Berufes vollkommen zu beherrschen. Grade diese muß aber bei der Erziehung der Jugend in erster Linie stehen. Auf diese Ursache wird man wenigstens zum Teil den mangelhaften Besuch des Zeichenunterrichts an unseren Universitäten zurückführen müssen, wenn auch der Hauptgrund natürlich in der ungenügenden Anregung liegt, die das Gymnasium in künstlerischer Beziehung bietet.

Ferner hat der Verfall des akademischen Zeichenunterrichts seinen Grund in dem Aufkommen einer besonderen von den Uni-

versitäten unabhängigen technischen Erziehung. Während des 18.
Jahrhunderts fanden diejenigen technischen Wissenschaften, die da=
mals schon bestanden, zum größten Teil auch an den Universitäten
eine Pflege, Zivil= und Militärbaukunst, Technologie, Forstwissen=
schaft, Landwirtschaft, selbst Militärwissenschaft. Es ist bekannt,
daß von diesen Fächern nur Forst= und Landwirtschaft teilweise
noch mit den Universitäten zusammenhängen, Militärwissenschaft,
Baukunst und Technologie dagegen an besonderen Lehranstalten
gelehrt werden. Als nämlich die Ansprüche der Technik im Laufe dieses
Jahrhunderts immer größer wurden und der Staat besondere
technische Beamte mit einer gründlichen Vorbildung brauchte, ge=
nügte der nebensächliche Betrieb dieser Unterrichtszweige, wie er
bis dahin auf den Universitäten geherrscht hatte, nicht mehr. Es
entstand also die Frage, ob die Universität ihnen eine größere
Pflege zugestehen oder ob man besondere Lehranstalten für sie
gründen solle. Man entschied sich für das letztere, infolge des
Widerstandes, den die vornehmen älteren Wissenschaften dem neuen
Eindringling entgegensetzten. Es ist viel darüber gestritten worden,
ob diese Spaltung unserer höheren Beamtenerziehung unserem
Volke zum Segen oder zum Schaden gereicht habe. Die Frage
hängt aufs engste mit der Schulfrage zusammen und bietet zu
viele Seiten dar, als daß sie hier im Vorbeigehen entschieden
werden könnte. Für uns ist nur wichtig, daß eben diese Spaltung
dem praktischen Kunstunterricht an der Universität den Hauptschaden
zugefügt hat. Im vorigen Jahrhundert wurden die erwähnten
technischen Fächer an den Universitäten gar nicht immer vom streng
sachlichen Standpunkt aus getrieben. So sagt z. B. Michaelis in
seinem „Raisonnement über die protestantischen Universitäten in
Deutschland I (1768) 236 ausdrücklich, daß die Zivilbaukunst
einen besonderen Wert für die „Erziehung junger Herren von
Stande" habe, und daß man deren „Geschmack" zur Vorbereitung
für die Reisen schon auf der Universität bilden müsse. Unter
diesen Umständen hatte natürlich auch der Zeichenunterricht mit seinen
verschiedenen Unterabteilungen, dem Architekturzeichnen, technischen
Zeichnen, Planzeichnen u. s. w. vorwiegend eine allgemein bildende
Bedeutung. Man empfand damals viel intensiver als heutzutage die
Zusammengehörigkeit der verschiedenen Bildungselemente, man war

14

sich der Notwendigkeit einer harmonischen Entwicklung aller Kräfte
und Interessen viel stärker als gegenwärtig bewußt. Seitdem dagegen
einer gesteigerten Spezialisirung zu Liebe Fächer wie Architektur gar
nicht mehr zu den Universitätsfächern gerechnet wurden, ergab sich
daraus gleichzeitig die Folge, daß auch ein damit so eng zusammen-
hängendes allgemein bildendes Fach wie das Zeichnen mehr und
mehr an Bedeutung abnahm. Die Neigung, alle Erziehung
wo möglich in einzelne Fächer zu gliedern und diese Fächer möglichst scharf von einander zu trennen, greift grade neuerdings
immer mehr um sich. Sie ist ja teilweise in der Entwickelung
der Wissenschaften selbst, die eine strengere Arbeitsteilung nötig
macht, begründet. Aber man sollte nicht verkennen, daß sie große
Gefahren mit sich bringt. Den größten Schaden haben davon die
technischen Hochschulen gehabt. Giebt es doch immer noch solche, an
denen allgemein bildende Fächer wie Geschichte, Litteratur, Volks-
wirtschaft nicht oder wenigstens nicht ordentlich vertreten sind, und
hatten doch bis vor kurzem nicht einmal alle technischen Hochschulen ordentliche Professuren für Kunstgeschichte! Es mag ja in
den Augen unserer leitenden Finanzmänner schmerzlich sein, daß
man jetzt, nachdem sich die technischen Hochschulen so kräftig entwickelt haben, diejenigen Fächer, die bisher schon auf den Universitäten eine teure Vertretung fanden, nun auch noch an ihnen vertreten lassen muß. Aber da sich der Staat einmal den Luxus
gestattet hat, die wissenschaftlich-technische Erziehung von der rein
wissenschaftlichen zu trennen, so muß er auch die Konsequenzen
dieses Schrittes ziehen. Und diese Konsequenzen lauten dahin,
daß es im Interesse unserer höheren Beamtenerziehung liegt, die
einmal stattgefundene Spaltung, die schon groß genug ist, nicht
noch größer werden zu lassen. Und das einzige Mittel dagegen ist
das, daß man auf allen Hochschulen denjenigen Fächern, die allein
noch eine Verbindung zwischen den beiden Berufskreisen darstellen,
das heißt den allgemein bildenden Fächern eine ganz besondere
Pflege zu Teil werden läßt. Wir wollen nicht, daß die „Lehrer
und Regierer des Volkes", d. h. eben diejenigen höheren Beamten,
die auf Universitäten und technischen Hochschulen ihre abschließende
Bildung erhalten, einseitige Fachmänner werden. Sie sollen, wenn
sie ins Leben treten, nicht mit Scheuklappen umherlaufen und sich

auf den engen Gesichtskreis ihres eigentlichen Faches beschränken, sondern den Blick frei behalten für das, was um sie her vorgeht, für ein ideales den allgemeinen Interessen dienendes Streben.

Von diesem Standpunkt aus würde man es nur im höchsten Grade bedauern können, wenn der Gedanke, die akademischen Zeichenlehrerstellen zu streichen, im Schooße unserer Ministerien wieder auftauchen sollte. Unsere Studenten werden wahrlich durch die Spezialisirung der Wissenschaft und durch die hohen Anforderungen, die das Prüfungsreglement an sie stellt, dem praktischen Leben und der umgebenden Natur schon genug entfremdet. Man lasse ihnen wenigstens dies eine Fach, das seinem Wesen nach am ersten im Stande wäre, ihren Natursinn zu pflegen, ihnen die Verbindung zwischen Wissenschaft und Technik immer wieder ins Gedächtnis zu rufen. Eine Universität ist nun einmal keine Fachschule. Sie soll die Gesamtheit der Wissenschaften in sich vereinigen, und wenn man auch das praktische Können jetzt mehr und mehr — nicht ganz — von ihr verbannt hat, so gönne man ihm wenigstens diesen kleinen Winkel, durch welchen zwischen dem wissenschaftlichen und technischen Erziehungswesen eine gewisse ideale Verbindung aufrecht erhalten werden kann.

Abgesehen von diesem allgemeinen Nutzen ist der Zeichenunterricht an der Universität nun auch notwendig, um den Kursus der Gymnasien zu vervollständigen. Dies gilt sowohl für die Gegenwart wie für die Zukunft. Solange der Zeichenunterricht auf unseren Gymnasien noch nicht diejenige Pflege findet, die er finden sollte, muß die Universität in die Lücke eintreten, welche die Schule läßt. Sobald er aber auf den Gymnasien erst in den oberen Klassen obligatorisch gemacht sein wird, wird das Bedürfnis der Abiturienten nach einer Fortsetzung auf der Universität noch viel lebendiger werden. Der Gymnasiast soll wie in allen Fächern so auch im Zeichnen keine abgeschlossene Bildung erhalten, sondern darin nur soweit kommen, daß er die Sehnsucht nach weiterer Ausbildung mit von der Schule wegnimmt. Diese Sehnsucht soll der akademische Zeichenlehrer befriedigen. Er ist es, der ihm diejenigen Stufen des Zeichnens, die auf der Schule nicht erreicht wurden, wie Aquarelliren und Ölmalen nach der Natur, Porträtzeichnen, künstlerisches Modelliren u. dgl. vermitteln soll. Daß

14*

diese Gebiete dem Dilettanten überhaupt unzugänglich seien, wird durch den Augenschein widerlegt. Nur auf dem beschränkten Stundenplan des Gymnasiums ist für sie kein Platz.

Natürlich wird auch hier der sachliche Gesichtspunkt vor dem allgemeinen bildenden zurücktreten müssen. „Akademische Fecht= meister und Tanzmeister", sagt Meiners (a. O. II, 147) sind eben= sowenig da, um Fechtmeister und Tanzmeister, als Lehrer der Zeichenkunst und Tonkunst, um Maler und Tonkünstler zu er= ziehen. Die einen sollen den Körper, die anderen den Kunstsinn der jungen Leute bilden". In der That ist die Bildung des Kunstsinnes das höchste Ziel, das der Zeichenunterricht auch auf der Universität anzustreben hat. Daneben allerdings spielt auch die technische Geschicklichkeit eine gewisse Rolle, da diese für die ver= schiedensten gelehrten Berufsarten von außerordentlicher Wichtigkeit ist.

Am besten kann man das bei den Studenten der Medizin und Naturwissenschaften erkennen. In den Vorlesungen, die sie zu hören haben, wird fortwährend an der Tafel gezeichnet, und es wird von ihnen erwartet, daß sie selbst in ihren Heften nach= zeichnen. Bei eigenen wissenschaftlichen Untersuchungen kommen sie alle Augenblick in die Lage, anatomische oder mikroskopische Präpa= rate nach dem Augenmaß aufzuzeichnen. Jeder Professor der Medizin oder Naturwissenschaften macht die Beobachtung, daß die Studenten, besonders in den ersten Semestern, hierin eine außer= ordentliche Ungeschicklichkeit bekunden. Ja es ist mir von medizinischen Kollegen versichert worden, daß selbst viele ältere Studenten der Medizin einfache Formen, die ihnen vorgezeichnet werden, nicht im Stande seien, genau nachzuzeichnen. Es fehlt ihnen eben die Fähig= keit der scharfen Formenauffassung und die technische Schulung der Hand. Die Folge davon ist die, daß viele Professoren der Medizin und Naturwissenschaften denjenigen ihrer Schüler, die noch nicht zeichnen können, gradezu zur Bedingung machen, daß sie bei dem akademischen Zeichenlehrer Unterricht nehmen, um diese Lücke ihrer Vorbildung auszufüllen. Ist derselbe besonders auf wissenschaftliches Zeichnen eingeübt, so werden sie wenigstens von ihm die scharfe Beobachtung der Formen und die konventionellen Darstellungsweisen kennen lernen, die bei solchen Arbeiten nötig sind, ist er mehr Künstler, so wird sein Unterricht ihnen dennoch

von Nutzen sein, weil er sie im raschen Auffassen und klaren Wieder=
geben der Formen übt.

Vor allen Dingen hat der Zeichenunterricht für den Studenten
der Mathematik und Naturwissenschaften auch im Hinblick auf seine
spätere Lehrthätigkeit eine große Bedeutung. Wie häufig wird der
Lehrer seine Worte durch Zeichnungen an der Tafel begleiten müssen!
Das Zeichnen an der Tafel ist aber bedeutend schwieriger als das
auf dem Papier, und es gehört schon ein besonders entwickelter
Formensinn und ein geübtes Augenmaß dazu, um die Verhältnisse
im großen Maßstabe richtig zu treffen. Neuerdings verlangen
die preußischen Lehrpläne sogar, daß der Lehrer der Naturwissen=
schaften „die Schüler auf allen Stufen im einfachen schematischen
Zeichnen des Beobachteten übe". (Lehrpläne S. 57). Wie aber
kann ein Lehrer seine Schüler in einer Fertigkeit unterrichten, die
er selber nicht gelernt hat? Oder soll man voraussetzen, daß er im
Hinblick auf seine spätere Lehrthätigkeit schon in der Untersekunda
sich entschlossen habe, den fakultativen Zeichenunterricht der oberen
Klassen mitzumachen? An diesem einen Beispiel kann man recht
deutlich sehen, wie bedenklich es ist, einen Unterrichtszweig in den
oberen Klassen des Gymnasiums fakultativ zu machen, dessen Be=
herrschung für mehr als einen Schüler im späteren Leben geradezu
eine Vorbedingung der Berufsthätigkeit ist.

Ebenso wichtig, vielleicht noch wichtiger, ist die fortgesetzte
Übung im Zeichnen für die jungen Archäologen und Kunst=
historiker. Man kann grabezu sagen, daß diese bei ihren späteren
Studien, auf Reisen und in Museen, das Zeichnen absolut nicht
entbehren können. Allerdings wird man einwenden, daß sie an Zahl
nur gering sind, indem die meisten Studenten, welche archäo=
logische und kunsthistorische Vorlesungen hören, keine Spezialisten
werden wollen. Das ist allerdings richtig. Aber auch für Nicht=
spezialisten ist eine gewisse Übung in der Kunst unentbehrlich.
Man sollte doch denken, daß jeder Hörer archäologischer oder kunst=
historischer Vorlesungen schon von selbst das Bedürfnis fühlen
müßte, zeichnen zu lernen. Leider ist das indessen nicht der Fall.
Ich habe sogar die Beobachtung gemacht, daß die meisten
Hörer der archäologischen und kunsthistorischen Vor=
lesungen (wenigstens auf norddeutschen Universitäten)

nicht zeichnen können und auch gar nicht das Bedürfnis em=
pfinden diese Lücke auszufüllen. Bei einem Archäologen ist das
ja nicht so sehr befremdend. Denn der heutige Betrieb der Archäo=
logie schließt viele Gebiete ein, die mit Kunst wenig zu thun
haben und auch keine künstlerischen Anforderungen an ihre Ver=
treter stellen. Aber der Kunsthistoriker? Ich habe mir oft den
Kopf darüber zerbrochen, wie diese Leute, die keinen Strich zeichnen
können, überhaupt zu ihrer Vorliebe für Kunst und Kunstgeschichte
kommen. Die bloße äußere Entwickelung der Kunst kann sie doch
unmöglich interessiren. Bloße Namen und Zahlen zu lernen,
bloße Worte oder ästhetische Formeln zu hören, kann ihnen doch
unmöglich Freude machen. Eine gewisse Liebe zur Kunst als solcher
muß doch vorhanden sein, wenn einer sich überhaupt entschließen
soll ein kunsthistorisches Kolleg zu hören. Und sollte sich diese
Liebe nicht vor allen Dingen in einer praktischen Übung der Kunst
bethätigen? Ich sehe schließlich den Grund für diesen Widerspruch
in dem unverhältnismäßigen Überwiegen der historischen Auffassung
in der modernen Kultur, das ich schon öfter hervorgehoben habe.
Man interessirt sich nicht für die Kunst, sondern für die Geschichte
der Kunst. Die historische Entwickelung der Formen erregt mehr
Interesse als das Gefühl für das Wesen des künstlerischen Schaffens
selbst. Wie kann man sich aber überhaupt ein fruchtbares Studium
der Kunstgeschichte denken ohne eine gewisse Kenntnis der technischen
Bedingungen der Kunst? Wie kann ein Student die Entwickelung
der künstlerischen Formen verstehen, wenn er niemals gezeichnet hat,
die einfachsten Grundlagen der künstlerischen Thätigkeit nicht aus
eigener Erfahrung kennt? Ähnliche Fragen sind ja neuerdings
wiederholt aufgeworfen worden, als es sich um die Berechtigung des
Urteils von Nichtkünstlern über Kunstwerke handelte. Die Künstler
gehen ohne Zweifel zu weit, wenn sie behaupten, nur der Künstler
selbst könne über Kunst urteilen. Aber soviel richtiges ist doch an
dieser Behauptung, daß man ohne eine gewisse, wenn auch nur
dilettantische Beschäftigung mit Kunst kein maßgebendes Urteil über
Werke der Kunst haben kann. Wenn sich die Geschichte der Kunst
nicht in phrasenhafte Schönrednerei auflösen soll, so muß sie not=
wendig in einer wenn auch nur nebenbei betriebenen praktischen
Kunstthätigkeit ihre Ergänzung finden. Wir verlangen ja nicht,

daß jeder Hörer kunstgeschichtlicher Vorlesungen ein geschulter Maler oder Bildhauer oder Architekt sei. Aber wir verlangen, daß er aus eigner Anschauung und Übung heraus die Schwierigkeiten wenigstens der wichtigeren Techniken beurteilen könne und die Gelegenheit, die sich ihm bietet, die Ausdrucksweisen der verschiedenen Künste kennen zu lernen, gewissenhaft benutze. Es wäre doch wahrlich die verkehrte Welt, wenn man die kunsthistorischen Professuren bestehen lassen oder vermehren, dagegen die akademischen Zeichenlehrerstellen aufheben wollte! Man baut ein Haus nicht vom Dache, sondern von den Fundamenten aus.

Soll das Amt des akademischen Zeichenlehrers einen wirk= lichen Nutzen stiften, so muß es auch äußerlich eine andere Stellung als bisher erhalten. Der alten Tradition nach rangiren bildende Kunst und Musik in einer Linie mit Reiten, Tanzen und Fechten. In den jetzigen Personalverzeichnissen wird der Zeichenlehrer unter der Rubrik „Schöne Künste und Fertigkeiten", und zwar meistens erst nach dem Tanzlehrer und Fechtmeister aufgeführt. Dies entspricht nicht den thatsächlichen Verhältnissen. Die Malerei gehört nicht zu denjenigen Künsten und Fertigkeiten, die es auf die Ausbildung und Schaustellung des Körpers abgesehen haben, sondern zu den höheren Künsten, die wir im eigentlichen Sinne des Wortes als ästhetische bezeichnen. Sie rangirt parallel der Poesie und der Musik. In sofern wir den Höhepunkt der menschlichen Thätigkeit mindestens ebenso in der Kunst wie in der Wissenschaft erkennen, müssen wir auch verlangen, daß ihre Vertreter an den höchsten Lehranstalten des Landes im Range den Vertretern der eigentlich wissenschaftlichen Fächer vollkommen gleichgestellt werden. Sie sollten dieselben Rangstufen der akademischen Karriere, vom Pri= vatdozenten bis zum Ordinarius, durchmachen, und es sollten für den Eintritt in diese Laufbahn ähnliche Vorbedingungen gestellt werden wie bei den anderen Fächern der Universität. Allerdings wäre eine regelrechte Habilitation und ein Berufungsmodus nach Art des sonst an Universitäten üblichen in diesem Falle mit einigen Schwierigkeiten verbunden. Allein die Ministerien könnten sich bei solchen Neubesetzungen teils an die Vorschläge der Fakultäten, teils an diejenigen der Kunstakademien halten und für den Ein= tritt in dieses Amt gewisse Bedingungen stellen, die eine Garantie

für die richtige Verwaltung desselben böten. Am sichersten würde
man wohl fahren, wenn man die akademischen Zeichenlehrerstellen,
selbstverständlich nach erfolgter Reform des Gymnasialzeichenunter=
richts, mit besonders bewährten Gymnasialzeichenlehrern besetzte,
weil man sowohl über deren künstlerische wie pädagogische Be=
fähigung eine genaue Kenntnis durch die Schulbehörden erlangen
könnte. Gleichzeitig würde diese Erweiterung der Karriere für
die Gymnasialzeichenlehrer noch einen besonderen Antrieb zur eif=
rigen Weiterbildung enthalten. Aber es wäre auch nicht aus=
geschlossen, daß man jungen Malern den unmittelbaren Eintritt
in die Universitätskarriere gestattete. Dabei wäre natürlich volle
Absolvirung eines Gymnasiums und eines längeren Kursus an
einer Kunstakademie oder einer technischen Hochschule notwendige
Bedingung. An die Stelle der Habilitation könnte ein besonderes
akademisches Zeichenlehrerexamen treten, das den Abschluß einer
mindestens dreijährigen Studienzeit an einer dieser Anstalten bildete,
und bei dem die Universität, an welcher der betreffende Kandidat
zugelassen sein wollte, durch ein oder mehrere Mitglieder (etwa
den Archäologen und Kunsthistoriker) vertreten sein könnte. Die
Beförderung solcher Privatdozenten zu außerordentlichen und ordent=
lichen Professoren könnte man dann von ihrer Persönlichkeit und
ihrem Erfolge als Lehrer abhängig machen. Es wäre selbstver=
ständlich, daß in dem betreffenden Examen nicht nur die volle
künstlerische Befähigung, sondern auch ein theoretisches Verständnis
für Kunst und eine gewisse Kenntnis ihrer Geschichte nachzuweisen
wäre. Man würde dabei ferner besonderen Wert auf eine möglichst
vielseitige Kenntnis der künstlerischen Technik, z. B. auch des Mo=
dellirens, Architekturzeichnens, Holzschnitts und Kupferstichs zu
legen haben. Kommt es ja doch weniger darauf an, für diese
Stellen große Künstler von schöpferischer Begabung zu gewinnen,
die natürlich niemals eine gewisse Einseitigkeit verleugnen würden,
als vielmehr geschickte, vielseitig gebildete Techniker, die eine be=
sondere Gabe besitzen, ihre Kenntnisse anderen mitzuteilen.

　　Das auf diese Weise gehobene Amt des akademischen Zeichen=
lehrers müßte natürlich in enge Verbindung mit verschiedenen
Fächern der Universität treten. Zunächst mit der Archäologie und
Kunstgeschichte. Der Zeichenlehrer müßte das Recht haben, die

archäologischen und kunsthistorischen Sammlungen der Universität als Lehrmaterial für seinen Unterricht zu benutzen. Dafür müßte ihm die Verpflichtung obliegen, bei ästhetischen Vorlesungen die Vertreter der Archäologie und Kunstgeschichte nach der technischen Seite hin zu unterstützen. Diese müßten sich in ähnlicher Weise mit ihm in den Stoff teilen, wie etwa die Professoren des Englischen und Französischen mit ihren entsprechenden Lektoren. Der Professor müßte die theoretischen und historischen Vorlesungen halten, der Zeichenlehrer die praktischen Demonstrationen dazu geben. Ferner müßte der letztere die Verpflichtung haben, teils selbst, teils mit Hilfe seiner Schüler die Aushängetafeln für die archäologischen und kunsthistorischen Vorlesungen zu schaffen. Denn soweit diese nicht auf photographischem Wege, wie z. B. die Meydenbauerschen Meßbildaufnahmen, hergestellt werden können, wird man sie immer noch am richtigsten, je nach den individuellen Bedürfnissen des Unterrichts, durch Zeichnung herstellen lassen. Architektonische Grundrisse und Durchschnitte z. B. wird man einem größeren Kreise überhaupt nicht anders als durch Zeichnungen in großem Maßstabe anschaulich machen können. Die Benutzung des Skioptikons, die neuerdings in kunsthistorischen Vorlesungen versucht worden ist, kann doch naturgemäß nur eine eingeschränkte sein und ist überhaupt mit zuviel Schwierigkeiten und Unzuträglichkeiten verbunden, als daß man ihr eine große Zukunft in dem gewöhnlichen kunsthistorischen Unterricht voraussagen könnte.

In wie weit mit dieser an sich schon ziemlich ausgedehnten Thätigkeit eine Dienstleistung im Interesse der medizinischen und naturwissenschaftlichen Institute verbunden werden kann, müßte die Erfahrung lehren. Ich selbst habe zwar die Überzeugung, daß auf die Dauer ein wirklich künstlerischer Betrieb des Zeichenunterrichts sich mit dem wissenschaftlichen Zeichnen für Mediziner und Naturforscher nicht verträgt. Allein da eine Aussicht auf zwei akademische Zeichenlehrerstellen wohl vorläufig ausgeschlossen ist, so müßte man jedenfalls den Versuch machen, beides mit einander zu verbinden. Bei einer solchen Verbindung aber ist es selbstverständlich, daß die künstlerische und pädagogische Thätigkeit des Lehrers in erster Linie stehen müßte. Denn ein tüchtiger Künstler kann wohl, wenn es sein muß, naturwissenschaftliche

Zeichnungen machen, aber ein Mensch, der Jahrzehnte lang nur oder vorwiegend naturwissenschaftliche Präparate gezeichnet hat, verliert dadurch ohne Zweifel die Qualifikation zum Künstler und Zeichenlehrer. Sollte sich aber diese Verbindung auf die Dauer als unmöglich herausstellen, so würde man eben genötigt sein, außerdem noch einen besonderen naturwissenschaftlichen Zeichner anzustellen, oder — die Professoren und Studenten der Medizin und Naturwissenschaften müßten sich, was jedenfalls das beste wäre, entschließen, selbst so weit zeichnen zu lernen, daß sie im Stande wären, die Illustrationen zu ihren Werken und die Aus= hängetafeln zu ihren Vorlesungen anzufertigen.

Mit den pädagogischen Seminaren der Universitäten, wo solche existiren, könnte der akademische Zeichenlehrer durch praktische Demonstrationskurse und Vorlesungen über Methodik und Geschichte des Zeichenunterrichts in eine gewisse Verbindung treten. Es wird für einen künftigen Gymnasiallehrer oder Gymnasialdirektor immer= hin von Nutzen sein, wenn er den Betrieb dieses Unterrichtszweiges, wie er sich historisch entwickelt hat, kennen lernt. Er wird dann, falls er nicht selber schon auf der Schule den verbesserten Zeichen= unterricht genossen hat, wenigstens bis zu einem gewissen Grade selbständig über ihn urteilen können. Gegenwärtig hängt es meistens nur von dem zufälligen Vorhandensein eines guten Zeichenlehrers an der entsprechenden Anstalt ab, ob er ihm sein Interesse zuwendet oder nicht. Übrigens wird man gut thun, die methodische Seite hierbei ebenso wie bei der Erziehung der Zeichenlehrer nicht zu ein= seitig zu betonen. Über den Wert methodischer Erörterungen sind bekanntlich die Pädagogen sehr verschiedener Meinung, und wenn man einen Blick in die Praxis wirft, so überzeugt man sich bald, daß nicht die Methode den Lehrer, sondern der Lehrer die Methode macht. Im Grunde kommt doch alles auf die Persönlichkeit an und darauf, daß diese das Richtige will und das Richtige kann.

Diese akademischen Zeichenlehrer würden sich nun ihrer äußeren Stellung nach ganz besonders für das Amt der Zeicheninspektoren eignen, von dem in Preußen kürzlich wiederholt die Rede gewesen ist. Schon 1875 richteten die Zeichenlehrer selbst an die höchsten Unterrichtsbehörden sämtlicher deutscher Staaten die Bitte, zur gleichartigen Pflege, sowie zur Regelung und gerechten Beurteilung der Zeichenlehrerverhältnisse sachverständige Inspektoren zu ernennen, die den Betrieb des Zeichenunterrichts regelmäßig zu beaufsichtigen hätten. Seitdem sind besonders in Süddeutschland und auch in einigen städtischen Schulbezirken Mitteldeutschlands Schulinspektoren für den Zeichenunterricht ernannt und den betreffenden Schulbehörden beigegeben worden. Im Jahre 1889 richtete das preußische Kultusministerium an die Provinzialschulkollegien die Anfrage, ob es nicht in Anbetracht des Umstandes, daß die Provinzialschulräte und Gymnasialdirektoren in der Regel dem Zeichenunterrichte ziemlich fern ständen, angemessen sei, dieses Beispiel nachzuahmen. Man scheint indessen von diesem Gedanken wieder abgekommen zu sein.

Das Beispiel Frankreichs kann uns zeigen, wie wichtig und notwendig ein solches Amt ist. Als 1879 dort der Zeichenunterricht reorganisirt werden sollte, wurde von den Kammern ein Kredit von jährlich 51 000 Franks zur Aufstellung von 17 Zeicheninspektoren gewährt. Das Land wurde in Inspektionsbezirke geteilt und bis in seine kleinsten Schulen hinein einer sorgfältigen Enquete unterzogen. Die Berichte, die bei dieser Gelegenheit von den Zeicheninspektoren der einzelnen Bezirke an den Direktor der schönen Künste eingesandt wurden, muß man lesen, um den Eifer und die Energie kennen zu lernen, mit der diese Inspektoren verfuhren. Alle Vorlagen und Modelle, die sich im Besitz der einzelnen Schulen befanden, wurden untersucht, vernachlässigte Sammlungen aus den Kellern ans Tageslicht befördert, unbrauchbares Material erbarmungslos vernichtet. Die Inspektoren ließen sich die Resultate der letzten Jahre in Gestalt der Zeichenhefte der Schüler vorlegen, nahmen persönlich an den Stunden teil, schrieben bestimmte Programme zur Befolgung, bestimmte Modelle zur Benutzung vor. Es ist interessant zu sehen, mit welcher Rücksichtslosigkeit in den Berichten dieser Künstler die Gymnasialdirektoren und Zeichenlehrer beurteilt, die methodischen Fehler, die man damals machte, gerügt werden, und wie man kein Mittel der Aufklärung und des Zwanges scheute, um das, was man als richtig erkannt hat, nun auch thatsächlich durchzuführen.

Offenbar ist doch grade bei einem solchen Unterrichtszweige, wo noch alles im Werden und überdies das Gefühl und die Kenntnis des Richtigen so wenig verbreitet ist, eine strenge Aufsicht gradezu unentbehrlich. Nur auf diesem Wege kann man hoffen, mit der Zeit zu einer innerhalb gewisser Grenzen einheitlichen Methode zu gelangen. Und von allen in Betracht kommenden Stellen wüßte ich keine, die sich besser eignete, dieses Aufsichtsamt zu übernehmen, als die des akademischen Zeichenlehrers. Er hat die genügende künstlerische und pädagogische Vorbildung, seine Stellung verleiht ihm eine gewisse Autorität und — was das wichtigste ist — er steht als freier Mann da, ist in gleicher Weise von den Kunstakademien, auf denen die künftigen Zeichenlehrer erzogen werden sollen, und dem agitatorischen Getriebe der gegenwärtigen Elementarlehrer unabhängig.

Natürlich käme es vor allen Dingen darauf an, daß diese Zeicheninspektoren keine Anhänger der jetzt herrschenden Methode wären. Die Zeichenlehrer selbst freilich haben den entgegengesetzten Wunsch. Als die erwähnte Anfrage an die Provinzialschulkollegien erging, konnte man in Zeichenlehrerkreisen die allerverschiedensten Urteile darüber hören. Der eine wollte gar nichts davon wissen, weil man mit den Zeicheninspektoren in Süddeutschland schlechte Erfahrungen gemacht habe, (wovon mir nichts bekannt ist), der andere wollte die Zeicheninspektoren aus den Kreisen der Architekten gewählt sehen, weil diese den neuen Bestrebungen (das heißt der übertriebenen Betonung des kunstgewerblichen und ornamentalen Prinzips) noch am meisten geneigt seien. Die Mehrzahl war der Ansicht, daß nur die Zeichenlehrer selbst, das heißt die Methodiker der neuen Schule, dabei in Betracht kämen. Alle aber erklärten sich einstimmig gegen die Akademieprofessoren. Beileibe keine Akademieprofessoren! Die könnten ja an die Zeichenlehrer künstlerische Anforderungen stellen, die könnten ja verlangen, daß der Zeichenunterricht als Kunstunterricht zu behandeln sei!

Hoffentlich lassen sich die Unterrichtsverwaltungen durch solche Kundgebungen nicht irre machen. Auf das Amt des Betreffenden kommt es wenig an. Wenn er nur wirklich Künstler und Pädagoge ist und die Überzeugung hat, daß es so wie bisher nicht weitergehen kann.

So würde also die Thätigkeit dieser akademischen Zeichenlehrer vollkommen genügend in Anspruch genommen sein. Sie würden so viel zu thun haben, daß man ihre Stellen schon gut dotiren müßte, um Bewerber dafür zu finden. Das Amt des Universitätszeichenlehrers müßte den vielbegehrten Abschluß einer Karriere bilden, welche denen, die sich ihr widmeten, nicht nur ein sicheres und reichliches Brot versprechen, sondern ihnen auch das Gefühl geben würde, die künstlerische Erziehung der höheren Kreise und demgemäß auch die Zukunft der deutschen Kunst zum großen Teil in ihren Händen zu haben.

Die Kunstwissenschaft.

Die theoretische Unterweisung über Kunst fällt an den Universitäten dem Professor der Kunstgeschichte zu. Die weit verbreitete Meinung, daß die Kunstgeschichte zu den jüngsten Universitätsfächern gehöre und eigentlich erst neuerdings sich das Bürgerrecht auf unseren Hochschulen erworben habe, beruht auf einem Irrtum. Die Kunstgeschichte als Universitätsfach ist beinahe ebenso alt wie ihre Schwesterwissenschaft, die Archäologie, und zwar ist sie, wie man bestimmt nachweisen kann, aus dem akademischen Zeichenlehreramt hervorgegangen. Ihre Wiege ist die Musteruniversität des 18. Jahrhunderts, Göttingen, ihr Geburtsjahr das Jahr 1785. Schon früher hatten hier Dieze und Sanmartino über „Geschichte der Malerei, Bildhauerkunst und der übrigen Künste von ihrer Herstellung bis auf unsere Zeiten" u. s. w. gelesen, im Jahre 1785 kündigte Johann Dominicus Fiorillo, der spätere Verfasser der „Geschichte der zeichnenden Künste", seines Zeichens Maler und Mitglied der Akademie von Bologna, der einige Jahre früher an der Universität eine Zeichenakademie gegründet hatte und nun Inspektor der von Uffenbach und von Asch geschenkten Kupferstichsammlung geworden war, seinen Unterricht mit dem Zusatz an: „und wird in einigen Stunden wöchentlich mit den Mitgliedern der Zeichnungsakademie die hiesige Kupferstichsammlung durchgehen und sie auf die verschiedenen Schulen und Manieren der Künstler aufmerksam machen". Dies ist das erste kunsthistorische Praktikum, das an deutschen Universitäten gehalten wurde. Im Winter 1785/86 las er dann zum ersten Mal privatissime „Geschichte der Mahlerey, Bildhauerey und Kupferstechkunst von ihrer Wiederherstellung bis auf unsere Zeiten", sein großes Haupt-

kolleg, das er von da an Semester für Semester wiederholte oder
wenigstens ankündigte. Im Verlauf der Jahre finden wir dann
auch andere kunstwissenschaftliche Vorlesungen von ihm angekündigt:
Theorie der Malerei, Vorbereitung derjenigen, welche Italien und
Frankreich zu bereisen gedenken, u. s. w. Alles das las er neben
seinem praktischen Kunstunterricht im ökonomischen, technologischen,
architektonischen und naturwissenschaftlichen Zeichnen. 1799 wurde
er zum außerordentlichen, 1812 zum ordentlichen Professor er=
nannt. Auch sein Nachfolger, der Maler Oesterley, erhielt 1842
die ordentliche Professur. Erst nach seinem Rücktritt (1863) wurde
der praktische und theoretische Kunstunterricht an der Universität
getrennt, jener von einem besonders angestellten Zeichenmeister,
dieser von einem Kunsthistoriker (F. W. Unger) übernommen.
Obwohl sich erst seit dieser Zeit eine wirkliche Wissenschaft der
Kunstgeschichte ausgebildet hat, ist diese Professur doch weder in
hannoverscher noch in preußischer Zeit wieder zu einer ordentlichen
erhoben worden. Die Kunstgeschichte blieb an einer der wichtigsten
Universitäten Norddeutschlands eine Wissenschaft zweiten Ranges.
Man kann also in Bezug auf Göttingen thatsächlich von einem
Rückgang des Faches in den letzten Jahrzehnten reden.

Die zweitälteste ordentliche Professur für Kunstgeschichte ist
die in Königsberg i. Pr., wo der bekannte Künstlernovellist
E. A. Hagen im Jahre 1831, also ebenfalls schon vor der Aus=
bildung der wissenschaftlichen Kunstgeschichte, ordentlicher Professor
wurde. Hier scheint die längere Erhaltung des Ordinariates außer=
ordentlich günstig gewirkt zu haben. Wenigstens ist das Interesse
für Kunstgeschichte in Königsberg, wie ich zu meiner Freude sagen
kann, z. B. im Vergleich mit Göttingen, ein sehr reges.

Den Zusammenhang der Kunstgeschichte mit dem praktischen
Kunstunterricht kann man besonders in Gießen deutlich verfolgen.
Hier wurde der bekannte Architekt von Ritgen, der sich schon 1834
für Baufach habilitirt hatte, 1843 ordentlicher Professor und las
auch über Kunstgeschichte. Nach seinem Tode (1890) ist diese
Stelle einfach eingegangen.

In Heidelberg hat sich das Interesse für die Geschichte der
Kunst ebenfalls aus der praktischen Kunstübung heraus entwickelt,
wie sie dort zu Anfang des Jahrhunderts von Roux und Leger

betrieben wurde. Später hat abgesehen von Lemcke, Woltmann und Woermann, die nur vorübergehend an der Universität thätig waren, besonders Stark neben seinen archäologischen Vorlesungen auch kunsthistorische gehalten. Gegenwärtig ist dort, da sich die Verbindung von Archäologie und Kunstgeschichte auf die Dauer nicht aufrecht erhalten ließ, ein außerordentlicher Professor für Kunstgeschichte thätig. Eine etatsmäßige Vertretung hat sich indessen trotz des lebhaften Interesses, das in der Heidelberger Studentenschaft für Kunst zu herrschen scheint, bisher nicht ermöglichen lassen. Nur sind für die Bildung eines kunsthistorischen Apparates jährlich 600 Mark in den Etat eingesetzt worden.

Berlin hat allerdings erst seit 1873 ein Ordinariat für Kunstgeschichte, seit 1888 auch ein Extraordinariat. Doch wirkten hier schon um die Mitte des Jahrhunderts nicht weniger als vier Dozenten für dieses Fach, die überdies zum Teil gleichzeitig Museumsbeamte waren und dadurch eine enge Verbindung zwischen der Universität und dem Museum herstellten. 1827 habilitirte sich Hotho, der 1829 zum außerordentlichen Professor befördert wurde, 1844 wurde Waagen zum Extraordinarius ernannt, seit 1847 war Guhl als Privatdozent thätig, und auch Kugler hatte neben seinen übrigen Ämtern eine akademische Dozentenstelle.

In die 70er Jahre, d. h. die Milliardenzeit fällt außerdem die Gründung zweier Ordinariate für Kunstgeschichte, 1872 desjenigen in Straßburg, 1873 desjenigen in Leipzig. In Bonn war Springer schon 1859 Extraordinarius, 1860 Ordinarius geworden.

Sobald aber die Mittel wieder knapper wurden, mußte dies zunächst die Kunstgeschichte erfahren. Während z. B. in Kiel bis 1880 der Philosoph Thaulow kunsthistorische Vorlesungen gehalten hat, fehlt es seitdem dort an jeder Vertretung des Faches. Während in Halle bis 1884 der Ästhetiker Ulrici in jedem Semester ein kunsthistorisches Kolleg gelesen hatte, wurde nach seinem Tode die Kunstgeschichte nicht wieder besetzt, und seit einigen Jahren wird auch von anderer Seite dort nicht mehr über Kunstgeschichte gelesen. Während in Würzburg bis 1883 der Philologe Urlichs alle zwei Semester über Ästhetik und neuere Kunstgeschichte gelesen hatte, sind diese Vorlesungen seitdem immer seltener geworden und neuerdings ganz eingeschlafen. In München ist die früher von

Meſſmer bekleidet geweſene außerordentliche Profeſſur für Kunſt=
geſchichte nach deſſen Tode (1880) volle 11 Jahre unbeſetzt ge=
blieben.   Auch gegenwärtig giebt es an der Univerſität der bedeu=
tendſten Kunſtſtadt Deutſchlands nur ein Extraordinariat für Kunſt=
geſchichte.   In Tübingen hatte früher beſonders Fr. Th. Viſcher
das künſtleriſche Intereſſe der Studenten angeregt.   Seit 1888
gab es dort bis vor kurzem wenigſtens eine außeretatsmäßige
Profeſſur für Kunſtgeſchichte.   Sie iſt nach Wegberufung ihres
Vertreters einfach eingegangen.

Wie man angeſichts aller dieſer Thatſachen von einer beſon=
deren Pflege des Faches in den letzten Jahren reden kann, iſt mir
nicht recht verſtändlich.   Man würde der Wahrheit wahrſcheinlich
näher kommen, wenn man von einem Rückgang reden wollte.
Und dieſer Rückgang iſt für uns um ſo ſchmerzlicher, als die Pro=
feſſuren für Kunſtgeſchichte und Äſthetik keineswegs immer einfach
geſtrichen, ſondern zuweilen in philoſophiſche, literarhiſtoriſche, hiſto=
riſche oder gar naturwiſſenſchaftliche verwandelt werden.   So ſehr
betrachtet man die Kunſt an der Univerſität als etwas Überflüſſiges.
Dabei iſt noch beſonders zu beachten, daß mehrere dieſer Univerſitäten,
z. B. Göttingen, Halle, Würzburg, Kiel, Tübingen, Heidelberg,
Gießen teils aus älterer teils aus neuerer Zeit ſehr wertvolle Samm=
lungen von Gemälden, Kupferſtichen, Handzeichnungen u. ſ. w. be=
ſitzen.   Man hält es in den anderen Fächern für ſelbſtverſtändlich,
daß der Verwalter einer ſolchen Sammlung erſtens Fachmann und
zweitens Ordinarius ſein müſſe.   Bei der Kunſt macht man
eine Ausnahme.   Eine Kunſtſammlung iſt ein Inſtitut, deſſen
Direktion [man irgend einem Profeſſor im Nebenamt übertragen
kann, oder zu deren Verwaltung man auch einen Extraordinarius
zuläßt.   Daß derartige Sammlungen, angemeſſen reorganiſirt und
der Benutzung zugänglich gemacht, ein außerordentlich wertvolles
Material für die künſtleriſche Volkserziehung bilden würden, be=
denkt man in den meiſten Fällen nicht.

Thatſächlich liegen die Verhältniſſe gegenwärtig ſo: Von 21
deutſchen Univerſitäten beſitzen nur 5 Ordinariate für Kunſtgeſchichte,
nämlich Berlin, Bonn, Leipzig, Münſter, Straßburg, eine, nämlich
Freiburg i. Br. hat wenigſtens in der theologiſchen Fakultät einen
Kunſthiſtoriker unter den ordentlichen Profeſſoren, an vieren wirken

besoldete Extraordinarien, nämlich in Breslau, Königsberg, Göttingen und München. Eine außeretatsmäßige Vertretung durch einen Extraordinarius findet in Heidelberg statt, gar keine Vertretung in Erlangen, Gießen, Greifswald, Halle, Jena, Kiel, Marburg, Rostock, Tübingen und Würzburg. Nur an einer dieser Universitäten (Würzburg) ist ein Privatdozent für Kunstgeschichte habilitirt, ausnahmsweise liest auch wohl ein Archäologe oder Historiker oder Theologe hie und da ein Kolleg über mittelalterliche oder neuere Kunst.

Nun kann man ja allerdings — auch von den letzteren Fällen abgesehen — nicht behaupten, daß an denjenigen Universitäten, die keine besonderen kunsthistorischen Professuren haben, überhaupt nicht über Kunst gelesen werde. Denn sowohl der Archäologe als auch der Philosoph, soweit er Ästhetiker ist, muß seine Vorlesungen auch auf Kunst ausdehnen. Aber ich bestreite, daß dies für die Verbreitung einer allgemeinen künstlerischen Bildung in dem Sinne, wie wir sie fordern müssen, ausreicht. Das was man heutzutage unter Archäologie versteht, ist nur zum Teil Beschäftigung mit der Kunst der Alten. Es gibt große Gebiete der Archäologie, z. B. alte Geographie, Topographie, Epigraphik und Münzkunde, in denen von Kunst überhaupt nicht oder wenigstens nicht an erster Stelle die Rede ist. Bei vielen Archäologen überwiegt das antiquarische oder philologische Interesse, die meisten fassen selber ihre Wissenschaft — und zwar mit Recht — als einen Teil der Philologie auf. Und auch in den Fällen, wo sie den Schwerpunkt auf die ästhetische Seite legen, ist es selbstverständlich, daß sie ihren Zuhörern keine Kenntnis vom Wesen der Kunst überhaupt, sondern eben nur von dem der antiken Kunst mitteilen. Der Ästhetiker aber, besonders derjenige, welcher der älteren Schule angehört, steht selber viel zu wenig im künstlerischen Leben drin und wird auf die Anschauung, auf die Erziehung zum praktischen Kunstverständnis, viel zu wenig Wert legen, als daß seine Thätigkeit die des Kunsthistorikers ersetzen könnte.

So besteht also die Thatsache, daß an der Hälfte der deutschen Universitäten den Studenten überhaupt keine Gelegenheit geboten wird, sich über neuere Kunst zu unterrichten, sich eine planmäßige Anschauung bedeutender Kunstwerke zu erwerben. Über 8000

15

Studenten liegen in Deutschland alljährlich ihren Studien ob, ohne,
selbst wenn sie es wollten, im Stande zu sein, sich durch das Hören
kunstgeschichtlicher Vorlesungen ein Urteil über künstlerische Fragen,
eine Kenntnis der Kunstentwicklung zu verschaffen.

Diese Thatsache wiegt nun aber in der Kunstgeschichte ganz
besonders schwer. Denn während man in den meisten anderen Fächern
sich allenfalls durch Selbststudium weiterhelfen kann, ist das in
der Kunstgeschichte einfach unmöglich. Die Kunstgeschichte verlangt
vor allen Dingen Anschauung. Ein Lesen kunstgeschichtlicher Bücher
ohne gleichzeitige Anschauung der Werke, die in denselben besprochen
werden, führt zu gar keinem Resultat. Vor allen Dingen sind
stilgetreue Photographien bei diesen kunsthistorischen Studien ein
unentbehrliches Hilfsmittel. Diese aber besitzen in größerer Zahl nicht
Privatleute, sondern nur öffentliche Institute. In dem lebendigen
Zusammenwirken der Anschauung und der historischen Belehrung
beruht der eigentliche Segen des kunstgeschichtlichen Unterrichts.

Das Bedürfnis nach einer Vertretung der Kunstgeschichte ist
natürlich besonders groß an denjenigen Universitäten, die sich in
Städten mit künstlerischer Anregung oder in der Nähe von solchen
befinden. Natürlich wird dort auch das künstlerische Interesse unter
der Studentenschaft am größten sein. Man denke sich nur die
Anregung, die dem Studenten in Städten wie Berlin, Wien oder
München, ja selbst Leipzig oder Breslau durch die Museen geboten
wird, wie in Bonn und Straßburg die Nähe der großen rheinischen
Dome belebend auf den Unterricht einwirken muß. Aber auch kleinere
Universitäten stehen in dieser Beziehung nicht zurück. Was soll es
heißen, wenn der Student in Würzburg die interessantesten Denk=
mäler der mittelalterlichen und modernen Baukunst und Bildhauerei
teils in der Stadt teils in ihrer Umgebung fortwährend vor Augen
hat, ohne daß ein Professor der Kunstgeschichte sie ihm erklären
könnte? Was soll man dazu sagen, daß in Erlangen eine Kunst=
stadt wie Nürnberg gewissermaßen vor den Thoren liegt, ohne daß
der Student Gelegenheit fände, ein Kolleg über Nürnberger Kunst
zu hören und unter sachkundiger Führung Ausflüge nach Nürn=
berg zu unternehmen? Wie kann man es rechtfertigen, daß in einer
Universität wie Tübingen die Kunstschätze der benachbarten Haupt=
stadt und all die herrlichen Stätten der schwäbischen Kunst, die von

dort so leicht zu erreichen sind, dem Studenten nicht in regelmäßigen Exkursionen vor Augen geführt werden, daß in Jena der reiche Inhalt des Weimarer Museums und die mittelalterlichen Bauten von Erfurt, Bürgel, Naumburg u. s. w. dem Studenten so gut wie ganz verschlossen bleiben? Ich meine, wo solche Zustände herrschen, sollte man es unterlassen, von einer Blüte des kunstgeschichtlichen Studiums zu reden.

Und selbst dort, wo das Fach vertreten ist, wie steht es da mit den äußeren Mitteln, die ihm zur Verfügung gestellt werden? Wenn in der Kunstgeschichte wirklich die Anschauung die Hauptsache ist, so scheint die erste Bedingung für eine Blüte des Faches doch das Vorhandensein eines genügenden kunsthistorischen Anschauungsmaterials zu sein. Nun besitzen ja allerdings diejenigen Universitäten, an denen die Kunstgeschichte eine Vertretung findet, auch Sammlungen von Photographien, Stichen, Lithographien, Holzschnitten u. dgl. Doch sind, soviel ich weiß, nur zwei von ihnen (in Leipzig und Straßburg) so reich und vielseitig entwickelt, daß sie eine ziemlich vollständige Illustration zu allen Vorlesungen, die der Dozent etwa halten könnte, bieten. Die übrigen sind durchweg unvollständig, teilweise sogar erst im Entstehen begriffen. Die Mittel, die ihnen zur Verfügung gestellt werden, betragen jährlich 300—800 Mark, nur in Ausnahmefällen mehr. In der Regel muß von dieser Summe noch die Ergänzung einer Handbibliothek, die Beaufsichtigung, Reinigung u. s. w. der Sammlung bestritten werden. Wenn man nun bedenkt, daß eine Braunsche oder Hanfstängelsche Photographie von der Größe, wie sie sich für die Benutzung in Vorlesungen eignet, durchschnittlich 10 Mark kostet, daß die Zahl der allein von Braun photographirten Blätter nach Rafael sich im ganzen auf ca. 500 beläuft, so wird jeder Leser einsehen, daß von der Anschaffung eines auch nur einigermaßen vollständigen wissenschaftlichen Materials bei diesen Apparaten nicht die Rede sein kann. Wenn ein Dozent das Bedürfnis fühlt, sämtliche Epochen der Kunstgeschichte in seinen Vorlesungen zu behandeln, wird er fortwährend in Verlegenheit geraten, wo er das Anschauungsmaterial dazu hernehmen soll. Dabei ist immer noch anzuerkennen, daß besonders in Preußen, Baden und Sachsen neuerdings manches für Einrichtung kunsthistorischer Apparate oder Reorganisation älterer

15*

schon vorhandener Sammlungen gethan worden ist. Aber man
ist dabei nicht immer von den richtigen Grundsätzen ausgegangen.
Wie wäre es sonst möglich, daß z. B. eine Universität wie Berlin
bis vor kurzem überhaupt keinen kunsthistorischen Apparat besaß, ja
daß die im Kolleg gebrauchten Blätter noch jetzt zum großen Teil
leihweise von einer dortigen Kunsthandlung zur Verfügung gestellt
werden müssen (!). Wahrscheinlich hat man dies mit dem Vorhandensein von öffentlichen Museen in der Hauptstadt begründen
wollen. Als ob öffentliche Museen und Kupferstichkabinette einen
kunstgeschichtlichen Apparat ersetzen könnten! In solchen Sammlungen
kann man wohl eine Reihe von Kunstwerken rundgangweise erklären, nicht aber zusammenhängende Vorlesungen über die Geschichte
der Kunst halten. Diese gehören vielmehr in die Universitäts-
räume selbst, und der Dozent muß dabei einen nur für ihn und
seine Schüler zur Verfügung stehenden Apparat bei der Hand
haben, dessen Blätter er im Kolleg selbst vorzeigen kann, indem
er während der Beschreibung und Erklärung immer gleich den
Finger darauf legt.

Ganz verkehrt wäre es, die Bewilligung von Mitteln für
kunsthistorische Apparate von der zufälligen Zahl der Studenten
abhängig zu machen, die an der betreffenden Universität kunstgeschichtliche Vorlesungen hören. Eine solche Sammlung kann besonders an kleineren Universitäten, wo sonst jede künstlerische Anregung fehlt, noch in viel weiteren Kreisen Nutzen stiften, als blos
in denen der Studenten. So habe ich schon früher in Jena, dann
in meinen letzten Semestern in Göttingen, nachdem das Ministerium
mir in freigebiger Weise die Mittel zur Reorganisation der dortigen
Kupferstichsammlung bewilligt hatte, mehrere Ausstellungen von
Photographien, Kupferstichen und Radierungen nach Dürer, Rembrandt, Rafael und Michelangelo veranstaltet, die nicht nur von
Studenten, sondern auch von den gebildeten Familien der Stadt
eifrig besucht wurden. Die Verpflichtung, solche Ausstellungen
zu veranstalten, wird jeder Direktor einer größeren Sammlung
fühlen, und dadurch wird er, selbst wenn der Besuch seiner Vorlesungen nur gering sein sollte, immerhin für die künstlerische Bildung weiterer Kreise wirken können. Denn darüber täusche man
sich nur ja nicht, das Publikum will in künstlerischer Beziehung

angeregt sein. Es verlangt nicht von sich aus nach Anschauung, aber
es benutzt sie gern, wenn man sie ihm bietet. Ich habe mich
immer darüber gewundert, wie wenig die Mappen selbst unserer
größten öffentlichen Kupferstichkabinette, z. B. derjenigen in Berlin
und Dresden, benutzt werden. Die meisten Leute scheuen eben das
Suchen, Fragen und Bitten, während sie sich eine Ausstellung,
bei der sie selber nichts zu thun haben, gern gefallen lassen. Solche
Ausstellungen aber kosten Geld. Man braucht dazu Räume,
Aufsichtspersonal, Pulte, Rahmen u. s. w., und wie soll das alles
aus den geringen Fonds dieser Apparate bestritten werden!

Daß ein Apparat möglichst vielseitig entwickelt sein muß,
ist selbstverständlich. Es kommt nicht darauf an, daß von einzelnen Schulen oder Meistern sämtliche Bauten, Statuen und Bilder,
die photographirt sind, auch diejenigen zweiten und dritten Ranges,
vollständig vorhanden seien, so daß man über diese Gebiete Spezial-
studien machen kann, wohl aber darauf, daß die Meister ersten
Ranges eine möglichst vollständige Vertretung finden, die
übrigen wenigstens eine in charakteristischen Beispielen. Der Gesichtspunkt der allgemeinen Anregung, der Wirkung auf möglichst
weite Kreise sollte bei der Anschaffung bestimmend sein. Bücher,
in denen der Text die Hauptsache bildet, und die der Regel nach
schon von anderen Bibliotheken gekauft werden, sollte man nicht
anschaffen, wohl aber wo möglich alle erscheinenden Tafelwerke
und die wichtigeren Serien photographischer Aufnahmen. Aber
wie weit sind wir bis jetzt noch davon entfernt, dieses wenn auch
beschränkte Programm durchführen zu können! Ich glaube, es
giebt kaum einen Direktor eines solchen Apparates, der nicht mit
den größten finanziellen Schwierigkeiten zu kämpfen hätte. Wir
wissen wohl, daß die Kultusministerien den besten Willen haben,
uns zu helfen, aber da steht im Hintergrunde der unbequeme
Kollege, der Finanzminister, der das hindert. Nun, wir sind weit
davon entfernt, die chemischen und physikalischen Laboratorien, die
naturwissenschaftlichen Sammlungen und die Kliniken um die
kolossalen Mittel, die man ihnen jährlich zur Verfügung stellt,
zu beneiden: Sie brauchen diese Mittel und benutzen sie ja auch
zum Besten der Studenten und der leidenden Menschheit. Auch
kann man ihre Bedürfnisse gar nicht direkt mit denen der kunst-

historischen Apparate vergleichen. Wohl aber wollen wir, daß diese
mit den analogen Instituten, z. B. archäologischen Sammlungen,
philologischen und mathematischen Seminaren auf eine Stufe
gestellt werden. Davon sind wir aber noch weit entfernt. Und
dies entspricht durchaus der allgemeinen Vernachlässigung, der sich
die neuere Kunst in unserer Erziehung erfreut. Man zähle nur
zusammen, was z. B. in Deutschland alljährlich für die Ausbildung
junger Archäologen verwendet wird. Die archäologischen Professuren
sind viel zahlreicher, die archäologischen Universitäts-Sammlungen
viel zahlreicher und besser dotirt als diejenigen für neuere Kunst=
geschichte. Archäologische Reisestipendien werden in Deutschland
jährlich fünf zu 3000 Mark verteilt, vier von ihnen sind für
klassische Archäologen bezw. Philologen bestimmt, eines für einen
Theologen, der sich mit altchristlicher (nicht mittelalterlicher und
moderner) Kunst beschäftigt. Ferienkurse für Lehrer, offizielle Ausflüge
nach Italien und Griechenland werden bisher nur zu archäologischen
Zwecken veranstaltet. Ein archäologisches Institut, mit Abzweigungen
in Rom und Athen, besitzen wir zwar, nicht aber ein kunsthisto=
risches. Kunsthistorische Stipendien werden nur ausnahmsweise
von Seiten des Staates, im übrigen nur auf Grund von Privat=
stiftungen verteilt. Besoldete Assistentenstellen für Studenten oder
junge Doktoren giebt es wohl an archäologischen, nicht aber an
kunsthistorischen Sammlungen. Auch hier können wir also beob=
achten, daß, während man es an Museen, Ausstellungen, In=
ventarisirungen u. s. w. nicht fehlen läßt, die künstlerische Er=
ziehung der Jugend, also das, was eigentlich die Grundlage für
alles andere bilden müßte, keine entsprechende Pflege findet. Es
ist eine alte Wahrheit, daß nur derjenige etwas durchsetzt, der sich
immer und immer wieder meldet. Und wir werden uns melden
und immer wieder melden, solange in unseren Finanzministerien
noch nicht die Anschauung durchgedrungen ist, daß Ausgaben für
die künstlerische Erziehung des Volkes ein Kapital sind, das im
Laufe der Jahre tausendfache Zinsen trägt.

Das wäre die äußere Seite der Frage. Wie steht es mit
der inneren, das heißt mit dem Betriebe, den der kunsthistorische
Unterricht an unseren Universitäten findet? Hier heißt es vor
allen Dingen aufrichtig sein und Thatsachen nicht verheimlichen,

die uns Kunsthistorikern vielleicht unangenehm sein mögen, deren
Feststellung aber doch vielleicht der guten Sache etwas nützen kann.
Da muß denn zunächst konstatirt werden, daß der Besuch der
kunsthistorischen Vorlesungen, abgesehen von den Universitäten der
großen Städte, wo es an äußeren Anregungen für Kunst nicht
fehlt, verhältnismäßig sehr gering ist, ja daß das Interesse der
Studentenschaft für dieses Fach von Jahr zu Jahr abnimmt. Der
Grund für diesen Rückgang liegt allerdings zum Teil an äußeren
Verhältnissen, das geht schon daraus hervor, daß selbst Dozenten
von der Bedeutung Springers in ihren letzten Jahren davon betroffen wurden. Ich erkenne ihn vor allem in der von Jahr zu Jahr
sich steigernden Vernachlässigung des Kunstunterrichts an unseren
Gymnasien. Man wundert sich über den geringen Besuch der
kunsthistorischen Vorlesungen. Wenn man sich aber der Art und
Weise erinnert, wie auf unsren Gymnasien das Zeichnen seit einiger
Zeit betrieben wird, so hat man eher Veranlassung, sich darüber
zu wundern, daß solche Vorlesungen überhaupt noch gehört werden,
daß es unter den Studenten überhaupt noch solche giebt, die sich
für Kunst interessiren. Ein zweiter Grund liegt, wie ich glaube,
in der äußeren Stellung des Faches an unsren Universitäten.
Sehr viele unserer Studenten sind — das läßt sich nun einmal
nicht läugnen — Banausen. Als Lotze in Göttingen aus der
Examenskommission austrat, sank seine Zuhörerzahl sofort
von ca. 60 auf ca. 16! Dies mußte einem Manne passiren, der
als einer der bedeutendsten Dozenten seiner Zeit gefeiert wurde.
De Lagarde hat einmal behauptet, Vorlesungen über Litteratur,
Geschichte und Philosophie würden von der jetzigen Generation der
deutschen Studenten überhaupt nicht mehr der allgemeinen Bildung
halber, sondern nur zu Examenszwecken gehört, weshalb man gut
thue, das Hören solcher Vorlesungen während der ersten Semester,
wenigstens für die Studenten der philosophischen Fakultät, obligatorisch zu machen. Aus ähnlichen Gründen soll ja auch neuerdings
der Gedanke aufgetaucht sein, ob man nicht, um die Beschäftigung
mit den allgemein bildenden Fächern zu erzwingen, ein Zwischen-
examen in ihnen einführen solle. Glücklicherweise verlautet nichts
darüber, daß man zu diesen allgemein bildenden Fächern auch die
Kunstgeschichte zu rechnen beabsichtige. Wir Kunsthistoriker sind immer

gewohnt gewesen, unsere Vorlesungen als freiwillige aufgefaßt zu
sehen. Wer zu uns kam, kam wirklich aus Liebe zur Kunst. Wir
möchten diesen idealen Vorzug der akademischen Lernfreiheit nicht
durch irgend einen Zwang, welcher Art er immer sei, einbüßen.
Wohl aber möchten wir, daß eine Wissenschaft, die genau ebenso
streng und methodisch betrieben wird wie jede andere, die ihr eigenes
selbständiges Forschungsgebiet hat, die sich als unentbehrliches Glied
der Gesamtheit der Wissenschaften einreiht, auch äußerlich mit
ihren Schwestern gleichgestellt werde. Man fahre nur fort, unseren
Studenten zu sagen: das ist eine Wissenschaft zweiten Ranges, für
die haben wir keine Mittel übrig, die muß froh sein, wenn sie
als Aschenbrödel geduldet wird, und man wird sehen, daß selbst
der Idealismus der deutschen Jugend, der ja, Gott sei Dank,
immer noch nicht ausgestorben ist, dem auf die Dauer nicht wider=
stehen kann. Es wird mit der Kunstgeschichte gehen wie mit dem
fakultativen Zeichnen in den oberen Gymnasialklassen, sie wird
allmählich ganz einschlafen.

Es gehören wirklich übermenschliche Anstrengungen der
Vertreter des Faches dazu, um diese Entwicklung aufzuhalten.
Und da entsteht denn die Frage, ob es nicht doch vielleicht auch
ein wenig an uns selber liegt, daß wir so wenig Lehrerfolge auf=
zuweisen haben. Es ist uns neuerdings von sehr hervorragender
Seite der Vorwurf gemacht worden, daß wir unser Augenmerk zu
sehr auf die wissenschaftliche Thätigkeit, auf die Heranbildung von
Spezialisten für Kunstgeschichte, zu wenig auf die allgemeine An=
regung richteten. Das bringe die Gefahr mit sich, daß in einem
Fache, welches so wenig praktische Aussichten biete, eine Überfüllung
mit Spezialisten eintrete, für die man in der Praxis keine Ver=
wendung habe. Und es erhöbe sich unter diesen Umständen geradezu
die Frage, ob wir nicht besser thäten, die Kunstgeschichte an den
Universitäten (abgesehen vielleicht von solchen, die größere Kunst=
sammlungen am Orte hätten) überhaupt nicht durch besondere
Professoren vertreten zu lassen, sondern sie vielmehr mit den Pro=
fessuren für Geschichte, Philosophie oder Ästhetik (je nach der Anlage
oder dem Studium der betreffenden Persönlichkeit) zu verbinden.

Der Urheber dieses Gedankens hat dabei nicht etwa gemeint,
daß die gegenwärtig schon bestehenden kunsthistorischen Professuren

aufgehoben und wieder wie früher mit anderen Professuren ver=
schmolzen werden sollten. Denn er selbst weiß am besten, daß
sich unsere Wissenschaft in den letzten Jahrzehnten zu reich und
vielseitig entwickelt hat, um noch in jener behaglichen Weise neben=
her betrieben werden zu können, wie das früher geschah. Er würde
wohl der letzte sein, der es unseren vielbeschäftigten Historikern,
Archäologen oder Philosophen zumuten wollte, zu ihren anderen
Vorlesungen noch jedes Semester eine solche über Kunst zu halten.
Kunstgeschichtliches Wissen und künstlerische Kritik eignet man sich
heutzutage nicht mehr nebenbei durch Lektüre, sondern nur durch
jahrelanges Reisen und eingehende Studien in den Museen und
Künstlerwerkstätten an, eine Vorbildung, wie sie wohl ein
Historiker oder Philosoph nur in den seltensten Fällen genossen
haben dürfte.

Wohl aber war jener Vorwurf als eine Art Warnung ge=
meint, beim akademischen Unterricht in der Spezialisirung nicht
zu weit zu gehen. Denn das ließ sich kaum leugnen, daß manche
der früheren unzünftigen Dozenten der Kunstgeschichte mit ihren
allgemein anregenden Vorlesungen mehr Erfolge gehabt hatten als
wir mit unserer ganzen Wissenschaft.

Ich habe versucht, mich und die anderen Dozenten der Kunst=
geschichte vor dem Vorwurf der übertriebenen Ausbildung von
Spezialisten etwa vor einem Jahr in einem Artikel der Grenzboten
in Schutz zu nehmen. Doch ist mir dabei das Unglück passirt, grade
bei meinen speziellen Kollegen, wenigstens denjenigen, deren Urteil
über meinen Artikel mir zufällig bekannt geworden ist, keinen Bei=
fall zu finden. So groß die Übereinstimmung war, die meine
Anschauungen in weiten Kreisen, auch da, wo ich es nicht erwartet
hatte, fanden, so kühl stellte man sich ihm in den Kreisen der aka=
demischen Kunsthistoriker gegenüber. Es scheint also, daß ich mich
nicht klar genug ausgedrückt habe, — oder daß es sich hier in der
That um einen Gegensatz handelt, dessen Schärfe mir früher, da
ich den Lehrbetrieb meiner Kollegen nicht aus eigener Anschauung
kannte, nicht klar zum Bewußtsein gekommen ist. Das veranlaßt
mich, auf diesen Punkt hier noch einmal näher einzugehen.

Zunächst muß dabei eine Vorfrage erledigt werden. Wie
groß ist etwa alljährlich der Bedarf an wissenschaftlich gebildeten

Kunsthistorikern in Deutschland? Beginnen wir mit der aka=
demischen Karriere. Universitätsprofessuren für Kunstgeschichte, die
einen Mann mit Familie ernährten — natürlich einschließlich der
mäßigen beim Professor nun einmal unentbehrlichen Vermögens=
zinsen — giebt es in Deutschland vielleicht vier. Bei den übrigen
dürfte der Gehalt grade für einen einzelnen Mann ausreichen.
Dazu kommen neun Professuren an Polytechniken, die leidlich gut
gestellt sind, während an den paar Kunstakademien das Fach der
Regel nach nur im Nebenamt verwaltet wird. Wenn man nun
bedenkt, daß diese Stellen zum großen Teil mit jüngeren Leuten
besetzt sind, daß z. B. seit sieben Jahren erst jetzt wieder zum ersten
Mal eine Vakanz mit daran sich anknüpfender Schiebung eingetreten
ist, daß gegenwärtig an deutschen Universitäten nicht weniger als
acht unbesoldete Extraordinarien und Privatdozenten für Kunst=
geschichte thätig sind (ganz abgesehen von denen, die in Österreich
und der Schweiz wirken), so wird man zugeben müssen, daß die
Aussichten in der akademischen Karriere gegenwärtig sehr gering
sind. Etwas besser mag es in der Museumskarriere stehen, wo
die genügend besoldeten Direktorstellen sich auf etwa 15 belaufen
mögen. Aber auch diese sind zum großen Teil mit jüngeren
Kräften besetzt, und bei jeder Vakanz erscheinen so viele Bewerber,
daß die Aussichten des einzelnen auf eine solche Stelle ganz
verschwindend sind. Bei den in den letzten Jahren stattgehabten
Besetzungen von Museumsdirektionen sind zuweilen nicht weniger
als 50 Leute der allerverschiedensten Berufskreise als Bewerber
auf den Plan getreten, Kunsthistoriker, Historiker, Archäologen,
Architekten, Bildhauer, Maler, Journalisten, Lehrer, Dozenten der
Naturwissenschaften, Offiziere a. D u. s. w. Und selbst wenn sich
mit der Zeit die Überzeugung Bahn brechen sollte, daß man, um
ein Kunstmuseum leiten zu können, etwas von Kunst verstehen
müsse, würde z. B. seitens der zahlreichen Assistenten und Hilfs=
arbeiter der verschiedenen Museen der Andrang so groß sein, daß
man auf solche Aussichten hin wirklich keinem Studenten den Rat
erteilen kann, die Kunstgeschichte als Brotfach zu wählen. Man
kann sich ja an den Fingern abzählen, daß, wenn in Deutschland
auch nur ein einziger Kunsthistoriker jährlich von der Universität

in die Praxis überträte, der Bedarf noch auf Jahre hinaus ge=
deckt sein würde.

Derartige Erwägungen haben mich seit langer Zeit dazu
geführt, solchen Studenten, die mir den Wunsch aussprachen, zur
Kunstgeschichte umzusatteln, lebhaft davon abzuraten. Es ist mir
das in Göttingen etwa fünf= oder sechsmal passirt, bei Theologen,
Mathematikern, Archäologen, sogar Landwirtschaftlern. Nur wo
reichliche pekuniäre Mittel vorhanden zu sein schienen und wieder=
holtes Abraten nichts nützte, ergab ich mich in das Unvermeidliche.
Ich habe aber während meiner im ganzen 8½ jährigen Dozenten=
thätigkeit in Jena und Göttingen nur fünf Zuhörer gehabt, die
sich später dauernd der Kunstgeschichte gewidmet haben oder zu
widmen denken. Und grade bei diesen kann mich kein Vorwurf
treffen, sie zu diesem Fache herübergezogen zu haben. In Kunst=
geschichte als Hauptfach habe ich während dieser Zeit nur einen,
in Kunstgeschichte als Nebenfach nur zwei Doktoranden geprüft.

Ob freilich solche Verhältnisse für die weitere Entwicklung
des Faches und für die frische und energische Wirksamkeit seiner
Vertreter besonders günstig sind, ist eine andere Frage. Es liegt
auf der Hand, daß sich eine Wissenschaft nur mühsam und stoß=
weise entwickeln kann, in der man den jungen Nachwuchs grade zu
mit Gewalt zurückhalten muß. Aber die Welt ist nun einmal
nicht immer so, wie sie sein sollte, und wir werden gut thun, mit
den bestehenden Thatsachen zu rechnen. Vielleicht, daß sich im
Zusammenhang mit der ganzen von mir befürworteten Reform
auch diese Verhältnisse in Zukunft günstiger gestalten werden als
bisher und unser Fach dann auch in wissenschaftlicher Beziehung
durch den Zuzug neuer Kräfte einen großartigen Aufschwung
nehmen wird.

Von der Ausbildung kunsthistorischer Spezialisten soll hier,
wo es sich um die allgemeine künstlerische Bildung handelt, nicht
die Rede sein. Es genüge die Bemerkung, daß dieselben natur=
gemäß, auch ohne daß ein bestimmter Zwang stattfindet, einen
Teil ihrer Studienzeit an einer größeren künstlerisch anregenden
Universität zubringen werden. Das wird am meisten für die
späteren Semester gelten, während die früheren mehr für die
grundlegenden Fächer, Geschichte, Archäologie u. s. w. zu verwenden

wären. Da eine eigentliche kunsthistorische Karriere gegenwärtig
nur in Preußen möglich ist, werden die wenigen jüngeren Spezialisten, die das Doktorexamen in Kunstgeschichte machen wollen,
sich ganz von selbst immer mehr in Berlin konzentriren. Der
normale Fall würde also der sein, daß derjenige Dozent, der in
diesem Fache am meisten „Schule" machte, in Berlin seine Wirksamkeit aufschlüge und thatsächlich den jungen Nachwuchs in erster
Linie in die Geheimnisse der Wissenschaft einweihte. Man hat
dagegen wohl eingewendet, daß eine solche Zentralisation der
Wissenschaft zum Schaden gereichen müsse. Ich glaube aber, wir
brauchen uns darüber keine grauen Haare wachsen zu lassen. Abgesehen davon, daß diese jungen Spezialisten ja doch die ersten
Semester ihres Studiums meistens auf einer kleineren Universität
zubringen werden, ist auch unter den jetzigen akademischen Dozenten
des Faches keiner, der in der Lage wäre, etwa in dem Sinne
wie Springer Schule zu machen. Und grade in Berlin, wo zwei
(oder mit der technischen Hochschule sogar drei) Professuren für Kunstgeschichte bestehen und außerdem noch am Museum die tüchtigsten
Kunstkenner Deutschlands wirken, würde die Gefahr einer einseitigen Schulentwicklung von vorn herein ausgeschlossen sein. Dazu
kommt, daß der Kampf gegen die Zentralisation der Wissenschaft,
so berechtigt er sonst sein mag, grade in der Kunstgeschichte wenig
am Platze ist, da ja schon das wissenschaftliche Material für
kunstgeschichtliche Arbeiten, abgesehen etwa von München nur in
Berlin so vollständig vorhanden ist, daß man eine wissenschaftliche
Arbeit am Orte selbst zu Ende führen kann. Es wäre ja sicher
besser und für die Entwicklung unser Wissenschaft günstiger, wenn
wir statt einer Universität dieser Art vielmehr 5- 10 in Deutschland hätten. Da das aber nicht der Fall ist, so wird man auch
hier gut thun, sich mit dem abzufinden, was nun einmal möglich ist.

Aus diesen Thatsachen ergibt sich nun mit zwingender Notwendigkeit, daß die Kunstgeschichte an allen Universitäten außer
Berlin (und etwa München) nicht als gelehrtes, sondern als allgemein bildendes Fach betrieben werden muß. Das geht übrigens
auch schon daraus hervor, daß der Dozent der Kunstgeschichte bei
seinen Zuhörern so gut wie nichts voraussetzen kann. Der Pro-

fessor der Theologie und Jurisprudenz, der Philologe und Historiker, der Mathematiker und Naturwissenschaftler, sie alle haben
Studenten vor sich, die schon etwas von den Dingen, über die
in den Vorlesungen gehandelt wird, gehört haben, ja die selbst
wiederum Fachleute werden wollen. Sie können folglich in die
Details ihrer Wissenschaft hineingehen, den ganzen wissenschaftlichen
Apparat, der zur Begründung ihrer Behauptungen nötig ist, herbeiziehen, sie reden als Fachleute zu Fachleuten.

Ganz anders der Kunsthistoriker. Er spricht über ein Gebiet,
das den meisten seiner Zuhörer fremd ist. Diese haben der Regel
nach auf der Schule nicht einmal zeichnen gelernt, geschweige denn
sich eine Anschauung von den verschiedenen künstlerischen Techniken,
eine Kenntnis, wie ein Kunstwerk zu Stande kommt, erworben.
Sie wollen auch selbst gar keine Spezialisten werden — im besten Falle
sitzen vielleicht ein bis zwei spätere Spezialisten unter ihnen. Ein
kunsthistorisches Auditorium setzt sich vielmehr aus allen Fakultäten
zusammen. Theologen, Germanisten und Historiker bilden die
Mehrzahl, daneben fehlen auch Philosophen, Juristen, Mediziner und
klassische Philologen nicht. Sie alle wollen keine Spezialkenntnisse
erwerben, sondern künstlerische Anregung mit nach Hause nehmen.

Nun denke man sich einem solchen Auditorium gegenüber
einen Dozenten, der mit dem schweren Geschütz wissenschaftlicher
Beweisführung anrückt; der mit der bekannten Gründlichkeit des
deutschen Gelehrten keine Einzelheit wegläßt, seine Zuhörer zwingt,
jedes wissenschaftliche Problem in größter Umständlichkeit mit zu
durchdenken. Ich erinnere mich vor Jahren einmal von einem
Kollegen gehört zu haben, daß er ein mehrstündiges Kolleg über
Rafael gelesen habe und dabei nur mit der Jugend seines Helden
fertig geworden sei. Damals staunte ich das als den höchsten
Gipfel der Weisheit an. Jetzt weiß ich, daß es schwerer ist, das
Leben eines bedeutenden Meisters in 15 Stunden zusammenzu-
drängen, als es in 30 bis 60 auseinanderzuzerren. Und es ist nicht nur
schwerer, sondern vor allen Dingen auch anregender für die Zuhörer.

Diese Sucht, ins Detail zu gehen, verrät sich schon in der
Auswahl der Vorlesungen. In früheren Zeiten lasen die Vertreter
des Faches in erster Linie große zusammenfassende Vorlesungen:
Allgemeine Geschichte der Kunst oder Ästhetik. Das hat jetzt längst

aufgehört. Man lieſt Geſchichte der altchriſtlichen Kunſt, Geſchichte
des chriſtlichen Kirchenbaues, Geſchichte der holländiſchen Malerei,
des Holzſchnitts und Kupferſtichs, der italieniſchen Frührenaiſſance,
der deutſchen Malerei des 16. Jahrhunderts u. ſ. w. Alle dieſe
Vorleſungen haben ihre gute Berechtigung an einer Univerſität
wie Berlin oder München, wo die künſtleriſche Anregung ſehr groß
iſt, in der Regel auch einige Spezialiſten unter den Studenten
vorhanden ſind. Aber an einer kleinen Univerſität? Glaubt man
da mit ſolchen Spezialvorleſungen dem Bedürfnis der Studirenden
aus allen Fakultäten entgegenzukommen? Wer kunſtgeſchichtliche
Vorleſungen der allgemeinen Bildung wegen hört, der will nicht
Bruchſtücke der Kunſtgeſchichte, ſondern die ganze Geſchichte der
Kunſt; der will nicht eine Aufzählung von Künſtlern und Kunſt=
werken zweiten und dritten Ranges, ſondern eine Charakteriſtik der
Hauptepochen und Hauptmeiſter; nicht eine verwirrende Menge
von Einzelheiten, ſondern eine Schilderung der Stilarten und der
künſtleriſchen Richtungen. Wie viele Studenten ſind es denn, die
neben ihren anderen Arbeiten Zeit haben, einen ganzen kunſtge=
ſchichtlichen Kurſus von 5 oder 6 Semeſtern durchzuhören? Ich
habe deren zwar einige, aber doch nur ſehr wenige gefunden.
Man kann ja nichts dagegen ſagen, daß ein junger Dozent, um
ſich erſt einmal in die verſchiedenen Gebiete einzuarbeiten, derartige
Spezialvorleſungen lieſt, und ich habe das ſelbſt früher gethan.
Ein älterer ſollte ſich gewöhnen, den Stoff möglichſt zuſammenzu=
drängen und wenigſtens in den 2—4 ſtündigen Privatvorleſungen
nur Überſichten über größere Epochen geben. Thut er das
nicht, nun, ſo kann er ſich eben nicht wundern, wenn der Beſuch
ſeiner Vorleſungen gering iſt. Ein Mann wie Springer, der
überdies an einer Univerſität wie Leipzig wirkte, konnte es ſich
erlauben, abgeſchloſſene Gebiete wie das Mittelalter oder die
Renaiſſance in beſonderen vierſtündigen Vorleſungen zu behandeln.
Wir Jüngere können das nicht, zumal nicht, wenn wir an kleineren
Univerſitäten wirken.

Ein weiterer Unterſchied des jetzigen Betriebes von dem früheren
beſteht darin, daß die älteren Dozenten häufig auch ein Kolleg
über Äſthetik laſen, während dies jetzt faſt vollſtändig aufgehört hat.
Es hängt dies mit der Entwicklung unſerer Wiſſenſchaft zuſammen.

Während sie früher allerdings ihre wichtigsten Anregungen von der Philosophie und Ästhetik, besonders der Hegelschen empfangen hatte, hat sie sich neuerdings von diesen Banden vollkommen befreit. Und nun ist, wie das so zu gehen pflegt, das Tischtuch zwischen ihr und der früheren Genossin um so gründlicher zerschnitten worden. Es ist besonders interessant, in der Selbstbiographie Springers nachzulesen, wie sich dieser Hauptvertreter der historischen Schule unter den neueren Kunsthistorikern, der in seiner Jugend auch unter dem Einfluß der Hegelschen Philosophie gestanden, allmählich von den Junghegelianern, z. B. Fr. Th. Vischer losgesagt hat. Gegenwärtig herrscht fast durchweg in Kunsthistorikerkreisen eine ausgesprochene Abneigung gegen Ästhetik. Diese Abneigung geht soweit, daß z. B. Thausing einmal gesagt hat, er könnte sich recht gut eine Geschichte der Kunst denken, in der das Wort „schön" überhaupt nicht vorkäme. Denken kann man sie sich schon. Es fragt sich nur, ob sie dann überhaupt noch einen Zweck hat. Denn das kann doch unmöglich die Aufgabe der Kunstgeschichte sein, Einzelheiten aus dem Leben der Künstler urkundlich festzustellen, die historische Entstehung möglichst vieler Kunstwerke zu verfolgen, möglichst viel Zahlen und Namen zu eruiren, um schließlich zu sagen: Basta, so ist es thatsächlich gewesen; ob das was diese Künstler gemacht haben, schön ist, auch für uns noch schön ist, für uns noch einen Gefühlswert hat, ist vollständig gleichgiltig. Genug, daß es jene Künstler selbst für schön hielten. Auch dieser Standpunkt ist wiederum äußerst bezeichnend für unsere einseitig historische Auffassung. Früher faßte man die Geschichte, sowohl die politische wie die künstlerische, mit dem Gefühl auf. Jetzt konstatirt man nur Thatsachen. Man hat das Wort aufgebracht, die Geschichte habe die Ereignisse weder zu belachen, noch zu beweinen, sondern einfach zu verstehen. Das Gefühl wird zum Verstande destillirt. So erklärt sich die Reaktion, die jetzt wieder nach der Seite des Gefühls hin sich geltend macht. Sie wird auch in der Kunstgeschichte nicht ausbleiben. Auch die Kunstgeschichte wird wieder mit der Ästhetik in engere Verbindung treten, und jeder Dozent sollte das Seinige thun, um diese Entwicklung zu befördern.

Wenn wir von Ästhetik sprechen, so meinen wir damit freilich nicht die alte spekulative Ästhetik, die es hauptsächlich auf dia-

lektiſche Entwicklung der Definitionen und auf die Einreihung des
„Schönen" in das ganze Gebiet der philoſophiſchen Erkenntnis ab=
geſehen hatte, ſondern vielmehr eine Kunſtlehre auf pſychologiſcher,
techniſcher und hiſtoriſcher Grundlage. Die Äſthetik, die wir für
berechtigt halten, fragt nicht nach dem Begriffe des „Schönen", wie
es ſich in den verſchiedenſten geiſtigen Gebieten offenbart. Mag
es immerhin für den Philoſophen intereſſant ſein, alle dieſe ver=
ſchiedenen Äußerungen des Schönen, in der Kunſt, in der Natur,
im Innern des Menſchen unter einen gemeinſamen Geſichtspunkt
zu bringen. Unſer Ehrgeiz geht ſo weit nicht. Wir ſind der
Überzeugung, daß das Schöne im ethiſchen Sinne etwas prinzipiell
Verſchiedenes iſt von dem Schönen im äſthetiſchen Sinne, daß das
Schöne in der Natur und das Schöne in der Kunſt ſchlechterdings
nicht in einen Topf geworfen werden darf. Und da wir dieſer
Überzeugung ſind, fragen wir auch nicht nach dem Schönen über=
haupt, ſondern nur nach dem Schönen in der Kunſt. Wir ſuchen
den Begriff „Kunſt" zu entwickeln — was viel ſchwerer iſt, als
man gewöhnlich denkt. Wir finden als das gemeinſame Kenn=
zeichen der „höheren" Künſte gegenüber den „niederen" das Moment
der künſtleriſchen Illuſion, des äſthetiſchen Scheines, und wir ſuchen
dieſes Moment nun in den einzelnen Künſten ſyſtematiſch nach=
zuweiſen.

Eine ſolche ſyſtematiſche Einführung in das Weſen der bilden=
den Künſte wird, wie ich aus den Vorleſungsverzeichniſſen ſehe,
nur an ſehr wenigen Univerſitäten geleſen und iſt doch, wie ich mich
ſeit mehreren Jahren überzeugt habe, eines der wichtigſten Bedürf=
niſſe für jeden Studenten. Grade die mangelhafte künſtleriſche
Vorbildung, die unſere Gymnaſien bieten, macht es notwendig,
daß der Dozent in einem beſonderen Kolleg das Weſen der Künſte
in ganz elementarer Weiſe erörtere. Solange wir keinen obliga=
toriſchen Zeichenunterricht in allen Klaſſen des Gymnaſiums haben,
muß wenigſtens in dieſer Weiſe die klaffende Lücke ausgefüllt
werden, welche die Schulbildung nun einmal zu laſſen für gut
findet. Man wird in einem ſolchen Kolleg am beſten vollſtändig
ab ovo beginnen. Denn der Student bringt vom Gymnaſium
thatſächlich nichts von Kunſtanſchauungen mit. Er hat wie ge=
ſagt meiſtens nicht zeichnen gelernt, weiß keinen Holzſchnitt von

einem Kupferstich), kein Tonnengewölbe von einem Kreuzgewölbe, kein Ölbild von einem Aquarell zu unterscheiden. Und wenn er es auch weiß, so kann er doch den Unterschied nicht in Worte fassen, es fehlt ihm an klaren Begriffen von der Technik und den Formen der Kunst. Diese klaren Begriffe sind aber doch offenbar die Vorbedingung für ein Verständnis ihrer historischen Entwicklung. Was nützt es, seinen Zuhörern von der Geschichte der Baukunst zu erzählen, solange sie nicht eine vollkommen klare Anschauung davon haben, was eine Säule, ein Fries, ein Gesims, ein Giebel ist, wie ein Bogen, ein Gewölbe gemauert wird? Was nützt es, ihnen die Geschichte der Plastik vorzutragen, solange sie nicht wissen, wie eine Bronzestatue gegossen, eine Marmorstatue durch Punktiren aus dem Modell hergestellt wird? Was für einen Zweck soll eine Geschichte der Malerei und der vervielfältigenden Künste haben, solange dem Zuhörer der Unterschied einer Radirung und eines Kupferstiches, eines Tempera- und eines Freskobildes nicht aus eigener Anschauung und einer genauen Schilderung der Technik geläufig ist? Alles das kann ja natürlich auch in die historische Darstellung verwebt werden. Allein es ist unmöglich, bei dieser immer wieder von vorn, immer wieder mit den Elementen anzufangen. Der Stoff einer historischen Vorlesung ist meistens so reich, die Zeit ihn zu bewältigen so knapp bemessen, daß man schon aus diesem Grunde gut thut, das rein Technische zu einer besonderen Vorlesung abzuzweigen. Eine zusammenhängende systematische Darstellung dieser Dinge hat überdies den Vorteil, daß das Zusammengehörige auch zusammen behandelt, in Folge dessen auch das Wesen der Kunst klarer und lebendiger veranschaulicht werden kann.

Erst auf einer genauen Schilderung der technischen Prozeduren kann sich nun die Entwickelung der höheren ästhetischen Begriffe aufbauen. Der Zuhörer muß erfahren, daß die künstlerische Form in enger Beziehung zu dem Material und der Art der Bearbeitung steht. Der Zusammenhang von Stil und Technik muß ihm an zahlreichen einzelnen Beispielen klar gemacht werden. Bei der Malerei muß er in das Wesen der Projektion, der Perspektive, der Schattenkonstruktion, der Farbenlehre eingeführt werden. Man wird es dabei natürlich vermeiden, alle diese Disziplinen in

16

der vollen wissenschaftlichen und praktischen Ausführlichkeit zu behandeln, wie es etwa der Professor der Kunstakademie in seinen Vorlesungen thun muß; dazu würde die Zeit schon nicht reichen. Es wird vielmehr nur darauf ankommen, die Grundbegriffe zu entwickeln, in der Art etwa, wie es Brücke in seinen „Bruchstücken zu einer Theorie der bildenden Künste" gethan hat. Erst wenn das geschehen ist, wird der Zuhörer im Stande sein, den wesentlichen Unterschied der Renaissancemalerei von der mittelalterlichen zu verstehen, die wissenschaftlichen Bestrebungen der Renaissancemaler kennen zu lernen, Meister wie Brunelleschi, L. B. Alberti, Leonardo da Vinci und Dürer ihrer Bedeutung nach vollkommen zu würdigen. Ohne diese Vorkenntnisse wird alles, was er von ihnen zu wissen glaubt, Phrase sein. Es ist ja richtig, daß die Grundbegriffe von Projektion, Perspektive, Schattenlehre u. s. w. eigentlich schon auf dem Gymnasium gegeben werden sollten. Aber leider geschieht das nicht, und so sind wir gezwungen, dies auf der Universität nachzuholen.

Natürlich wird man sich nicht damit begnügen, nur die psychologischen und technischen Grundlagen für das Verständnis der bildenden Künste zu geben, sondern man wird vor allen Dingen auch der Thatsache Rechnung tragen, daß die Prinzipien der künstlerischen Darstellung im Laufe der historischen Entwickelung gewechselt haben. Das ist es ja grade, was den Kunsthistoriker vom reinsten Wasser und den Ästhetiker der extremen Richtung von einander trennt. Dieser faßt das Schöne als etwas Absolutes, Allgemeingiltiges, jener als etwas Bedingtes, historisch Gewordenes. Dieser kennt nur die allgemeinen Gesetze des Schönen, die seiner Meinung nach zu allen Zeiten dieselben sind, jener behauptet, daß das Schöne von Jahrhundert zu Jahrhundert wechsele, daß es ein absolut Schönes in der Kunst überhaupt nicht gebe. Beide haben in gewisser Weise Recht, aber beide gehen mit ihren Behauptungen zu weit. In Wirklichkeit liegt die Sache so, daß es allerdings gewisse Gesetze der Kunst giebt, deren allgemeine Giltigkeit unabhängig ist vom Wechsel der Zeiten, von dem verschiedenen Geschmack der Jahrhunderte. Solche Gesetze sind z. B. das der Perspektive in der Malerei, das der Naturwahrheit in den nachahmenden Künsten. Ein Bild ohne Perspektive, d. h. ein solches, in welchem die perspektivischen Gesetze verletzt sind, ist unter allen Umständen

schlecht, mag es entstanden sein, wann es wolle. Man kann natür=
lich den Malern des Mittelalters keinen persönlichen Vorwurf daraus
machen, daß sie diese Gesetze, die in ihrer Zeit unbekannt waren,
nicht beachtet haben, wohl aber wird man die mittelalterliche
Malerei als Ganzes eben wegen der Vernachlässigung dieser Gesetze
auf eine unbedingt niedere Stufe stellen als diejenige der Renaissance.
Man kann die romanischen Bildhauer des Mittelalters nicht per=
sönlich dafür verantwortlich machen, daß ihre Statuen eine geringe
Naturwahrheit zeigen. Wohl aber kann man sagen, daß diese
Kunst nach ihrem absoluten Wert gemessen tiefer steht als diejenige
der frühen Gotik oder der Renaissance.

In diesem Sinne ist die neuerdings in Kunsthistorikerkreisen
vielfach gehörte Behauptung unrichtig, daß alle Epochen der Kunst
eine gleiche ästhetische Berechtigung hätten. Der Kunsthistoriker
der strengen Observanz thut sich nicht wenig darauf zu gute,
daß er alle Epochen als gleichberechtigt behandelt, ja geradezu
für die unvollkommenen und kindlichen Kunstrichtungen eine be=
sondere Vorliebe hat. Solange sich diese Vorliebe nur auf die
wissenschaftliche Forschung erstreckt, ist sie vollkommen berechtigt.
Die Wissenschaft als solche hat allerdings die Aufgabe, Thatsachen fest=
zustellen und zu erklären. Da sich nun in früheren Zeiten die Kunst=
geschichte naturgemäß vorwiegend auf die eigentlichen Blüteepochen
der Kunst konzentrirte, ist es selbstverständlich, daß die heutige
Forschung ihren Stoff mehr in den Epochen der wachsenden und
sich entwickelnden Kunst oder aber in den Epochen des Verfalles
sucht. Aber dieser Gesichtspunkt kann für die Vorlesungen an der
Universität nicht entscheidend sein. Es kommt in den systematischen
Vorlesungen nicht darauf an, z. B. die ästhetischen Gesetze der
Malerei und Plastik so zu formuliren, daß sie allen historischen
Epochen gerecht werden, sondern vielmehr so, daß sie sich mit den=
jenigen der freien und entwickelten Kunst vereinigen lassen. Nur
was die Kunst nach Erlangung ihrer vollkommenen Freiheit ge=
schaffen hat, bildet die historische Grundlage für die Entwickelung
ästhetischer Theorien. Freilich hat auch innerhalb dieses Zeit=
raums das künstlerische Ideal noch vielfachen Wechsel erfahren.
Man vergleiche nur die Stufe Dürer=Rafael mit der Stufe
Rembrandt=Velazquez oder gar Millet=Menzel. Aber hier hat man

es doch in jedem einzelnen Falle mit Kunstweisen zu thun, die innerhalb gewisser historisch begründeter Grenzen etwas absolut Höchstes darstellen. Die mittelalterliche Malerei dagegen, auch noch die Schule der van Eyck, stellt solch ein absolut Höchstes nicht dar. Denn sie zeigt entweder eine Unkenntnis oder eine Befangenheit gegenüber ästhetischen Gesetzen der Malerei, deren allgemeine Giltigkeit einfach nicht bestritten werden kann.

Es wird also die weitere Aufgabe einer wissenschaftlichen Ästhetik sein, in jedem einzelnen Falle, wie er sich aus der systematischen Darstellung ergiebt, darauf hinzuweisen, wie sich die verschiedenen Stufen der reif entwickelten Kunst den allgemeinen Gesetzen gegenüber verhalten haben. So wird man z. B. im Allgemeinen wohl betonen können, daß die Plastik ihrer Natur nach, d. h. vermöge des zu ihren Schöpfungen verwendeten Materials im Vergleiche mit der Malerei eine gewisse Beschränkung in Bezug auf die Komposition erleidet. Man wird aber vom historischen Standpunkt scharf betonen müssen, daß dieses plastische Kompositionsgesetz keineswegs zu allen Zeiten gleich streng beobachtet worden ist. So stellen z. B. der Doryphoros des Polyklet und der Merkur des Giovanni da Bologna zwei Extreme in dieser Beziehung — selbst innerhalb der Grenzen der vollendeten Kunst — dar, mit denen der Ästhetiker bei der Entwickelung des allgemeinen Gesetzes zu rechnen hat. Und diese Erkenntnis wird ihn dazu führen, das Gesetz von dem Einfluß des Materiales auf den Stil zu erweitern und zu ergänzen, indem er ihm das zweite Gesetz der historischen Entwickelung hinzufügt, welches dahin lautet, daß die natürliche Tendenz dieser Entwickelung dazu führt, die Grenzen des Materiales im Interesse des ästhetischen Scheins zu überschreiten und zu erweitern. Ob man das persönlich schön und berechtigt finden will oder nicht, ist dabei gleichgiltig. Genug, daß es sich hier um ein historisches Gesetz handelt, das sich in allen Gebieten der Kunst wieder nachweisen läßt, und das auch der Ästhetiker nicht einfach ignoriren darf. Eine im strengen Sinne wissenschaftliche Ästhetik werden wir erst dann erhalten, wenn mit den psychologischen und technischen Bedingungen der Kunst auch diese historischen in einer Weise verarbeitet sein werden, daß die ästhetischen Gesetze sich allen daraus folgenden Thatsachen leicht und ungezwungen anpassen. Das würden wir dann eine empirische Ästhetik nennen gegenüber der spekulativen Ästhetik der früheren Zeiten, die ihre Gesetze entweder a priori feststellte oder sich nach ihrem eigenen Belieben gewisse Blüteepochen der Kunst, z. B. die Blüteepoche der griechischen Plastik im 5. und 4. Jahrhundert konstruirte, aus denen sie dann ihre Gesetze ableitete.

Die Thatsache, daß es allgemein giltige Gesetze der Kunst giebt, deren Nichtbeachtung einen schlechthin geringeren Grad der künstlerischen Vollendung konstituirt, soll nun auch auf die Auswahl der historischen Vorlesungen einwirken. Durchaus verkehrt wäre der Standpunkt, alle Epochen der Kunst, von der altchristlichen an bis auf die Gegenwart, gleich häufig und gleich ausführlich zu behandeln. Man würde damit vielleicht dem Interesse einzelner Studenten, nicht aber dem allgemeinen Bedürfnis nach künstlerischer Anregung entgegenkommen. Es muß deshalb als selbstverständlich gelten, daß die Epochen der Kunst seit der Renaissance eine besonders ausführliche Behandlung zu finden haben. Bei der Schilderung des Mittelalters wird es sich in erster Linie um eine Darstellung des romanischen und gotischen Stils sowie des im 15. Jahrhundert sich entwickelnden malerischen Realismus handeln. Christliche Ikonographie dagegen, Miniaturmalerei des Mittelalters, byzantinische Kunst u. s. w. können nur kursorisch behandelt werden, weil sie für die künstlerische Anregung der Zuhörer, für ihre Einführung in das Wesen der bildenden Künste ohne Bedeutung sind. Das schließt nicht aus, daß man hie und da einmal für Theologen oder Historiker ein Spezialkolleg über ein solches Gebiet liest. Aber in den zusammenfassenden Schilderungen größerer Epochen sollen diese Kapitel nur einen verhältnismäßig geringen Raum in Anspruch nehmen. Es hieße die Begriffe von Kunst bei den Studenten verwirren, wenn man ihnen ganze Semester lang nur die Produkte einer unvollkommenen entweder an die römische Verfallzeit anknüpfenden oder langsam aus roher Barbarei sich entwickelnden Kunst vor Augen führen wollte. Erst mit dem 15. und 16. Jahrhundert beginnt die Zeit, die — wenigstens im Gebiete der Malerei und Plastik — als wirklich fruchtbar für den akademischen Unterricht betrachtet werden kann. Mag man immerhin an dem Satz festhalten, daß vor der Wissenschaft, d. h. der wissenschaftlichen Forschung, alle Epochen gleich sind, mag man selbst zugeben, daß es vom rein wissenschaftlichen Standpunkt aus kaum interessantere Gebiete als die altchristliche Kunst und die mittelalterliche Ikonographie geben kann, für den akademischen Unterricht haben sie eine verhältnis= mäßig geringe Bedeutung. Der Dozent wird deshalb gut thun, in dieser Beziehung sein persönliches wissenschaftliches Interesse den allgemeinen pädagogischen Forderungen unterzuordnen.

Daß bei der Schilderung der europäischen Kunst vom 15. Jahrhundert an die deutsche und niederländische Kunst in erster Linie zu stehen hat, ist so selbstverständlich, daß es nicht gesagt zu werden brauchte, wenn es nicht immer wieder verkannt würde. Es läßt sich allerdings nicht läugnen, daß die italienische Kunst früher und auch in vieler Beziehung wissenschaftlich besser durch= gearbeitet worden ist als die deutsche. Nur Italien hat seinen Vasari, seine Rumohr und Gaye, seine Burckhardt und Crowe und Cavalcaselle und Morelli mit allen Forschungen, und Diskussionen, die sich an diese Namen angeknüpft haben. Zur Einführung in das wissenschaftliche Studium der Kunstgeschichte, Quellenkunde, Bilderkritik u. s. w. eignet sich deshalb in der That die italienische Kunst am besten. Aber wo es sich um die allgemeine Anregung handelt, sollte die deutsche und niederländische Kunst für uns Deutsche immer in erster Linie stehen. Das ist doch Fleisch von unserem Fleisch, Blut von unserem Blut. An den Werken Dürers und Holbeins und Rembrandts können wir doch erkennen, was das Wesen des germanischen Kunstgeistes ist: Schlichte und naive Nachahmung der Natur, Tiefe und Innigkeit des Gefühls, Kraft und Bedeutsamkeit des Inhalts. Auch unsere Studenten sollen erfahren, daß dies die Ideale sind, denen unsere Kunst nachzu= streben hat, nicht die Ideale der romanischen Kunst: Schwung und Begeisterung, formale Eleganz, rhetorisches Pathos. Lange genug sind wir den fremden Kunstlehren gefolgt. Erst jetzt, wo die romanischen Nationen selber, besonders die Franzosen, sich der= jenigen Ideale bemächtigt haben, die eigentlich unsere sein sollten, be= sinnen wir uns wieder auf uns selbst und kehren bewundernd zu Meistern wie Dürer und Rembrandt zurück, indem wir grade das spezifisch deutsche, spezifisch germanische in ihrer Kunst zu begreifen und nachzuahmen suchen.

Vor allen Dingen soll man auch die Schilderung der modernen Kunst nicht vor der neuesten Zeit Halt machen, sondern diese mit umfassen. Ich weiß nicht, ob die Vorlesungen über die Kunst des neunzehnten Jahrhunderts, die an mehreren Universitäten angezeigt werden, der Regel nach auch die zweite Hälfte des Jahrhunderts mit umfassen, oder ob sie mit den Nachzüglern der idealistischen Schule schließen. Ich würde das letztere sehr bedauern. Mir scheint es, daß ein junger Mann, der sich den Inhalt der modernen Kultur zu eigen machen will, vor allen Dingen ein Bedürfnis empfinden müßte, über die künstlerischen Strömungen der unmittelbaren Gegenwart aufgeklärt zu werden. Treten diese doch auf Schritt und Tritt beim Besuch von Kunstausstellungen, beim Lesen der Tagesblätter, beim Besehen von Kunstzeitschriften, beim Anblick moderner Bauten an ihn heran. Er sieht und fühlt, daß diese moderne Kunst etwas ganz anderes ist als die Kunst der Cornelius und Schinkel und Thorwaldsen, die ihm noch immer in vielen Büchern als die einzig wahre gepriesen wird. Wie soll er sich diesen Gegensatz erklären? Wo stammt diese neue Richtung her? Welches sind ihre Hauptvertreter, welches ist ihr Anspruch auf Berechtigung? Diese Fragen sind so ziemlich die wichtigsten, die der Dozent der Kunstgeschichte seinen Zuhörern zu beantworten hat, und es ist klar, daß er sie nicht beantworten kann, wenn er nicht selbst in dieser modernen Richtung drin steht, das historisch Gewordene als berechtigt anerkennt. Mit einem Lamentiren über den Verfall der wahren hohen Kunst ist es da nicht gethan. Vom cornelianischen Standpunkt aus kann man diese moderne Richtung nicht verstehen. Sie will vielmehr aus einem tieferen Verständnis der modernen Kulturbewegungen und aus einer gereisten ästhetischen Anschauung heraus gewürdigt und geschildert sein. Nicht als ob wir die alten Meister über dieser modernen Richtung verachten wollten. Im Gegenteil, wir werden nicht selten Gelegenheit haben, die neuen an den alten zu messen. Aber wenn wir auch nicht alles billigen, was die Neuen gemacht haben und noch immer machen, so werden wir zum Schluß doch sagen müssen, daß sie im Ganzen auf dem richtigen Wege sind. Und auch hier werden wir das Wort gelten lassen, in dem

man das ganze Geheimnis der historischen Entwicklung zusammen=
fassen kann: Der Lebende hat Recht.

Soll ich endlich noch einige Worte über die Art der Be=
handlung hinzufügen, so geht schon aus dem früher (S. 238)
Gesagten hervor, daß die 2—4 stündigen Privatvorlesungen möglichst
große Zeiträume umspannen sollten. Daraus ergibt sich unmittel=
bar, daß sowohl das biographische Detail auf ein Minimum be=
schränkt als auch die Schilderung der einzelnen Kunstwerke mög=
lichst abgekürzt werden muß. Dinge, die der Zuhörer in jedem
Handbuch nachlesen kann, braucht man im Kolleg nur soweit zu
erwähnen, wie es zum Verständnis des Zusammenhanges nötig
ist. Was man in den historischen Vorlesungen zu geben hat, ist
erstens Anschauung, zweitens historisches Verständnis. Ich halte
schon seit Jahren die Praxis fest, die größeren Photographien,
die im Kolleg nicht herumgereicht werden können, kurz vor der
Stunde an großen Staffeleien zu befestigen, damit sie von den
Zuhörern vor Beginn und nach Schluß der Vorlesung betrachtet
werden können. Dadurch wird eine genaue Schilderung jedes
einzelnen Kunstwerkes überflüssig. Eine solche wird auch in
den meisten Fällen schon deshalb unmöglich sein, weil nicht
jeder Zuhörer das Blatt, welches grade beschrieben wird, vor
Augen haben kann. Wollte man sich nun gar bei der Schilde=
rung der Kunstwerke in stilistische Einzelheiten einlassen, einzelne
Maler in Bezug auf ihren Faltenwurf, ihre Behandlung der
Haare und des Nackten ausführlich mit einander vergleichen,
etwa so wie es in vielen kunstkritischen Schriften geschieht, so würde
man in den meisten Fällen vor tauben Ohren reden. Derartige
Dinge gehören in die Übungen oder ins Museum, wo jeder Zuhörer
die Kunstwerke vor Augen hat. In der Vorlesung fehlt dazu
sowohl der äußere Apparat als auch die Zeit. So pflegte denn
auch Springer, ein unübertroffener Meister der kunsthistorischen
Schilderung, einzelne Kunstwerke immer nur mit wenigen aber
sehr anschaulichen Worten zu schildern, ohne sich irgendwie auf
genaue stilistische Analysen einzulassen. Und eine solche Beschränkung
ist noch berechtigter, wenn man ein besonderes Kolleg über Tech=
nik und Ästhetik der bildenden Künste vorher gelesen und hierbei
durch eine genauere Besprechung einzelner Kunstwerke die Fähig=

keit der Betrachtung, der ästhetischen Auffassung bei den Zuhörern ausgebildet hat. Nur wenn man sich in dieser Beziehung eine gewisse Reserve auferlegt, kann man darauf rechnen, die Fülle von Stoff, die in einem solchen historischen Kolleg behandelt werden muß, in einem Semester zu bewältigen. Natürlich wird dabei der einzelne Künstler nur einen verhältnismäßig kleinen Raum für sich in Anspruch nehmen können. Einem Meister z. B. wie Giotto, für den noch kürzlich die Zeit von 4 Stunden als Minimum gefordert wurde, würde man in einem 2stündigen Kolleg über Geschichte der mittelalterlichen Kunst höchstens eine Stunde widmen können. Das mag dem Spezialisten für italienische Kunst noch so wenig dünken, er mag sich gegen eine solche „Popularisirung" oder „Verwässerung" noch so sehr sträuben, er wird sich, wenn er überhaupt auf weitere Kreise wirken will, darein finden müssen und sein persönliches Interesse dem pädagogischen unterordnen. Nicht auf der Masse des Mitgeteilten, sondern auf der richtigen Auswahl aus dieser Masse beruht der pädagogische Wert des Vortrags.

Die richtige Form für die historische Behandlung hat ebenfalls Springer gegeben, indem er den kulturhistorischen Gesichtspunkt in den Vordergrund stellte. Wenn die Kunstgeschichte wirklich an der Universität den Anspruch erhebt, ein notwendiger Bestandteil der Gesamtheit der Wissenschaften zu sein, so wird der Dozent sich auch bemühen müssen, die Verbindungsfäden, die von ihr zu den anderen Fächern hinüberführen, möglichst deutlich aufzuzeigen. Er wird seine historischen Vorlesungen weder besonders auf Historiker noch besonders auf Theologen berechnen, sondern, da eben Studirende aller Fakultäten an seinen Vorlesungen theilnehmen, auch zu allen Wissenschaften die Brücke zu schlagen suchen. Das wird ja auch schon durch rein pädagogische Erwägungen nahe gelegt. Es ist ein alter Erziehungsgrundsatz, daß man beim Unterricht immer vom Bekannten zum Unbekannten fortschreiten muß. Nun liegen doch offenbar dem Studenten, der ein Gymnasium absolvirt hat und nun ein Kolleg über Kunstgeschichte hören will, alle anderen Gebiete des geistigen Lebens näher als die Kunst. Man wird ihn deshalb nicht sofort in ein vollkommen unbekanntes Gebiet versetzen, sondern vielmehr von der Geschichte, Philologie, Kirchengeschichte u. s. w. her zur Kunstgeschichte zu führen suchen. So wird man ohne Zweifel dem Theologen das Wesen des altchristlichen Bilderkreises durch den Hinweis auf die Sterbegebete der ältesten Christen bedeutend näher bringen, als wenn man die altchristlichen Sarkophage vorwiegend nach der formalen Seite hin mit den römischen vergleicht. So wird der Literarhistoriker ohne Zweifel mehr Interesse für Giotto gewinnen, wenn man dessen Kunst mit Dantes Kunst zusammenstellt, als wenn man sie Falte für Falte, Glied für Glied mit dem Stil des angeblichen Cimabue in Parallele stellt. So wird der Germanist Dürers Ritter trotz Tod und Teufel besser verstehen und in seiner historischen Bedeutung würdigen lernen, wenn man ihn auf des Erasmus enchiridion militis Christiani hinweist, als wenn man die Formen seines Pferdes Stück für Stück aus denen des Colleoni-Pferdes in Venedig ableitet. Und sollte nicht der Mathematiker die Kunst eines Brunelleschi besser durch einen Hinweis auf den gleichzeitigen Aufschwung der Mathematik, auf Paolo Toscanelli u. a. verstehen, als durch eine genaue technische Analyse der Florentiner Domkuppel, wie sie doch nur einem Architekten vollkommen verständlich ist? Ohne Zweifel wird ein Mediziner an der Anatomie Rembrandts ein sehr viel größeres Interesse gewinnen, wenn man ihm die Bedeutung von Amsterdam für die Geschichte des anatomischen Studiums klarmacht, als wenn man ihm nur von Realismus und Helldunkel und von allen möglichen Vorgängern Rembrandts auf dem Gebiete der Chirurgenmalerei redet, deren Werke doch meistens nicht zur Anschauung gebracht werden können. Ich meine, die älteren Kunsthistoriker wie Schnaase, Springer, Grimm, Burckhardt, Hettner, Justi u. s. w. hätten uns doch mehr als ein Beispiel dafür gegeben, wie man die Äußerungen der Kunst in dieser Weise vom kulturhistorischen Standpunkte auffassen und charakterisiren soll. Und es gehört nur wenig pädagogische Erfahrung dazu, um bei der Vergleichung ihrer Werke mit neueren kunsthistorischen Schriften, in denen die formale Seite der Kunst die Hauptrolle spielt, zu sehen, auf welcher Seite der akademische Unterricht seine Vorbilder zu suchen hat. Gewiß soll das eigentlich Künstlerische auch in unseren historischen Vorlesungen nicht zurücktreten, sondern immer die Hauptsache bleiben, Kern und

Zentrum der Darstellung bilden. Aber wir sollen uns diesem Zentrum von der Peripherie aus nähern, die Beziehungen der Kunst zu allen anderen geistigen Äußerungen kennzeichnen und uns nicht mit ausführlichen Beschreibungen und ästhetischen Reflexionen aufhalten, wo der Gang der historischen Darstellung unaufhaltsam vorwärts drängt.

Wenn die zusammenfassenden Privatvorlesungen zu wenig Gelegenheit bieten, bei einzelnen bedeutenden Künstlern zu verweilen, so soll das zunächst in den öffentlichen Vorlesungen nachgeholt werden. Hier hat nun hauptsächlich der Grundsatz seine praktische Anwendung zu finden, daß die Kunst seit der Renaissance am meisten geeignet ist, bildend auf weitere Kreise zu wirken. Dem entsprechend wähle man für die öffentlichen Vorlesungen besonders die Klassiker der Malerei, in deren Schaffen seit dem 16. Jahrhundert die Ideale der modernen Zeit ihre vollendetste Verkörperung empfangen haben. In erster Linie stehen hier Dürer und Rembrandt, Rafael und Michelangelo. In zweiter Holbein und Rubens, Leonardo, Velazquez und Murillo. Die zusammenhängende biographische Schilderung eines Meisters hat vor der Schilderung ausgewählter Kunstwerke aus verschiedenen Zeiten den Vorteil, daß das Wesen des künstlerischen Genies, das psychologische Geheimnis der Entwicklung der künstlerischen Kräfte, die Beziehung zwischen der Kunst und dem Leben des Künstlers hier allein vollkommen klar vor Augen gestellt werden kann. In einem einstündigen Kolleg kann man jeden dieser Künstler in genügender Ausführlichkeit behandeln. Man mag dabei mit dem Zweck, auf einen möglichst großen Kreis von Zuhörern anregend zu wirken, gleichzeitig auch den verbinden, künftigen Kunsthistorikern, die etwa unter den Zuhörern sein sollten, einen Begriff von der kunsthistorischen Methode zu geben. Bei einem Umfang des Kollegs von 13—15 Stunden kann man sich vollkommen gehen lassen. Es wird nichts schaden, wenn man Quellen und Litteratur ausführlich angiebt, chronologische oder kritische Streitfragen eingehend bespricht, Briefe oder sonstige Äußerungen zitirt. Wenn das nur in der richtigen Weise geschieht, wird man dadurch auch diejenigen Zuhörer nicht verscheuchen, die ein solches Kolleg nur der allgemeinen Bildung wegen hören. In den Privatvorlesungen dagegen

ist für alles das wegen der Fülle des zu bewältigenden Materiales
kein Platz, und auch besondere Vorlesungen über kunsthistorische
Quellenkunde und Geschichte der kunsthistorischen Methode sind an
kleineren Universitäten vom Übel.

Eine weitere Ergänzung der Privatvorlesungen sollen die
Übungen bilden. Sie sind das eigentliche Mittel, die Zuhörer
sehen zu lehren, sie in die ästhetische Auffassung und Beurteilung
der Kunstwerke praktisch einzuführen. Wo es geht, knüpfe man sie an
die öffentlichen oder Privatvorlesungen an und lasse hier die in den
Vorlesungen nur ausgehängten und kurz erwähnten Abbildungen
herumgehen, beschreiben und vergleichen. Man lasse die Typen
des christlichen Bilderkreises erklären, ähnlich wie es die Archäo=
logen mit denen des antik=mythologischen Bilderkreises thun. Man
lasse die Kupferstiche Dürers, die Zeichnungen Rafaels, die Radi=
rungen Rembrandts beschreiben, deuten und beurteilen. Bilder,
Zeichnungen und Kupferstiche, die sich in den Universitätssamm=
lungen befinden, können hier vorgelegt und nach Technik, Zeit und
Meister bestimmt werden. Man hüte sich aber dabei vor der ein=
seitigen Ausbildung kennerischen Fertigkeiten. Diese können auf
der Universität überhaupt nicht gelehrt werden, sondern nur durch
persönliche Unterweisung auf Reisen oder in Museen. Auf der
Universität sollte man immer die allgemein bildenden Gesichtspunkte
in den Vordergrund stellen.

Vor allen Dingen sind in den Übungen die wichtigeren kunst=
historischen Quellenschriften zu lesen. Nach alter Tradition legt
man dabei besonders gern die Lebensbeschreibungen des Vasari zu
Grunde. Es genügt indessen, wie ich glaube, an einem Beispiel,
am besten dem Leben Rafaels, zu zeigen, eine wie unzuverlässige
Quelle der Aretiner ist. Viel wichtiger ist Leonardo da Vincis
Malerbuch und der schriftliche Nachlaß von Albrecht Dürer. Denn
grade diese Quellen bieten eine ausgiebige Gelegenheit, die Ge=
danken bedeutender Maler über die Malerei kennen zu lernen und
dadurch tiefer in das Wesen der Kunst einzudringen. Ebenso
dürften dem Vasari (und Condivi) die Originalbriefe Michelangelos,
auch sonstige Künstlerbriefe, vorzuziehen sein. Von späteren theo=
retischen Schriften kämen etwa Hoogstratens Einführung in die
Malerkunst, Diderots Essais sur la peinture, Lessings Laokoon,

Sempers Stil in Betracht. Leider fehlt es bisher fast vollständig an sogenannten „Schulausgaben" aller dieser Schriftsteller.

Dann aber können die Übungen passend dazu benutzt werden, den Zuhörern die Technik der Kunst, soweit sie ihnen noch nicht aus eigener Anschauung bekannt ist, vor Augen zu führen. Wo ein Universitätszeichenlehrer der früher (S. 217) geschilderten Art wirkt, wird es dessen Aufgabe sein, hier die theoretischen Erörterungen des Kunsthistorikers durch praktische Demonstrationen zu ergänzen. Wo es Ateliers bedeutender Künstler gibt, wird der Lehrer nicht versäumen, diese gemeinsam mit seinen Schülern zu besuchen. Endlich könnte man diese Stunden auch zu Exkursionen in die Umgegend benutzen, um benachbarte Gemäldegallerien kennen zu lernen, die Denkmäler der Umgebung nach den neueren Inventarisationen aufzusuchen. In allen diesen Fällen wird man nach meinen Erfahrungen einem Bedürfnis entgegenkommen und reichen Dank ernten, wenn man nur die Details der kunstgeschichtlichen Forschung zurückzudrängen und die allgemein bildenden Gesichtspunkte hervorzuheben weiß.

Es liegt mir fern, mit all diesen Bemerkungen bindende Vorschriften für den Betrieb des kunsthistorischen Unterrichts an der Universität geben, noch viel weniger eine Kritik an der Lehrmethode meiner Kollegen üben zu wollen. Das erstere wäre schon wegen der Unterdrückung der Individualität vom Übel, zum letzteren hätte ich um so weniger Recht, als ich diese Lehrmethode gar nicht aus eigener Anschauung kenne. Der einzige Kunsthistoriker, dessen Vorträge ich zusammenhängend gehört habe, ist A. Springer, und grade gegen dessen Methode habe ich nichts einzuwenden. Was ich vielmehr gewollt habe, ist nur, meine eigene persönliche Überzeugung von dem, was an der Universität notthut, in Worte zu fassen. Ich wollte den Weg zeigen, wie nach meiner Ansicht der Verfall des kunsthistorischen Unterrichts, der gegenwärtig thatsächlich besteht, aufgehalten werden kann. Ich selbst bin weit entfernt zu behaupten, daß ich die von mir gegebenen Regeln immer beobachtet hätte oder auch jetzt immer beobachtete. Aber grade deshalb, weil ich diese ganze Kritik in erster Linie gegen mich selbst, gegen meine eigene frühere Auffassung der Kunstgeschichte gerichtet wissen möchte, glaubte

ich berechtigt zu fein, fie auszusprechen. Ob ich mit meinem Tadel
und meinen Ratschlägen das Richtige getroffen habe, mag die Zu=
kunft lehren. Ich laſſe auch jeder anderen Methode ihr Recht,
wenn fie es nur durch den Erfolg beweiſt. Die meinige hat ſich
aus der Methode Springers, deren Erfolge ja vor Augen liegen,
entwickelt und iſt von mir nach beſtem Wiſſen den Verhältniſſen
kleiner Univerſitäten angepaßt worden. Andere Methoden haben
ſich, ſoviel ich weiß, bis jetzt nicht bewährt. Das Weitere wird
man alſo abwarten müſſen.

Ich weiß ſehr wohl, daß meine Auffaſſung der Wiſſenſchaft
und mein Bemühen, ſie mit den praktiſchen Forderungen des Lebens
in Einklang zu bringen, hie und da auf Widerſpruch ſtoßen, viel=
leicht gar als banauſiſch und unwiſſenſchaftlich verſchrieen werden
wird. Giebt es doch manche Gelehrte, nach deren Anſicht die
Wiſſenſchaft eine hehre Königin iſt, die unabhängig von den prak=
tiſchen Bedürfniſſen des Volkes einhergeht, in freiem Forſchungs=
drange ihren eigenen ſelbſtgezogenen Bahnen folgend. Aber das
iſt gelinde geſagt, eine arge Selbſttäuſchung. Ich kenne kein Gebiet
der wiſſenſchaftlichen Thätigkeit, das von den praktiſchen Bedürf=
niſſen des Lebens vollkommen unabhängig wäre, und ich möchte
grade die Kunſtgeſchichte davon am wenigſten ausnehmen. Es
geht neuerdings eine ſehr bedenkliche Neigung durch weite Kreiſe
des Volkes, den Gelehrtenberuf und die Wiſſenſchaft als ſolche zu
verachten. Es genügt, die Worte: Roſegger, Tolſtoj, Rembrandt
als Erzieher zu nennen, um dieſe Bewegung zu kennzeichnen. Wenn
es nur die kleinen unbedeutenden Geiſter wären, die dieſen Stand=
punkt vertreten, ſo hätte das wenig zu ſagen. Aber auch die
Denker und Dichter werden davon ergriffen und ſetzen durch ihre
Autorität die gelehrte Forſchung in den Augen des Volkes herab.
Und doch hat ſich in der Auffaſſung der Gelehrten ſelbſt ſchon
ſeit mehreren Jahrzehnten ein Umſchwung vollzogen, der jene An=
griffe unberechtigt oder zum mindeſten ſehr übertrieben erſcheinen
läßt. Die Zeit, wo es Forſcher gab, die ſich abſichtlich vom Volks=
leben abwandten und vollkommen unbekümmert um alles, was
um ſie her vorging, ihren eigenen fruchtloſen Träumereien nach=
hingen, iſt für die meiſten Wiſſenſchaften längſt vorüber. Nur
hie und da tritt eine Neigung Einzelner und ganzer Schulen

hervor, wieder in jene längst verlassene Richtung einzulenken
und über der einseitig gelehrten Forschung die Wirkung auf das
Ganze zu vernachlässigen. Davor wollen wir in erster Linie die
Kunstgeschichte bewahren. Grade die Kunstgeschichte hat schon
genug darunter zu leiden gehabt, daß man sie als etwas Über=
flüssiges, als ein hübsches Ornament, das aber keinen besonderen
Nutzen stifte, hat hinstellen wollen. Möchten doch diejenigen, denen
die künstlerische Erziehung des Volkes anvertraut ist, seien es nun
Mütter und Väter, Kindergärtnerinnen oder Zeichenlehrer, Kunst=
schriftsteller oder Professoren der Kunstgeschichte, sich immer wieder
vor Augen halten, daß ihre Thätigkeit eine ganz hervorragende
praktische Bedeutung für die Zukunft unseres Volkes hat; daß
ihnen in dem künstlerischen Triebe der Jugend ein Pfund anver=
traut ist, welches nicht vergraben werden darf, sondern als zins=
tragendes Kapital angelegt werden muß für die Zukunft der
deutschen Kunst.